Global Value Chains in a Changing World and Workforce Employment

变革中的全球价值链与劳动力就业

刘瑶 著

东北财经大学出版社
Dongbei University of Finance & Economics Press
大连

图书在版编目（CIP）数据

变革中的全球价值链与劳动力就业 / 刘瑶著. —大连 ：东北财经大学出版社，2022.12

ISBN 978-7-5654-4695-5

Ⅰ. 变…　Ⅱ. 刘…　Ⅲ. ①世界经济-石粉 ②劳动力市场-研究-世界　Ⅳ. ①F11 ②F249.1

中国版本图书馆CIP数据核字（2022）第214554号

东北财经大学出版社出版发行

大连市黑石礁尖山街217号　邮政编码　116025

网　址：http：//www.dufep.cn

读者信箱：dufep @ dufe.edu.cn

大连永盛印业有限公司印刷

幅面尺寸：170mm×240mm　字数：216千字　印张：15　插页：1

2022年12月第1版　2022年12月第1次印刷

责任编辑：刘东威　责任校对：吉　扬

封面设计：原　皓　版式设计：原　皓

定价：58.00元

教学支持　售后服务　联系电话：(0411) 84710309

如有印装质量问题，请联系营销部：(0411) 84710711

教育部哲学社会科学后期资助研究项目（20JHQ067）

辽宁省教育厅科学研究人文社科类基础研究项目（LN2020J23）

东北财经大学2022年优秀学术专著出版资助（zzzz20220204）

教育部国别和区域研究备案中心“上海合作组织研究中心”

前言

当前，贸易摩擦和贸易保护引起了政府、学者和媒体的普遍关注，但未引起重视的是，全球价值链（GVC）正在经历重大的结构性变革。金融危机、英国脱欧、中美贸易摩擦等经济不确定性和逆全球化浪潮对全球价值链结构和布局产生了重要影响；人工智能的应用也改变了全球价值链的地理分布和要素构成；为了应对突发公共安全事件对企业供应链的影响，备用供应链的选择和最优库存管理理念的变革也在影响着全球价值链的重塑。因此，全球价值链重构将带来的潜在真实贸易利得和贸易分配变化，成为各国贸易政策制定者关注的焦点。

与此同时，通过微观企业的海外投资和国际贸易活动，全球价值链早已将不同国家联系在一起，双边价值链嵌入度越高的国家，其政策冲击通过全球价值链传递产生的经济周期联动效应越明显，进而引起劳动力市场的就业联动。本书在经济周期联动的背景下，提出了全球价值链嵌入影响劳动力就业的理论机制，并基于国家、城市、企业的视角，分别检验了中国嵌入GVC对就业的影响。具体来讲，包括以下几个创新与特色：

第一，论述了当前经济政策的不确定性、人工智能的应用、突发公共事件等因素对全球价值链的变革冲击。本书的第1、2、3、4章通过案例分析和实证研究重点分析了上述因素通过对外国直接投资（FDI）、贸易和企业的管理革新等机制，改变了全球价值链的地理分布和要素构成。研究结果显示，贸易保护主义的冲击、全球需求的区位变化、新兴经济体国内价值链（供应链）的完善、数字技术的发展都在改变全球价值链；中国等新兴经济体从全球制造业价值链的分工活动中获取的增加值处于强劲的上升趋势，而发达国家的增加值收入出现了缩减。

第二，基于国家间经济周期联动视角补充了全球价值链影响就业的机制。在新的国际分工格局下，国家间的分工已经不再局限于相邻国家或区域内国家的贸易往来，而是更多地表现为全球性生产网络。虽然现有研究已经表明各国的经济周期存在联动的特征，但是从全球价值链视角进一步解释双边价值链嵌入对经济周期联动影响的研究仍然较少。本书首先从经济周期联动渠道、全球价值链上下游联动渠道进一步研究了国际贸易冲击劳动力市场的影响机制；通过构建双边价值链嵌入指标、经济周期联动指标，检验双边价值链嵌入与经济周期联动的关系，识别了宏观的经济周期、微观的全球价值链上下游关系渠道，证实了双边价值链嵌入对就业的影响。研究表明，全球价值链加强了国家间的经济周期联动，通过全球价值链实现贸易利得已成为当前经济周期联动的主要传播渠道。

第三，分别从国家、城市和企业视角构建GVC参与度和GVC位置指数，分析中国嵌入GVC对就业的影响。本书基于跨国跨行业的大样本数据检验全球价值链嵌入与贸易伙伴国就业联动的关系。研究表明，双边国家的价值链嵌入程度加深会导致就业市场的不稳定性增加，这种就业联动风险在不同国家存在差异；重点对比了中美两国的相互影响，以及美国与全球价值链“脱钩”对其主要贸易伙伴国就业市场的影响。从中国城市层面构建GVC的实证检验发现，东部地区的全球价值链参与度更高，中部地区的全球价值链嵌入位置更高；地级市全球价值链参与度的提高会对地级市的就业产生正向的促进作用，并更能促进西部地区以及大城市的就业；地级市全球价值链参与位置的提高会对地级市的就业产生正向的促进作用，且更能促进中部地区以及小城市的就业。本书最后从微观视角分析全球价值链重构对我国劳动力市场的影响。通过海关-工企数据库的匹配，本书从微观层面研究企业参与全球价值链对就业和工资的影响。研究发现，企业出口附加值的提升促进了企业雇用劳动力数量的增加，带动企业年度职工薪酬增长，上述影响在非国有、小型企业、混合型贸易企业中更显著。

本书的撰写和出版离不开许多人的帮助。首先，我要感谢我的领导王绍媛教授、姜文学教授、施锦芳教授、苏杭教授和鄂立彬副教授的支持和鼓励。其次，感谢孙玉红、范超、蓝天、牟逸飞、傅缨捷、何冰等同事与我分享数据、方法，在我遇到写作困难时帮我分析并一起探讨。我还要感谢耿燕、张一平、陈珊珊等我的学生们，和我一起完成了资料收集和数据统计工作。最后，感谢出版社对本书出版的大力支持。

由于时间仓促和能力有限，本书还存在不少谬误和不足，敬请批评指正。

刘　瑶

2022年4月

经济政策的不确定性
人工智能的应用
突发公共事件
第一篇
GVC 变革的推动因素
第二篇
GVC 对就业的影响机制
行业上下游渠道
GVC 影响劳动力就业的特征
经济周期联动机制
第三篇
中国嵌入全球价值链的就业效应
国家的就业联动与中美对比
城市层面 GVC 对就业影响的考察
企业层面 GVC 对就业影响的检验
启示与建议

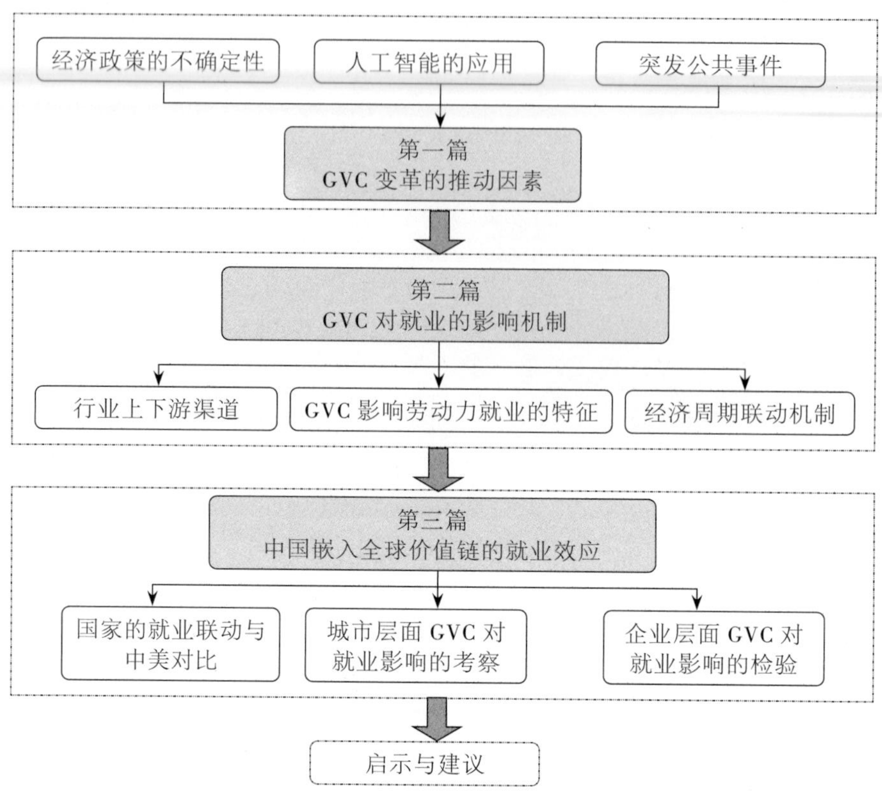

本书各章节思路框架图

目录

第一篇　当前全球价值链变革的特征与推动因素

第三篇　中国嵌入全球价值链的就业效应

第一篇
当前全球价值链变革的特征与推动因素

第1章　当前全球价值链变化的特征

1.1　全球价值链的划分

1.1.1　全球价值链的诞生

价值链最初是由迈克尔·波特（Porter，1985）研究公司行为是否具有竞争优势的时候提出的。他认为生产、运输以及营销等基础性活动和技术、人力以及财务等支持性活动组成了价值创造的过程，企业的价值链条则是由基础性活动和支持性活动互相联系构成的。波特提出的价值链概念更倾向于从某个企业的角度研究公司的价值活动，企业和供应商之间的连接，可以使企业获得竞争优势。后来，Kogut（1985）提出了价值增值链，他的观点是技术、劳动、原料相互整合，形成生产所需的投入，这一过程最终形成价值链。其中生产环节被整合成一体，最终商品通过市场交易、消费等环节完成价值的循环。Kogut的观点进一步突出强调了价值链的垂直整合与全球空间再配置二者之间的内在联系，对GVC理论的贡献更重要。

20世纪90年代，在经济全球化的背景下，商品的生产过程被分割成不同的阶段，Gereffi（1999）提出了全球商品链的分析框架，以生产某种商品为中心点，统筹全球不同类型的企业，形成一体化的生产网络，从而形成了全球商品链。

21世纪初，Gereffi在《价值链的价值》一文中，从价值链的视角阐述了全球化的进程，摆脱了商品概念的局限，逐渐凸显公司在价值链运营中创造并获取价值的重要性，由此形成了全球价值链的基本概念。

关于全球价值链的定义，由联合国工业发展组织（UNIDO）发布的报告指出，全球价值链指的是为实现商品或服务价值，连接生产、销售、回收处理等过程形成的一种全球性跨企业网络组织，涉及从原料采集与运输，半成品与成品的生产和分销，直至最终消费、回收处理的过程①，该定义是最具有代表性的。

从上述定义可以看出，价值链在空间上被不断分化以及延伸，由此产生了全球价值链。在全球价值链背景下，同一产品内部的不同生产环节被分割，代替了以前单一产品集中生产的模式，由此带来全球价值链内部不同工序与流程的国际分工，从而为全球价值链的利益分配奠定了理论基础，利用GVC分析产业竞争力的方法也应运而生。Gereffi（2011）提到GVC方法有四种分析维度：投入产出结构、地理因素、治理结构、制度环境。早期GVC方法主要用于分析经济影响和竞争力问题，现在用于研究劳动管理、绿色价值链管理等问题。

1.1.2 全球价值链的发展

全球化发展并不是由天然存在的或者是人为的贸易壁垒的逐渐减少所驱动的，而是社会和技术所驱动的。后者对于全球化发展的贡献主要体现在两个不同的“连接”技术上：运输以及传输。随着经济全球化的不断发展，各国生产经营活动逐渐融入全球价值链生产服务网络体系，使得全球价值链在世界经济中的作用越来越显著，这标志着世界经济已

① UNIDO Industrial Development Report 2002/2003：Competing through innovation learning.

经开启了崭新的全球价值链时代。在全球价值链网络中，各个国家之间的共赢合作水平得到提高，经济方面的相互依存度亦稳步提升。但是，各个国家通过价值链获取的利益水平却存在较大差距。这主要是因为各国企业在全球价值链中所处的地位不同，大多数发达国家的企业凭借其资本、技术等优势居于价值链高端或处于高附加值环节，而其余众多发展中国家的企业由于起步晚、缺乏竞争优势等原因，多居于价值链低端或处于低附加值环节，这就导致了全球价值链中利益分配不均衡的结果。另外，中国企业作为全球价值链中的重要参与者，长期处于价值链低端环节，为了摆脱这种不利的局面，企业应该积极获取国际竞争新优势，实现企业升级，以提升全球价值链地位，谋求布局自我主导的全球价值链体系。我们将全球价值链分为六类：

第一类，全球创新价值链。汽车、计算机和电子以及机械等行业催生了价值最大、贸易强度最高、知识最密集的商品贸易价值链。这些行业的产量仅占全球总产出的13%，但贸易占比却高达35%，它们需要一系列环环相扣的步骤，以及大量的组装配件。事实上，这些价值链上一半以上的贸易都与中间产品有关。此外，这一类别1/3的劳动力具有熟练的技能，该比例仅次于知识密集型服务业。其中，研发和无形资产的平均支出占到营收的30%，是其他价值链的2～3倍。在通常情况下，只有少数发达经济体参与此类价值链，不过目前，中国的影响正在扩大。平均算来，12个国家就占据了此类价值链75%的出口量。

第二类，劳动密集型产品价值链。其主要包括纺织、服装、玩具、鞋履和家具制造业，其特点是贸易强度大、劳动密集度高。超过2/3的营收要作为劳动力成本再投入价值链，而且多数劳动力的技能水平较低。此类产品重量轻，贸易属性强，全球产量的28%为出口。在上一轮全球化进程中，制造业逐步流向发展中国家——目前占全球贸易的62%，这个比例比其他五类价值链都高。不过，此类价值链的产出只占全球总产出的3%，劳动力也只占全球劳动力总量的3%（1亿人）。目前中国是全球最大的生产国，随着制造技术和市场需求的不断发展，未来各国的价值链参与情况很可能出现显著变化。

第三类，区域生产价值链。其主要包括金属制成品、橡胶和塑料、玻璃、水泥和陶瓷、食品和饮料等行业。这一类价值链上的中间产品相对较少，但除了食品和饮料业之外，超过2/3的产出以中间产品的形式再度投入到其他类别的价值链当中，尤其是全球创新价值链。例如，金属制造业82%的产出、纸张和印刷业74%的产出都属于中间产品。这类产品的主要特点是贸易属性较弱，这是由产品的重量、体积、易腐性等特点决定的。其生产分散于世界各地，各国（包括发展中经济体）广泛参与其中，并在区域贸易中占据较大份额（56%）。此类价值链的贸易增速比全球创新价值链以及劳动密集型产品价值链高，其产出占全球总产出的9%，劳动力达1.69亿人，相当于全球劳动力总量的5%。

第四类，资源密集型产品价值链。其主要包括农业、采矿、能源和基础金属等行业，年均总产出高达20万亿美元，几乎与全球创新价值链相当。许多产品都作为中间产品进入其他价值链。举例而言，采矿和基础金属行业的全部产品都是中间产品。这一类价值链的生产选址比较苛刻，既要便于获取自然资源，也要便于仓储和运输。这一类价值链的全球参与度比较高，19个国家贡献了全球75%的资源密集型出口产品。排名前五的国家出口量占比仅为29%，低于其他几类价值链。资源密集型产品价值链为全球贡献了11%的附加值，在商品类生产价值链中首屈一指。在我们研究的所有价值链中，采矿和能源价值链的人均附加值最高。

第五类，劳动密集型服务价值链。其主要行业包括零售和批发、运输和存储以及医疗保健。由于其“面对面”的特点，贸易强度较低，但贸易增速高于其他各类价值链。举例而言，随着商品贸易、旅游和商务旅行逐渐增多，交通运输领域的服务贸易有所增加。家乐福、沃尔玛等零售商的全球扩张也推动了批发零售贸易的增长。这些行业构成了全球第二大就业来源（仅次于农业），劳动力超过7.4亿人（相当于全球劳动力的23%），其中2/3从事批发和零售贸易。这一类价值链的人均附加价值与劳动密集型生产价值链不相上下（约2.5万美元），劳动力数量却是后者的7倍之多。

第六类，知识密集型服务价值链。其主要包括专业服务、金融中介、IT服务等高价值行业，且半数以上的劳动者具有学士或学士以上学位。尽管这些行业看似不受地域限制，但其贸易强度低于制造行业，监管是主要原因。该价值链的贸易流之所以覆盖全球，是因为成本与距离没有直接关系。参与该价值链的绝大多数是发达经济体，只有21%的出口来自发展中经济体，是所有价值链中比例最低的。这也表明，如果某个国家想在这些价值链上取得成功，就必须大力培养高技能劳动力，并对无形资产进行长期投资。

1.1.3 全球价值链的变化

随着规模经济、ICT产业的发展、价值链（供应链）革命、地理集聚，全球的价值链正在发生变化，具体包括以下几点：

第一，商品生产价值链的贸易强度逐步降低。商品产量和贸易量的绝对值都在持续增长，但跨境贸易在全球商品产出中的占比却在下降。2007—2017年间，出口总额在商品生产价值链总产出中的占比从28.1%降至22.5%。

第二，跨境服务增速比商品贸易增速高60%，由此产生的经济价值远超过传统贸易统计所能涵盖的范围。根据各国官方的统计数据，服务业在所有类别的贸易总量中占比仅为23%，但如果纳入这3个渠道的经济价值，该数字就会升高到50%以上。

第三，仅有不足20%的商品贸易属于劳动成本套利型贸易，而且在过去的10年里，这一比例在很多价值链中逐年降低。由此引发了另一种趋势：全球价值链的知识密集度越来越高，越来越依赖高技能劳动力。自2000年以来，各价值链中的无形资产投资（例如研发、品牌和知识产权投资）在总营收中的占比从5.5%增长到13.1%。

第四，商品生产价值链（尤其是汽车制造以及计算机和电子行业）的区域集中度越来越高，其中以亚欧地区最为明显。企业越来越倾向于在邻近消费市场的地方开展生产。

1.2 以贸易增加值衡量国家间的利益分配

1.2.1 世界增加值出口现状

自20世纪中叶来，国际分工格局从产业间分工到产业内分工再到全球价值链分工，全球贸易也从简单的商品跨境到复杂的中间品跨境。进入21世纪以来，国际分工迎来了新格局，依托于全球价值链的分工模式已然成为经济全球化下的新常态。但由于这种分工模式跨越国界，生产碎片化导致中间品在贸易过程中多次穿越多个国家，造成传统总贸易的统计误差，而以增加值来衡量的贸易统计则可以避免一般贸易统计过程中存在的重复计算问题，实现对贸易现状的客观描述和分析。

表1-1是2000—2014年世界增加值出口概况，世界增加值出口2000—2014年增长近3倍，总体平均增长率达到了8.06%。其中，2001年和2009年出现了世界增加值进口额的负增长，原因是亚洲金融危机和美国金融危机。其中，2008年美国发生的金融危机造成的全球经济下滑危害远大于2000年的亚洲金融危机。一方面是因为美国是世界第一大国，其影响力较大；另一方面可能是因为经济全球化导致2008年比2000年更加明显，全世界“一荣俱荣，一损俱损”的趋势更加明显。

表1-1　**2000—2014年世界增加值出口概况**　单位：百万美元；%

年份	出口额	增长率	年份	出口额	增长率
2000	53 551.69	—	2008	127 217.62	13.01
2001	52 143.82	-2.63	2009	104 462.27	-17.89
2002	54 658.50	4.82	2010	121 818.55	16.61
2003	63 219.66	15.66	2011	141 734.06	16.35
2004	75 600.72	19.58	2012	142 419.64	0.48
2005	85 042.18	12.49	2013	145 808.57	2.38
2006	96 531.22	13.51	2014	148 545.77	1.88
2007	112 576.23	16.62	平均增长率	—	12.67

数据来源：根据2005—2014年WIOD数据库计算整理所得。

表 1-2 是 2000—2014 年世界增加值出口及增加值出口占贸易出口的比例，表明 2000—2014 年增加值出口均小于贸易总出口，说明在贸易统计中，存在着重复计算。增加值出口在贸易总出口中的占比逐年缩小，在 2008 年金融危机后有所回升，继续逐年缩小，由 2000 年的 83.00% 最终降至 2014 年的 78.24%，这说明贸易统计中的重复计算占比在逐年扩大，中间品跨境次数增加，生产一体化及经济全球化在逐年深化。值得注意的是，在两次金融危机时期，增加值出口占贸易出口比例反而出现上涨，这说明地区的金融危机已然能够对世界整体贸易造成显著影响，这也在一定程度上说明世界经济一体化趋势在进一步加深。

表1-2　2000—2014年世界增加值出口及其占比概况　单位：百万美元；%

年份	出口额	增加值占比	年份	出口额	增加值占比
2000	64 523.18	83.00	2008	161 488.82	78.78
2001	61 950.68	84.17	2009	125 557.86	83.20
2002	64 997.86	84.09	2010	153 021.49	79.61
2003	75 899.83	83.29	2011	183 390.71	77.29
2004	92 237.68	81.96	2012	185 126.41	76.93
2005	105 024.89	80.97	2013	189 498.86	76.94
2006	121 277.70	79.60	2014	189 857.77	78.24
2007	140 207.70	80.29			

数据来源：根据 2005—2014 年 WIOD 数据库计算整理所得。

1.2.2 我国增加值出口现状

由于中国的加工贸易在整体贸易中占的比重较大，因此出口增加值比出口更能说明中国在贸易中的收益。表 1-3 列出了 2005—2014 年中国制造业出口增加值及总出口增加值变化情况。可以看出，2005—2014 年中国制造业出口增加值和总出口增加值整体变化趋势一致，制造业出口增加值占总出口增加值的比例在70%以上，说明制造业在出口行业中占据重要地位。2001年中国加入WTO，出口贸易开始快速增长，2001—2008年增长率都在20%以上，制造业出口增加值增长率从2001年起也在逐年增加。受金融危机的影响，中国出口增加值从2008年起增速明显放缓，甚至在2009年出现了负增长。2009年总出口增加值较上年降低11.4%，制造业出口增加值较上年降低12.93%。中国在金融危机中紧抓机遇，2009—2011年总出口增加值年均增长率超过20%，制造业出口增加值也有明显回升，2012年后世界经济缓慢复苏，发展中经济体快速发展，中国的出口增速明显下降，从2012年起总出口增加值及制造业出口增加值增速都在10%以下，因此找到能够促进中国出口增加值增长的途径至关重要（见表1-4）。

表1-3　2005—2014年中国制造业出口增加值及总出口增加值

单位：百万美元，%

年份	制造业出口增加值	总出口增加值	所占比重
2005	485 944.60	603 577.07	80.51
2006	626 400.01	769 144.52	81.45
2007	786 862.28	974 098.65	80.78
2008	932 683.39	1 178 646.29	79.14
2009	812 065.17	1 043 829.88	77.80
2010	1 050 684.81	1 337 975.62	78.53
2011	1 259 241.58	1 615 367.85	77.96
2012	1 352 241.90	1 739 485.71	77.74
2013	1 478 508.41	1 856 958.28	79.62
2014	1 608 461.34	2 003 604.20	80.28

数据来源：根据2005—2014年WIOD数据库计算整理所得。

表1-4 2014年中国制造业出口增加值排名前20位的国家（地区）

单位：百万美元，%

国家（地区）	制造业出口增加值	该国占整体的比重
美国	268 605.70	16.70
日本	134 796.20	8.38
韩国	76 180.43	4.74
德国	59 923.92	3.73
俄罗斯	55 352.19	3.44
英国	40 303.69	2.51
加拿大	37 067.71	2.3
澳大利亚	36 726.33	2.28
印度	34 260.53	2.13
中国台湾	33 278.7	2.07
巴西	30 522.67	1.90
墨西哥	30 253.26	1.88
荷兰	27 562.94	1.71
法国	27 227.88	1.69
印度尼西亚	26 017.06	1.62
意大利	21 380.72	1.33
土耳其	18 311.78	1.14
西班牙	17 019.64	1.06
波兰	10 760.17	0.67
比利时	7 123.99	0.44

数据来源：根据2014年WIOD数据库计算整理。

中国制造业出口增加值遍布各个大洲，但国别（地区）分布不均。2014年中国制造业出口增加值分布前20名的国家（地区）分别为美国、日本、韩国、德国、俄罗斯、英国、加拿大、澳大利亚、印度、中国台湾、巴西、墨西哥、荷兰、法国、印度尼西亚、意大利、土耳其、西班牙、波兰、比利时，其中美国占比最高，达到总出口增加值的16.7%，也是唯一比重在10%以上的国家（地区），加拿大、墨西哥虽然排名也比较靠前，但占整体的比重较小，仅占美国整体的1/7左右。对于东亚国家（地区）的日本、韩国、中国台湾，排名都比较靠前，日本位居世界第二，达到整体的8.38%；韩国位居世界第三，达到整体的4.74%。巴西、俄罗斯、印度、印度尼西亚、澳大利亚和土耳其（BRIIAT）等国家中俄罗斯占比最高，达到整体出口增加值的3.44%，其中土耳其是占比最小的国家，达到整体的1.14%。在排名前20名的国家中有8个国家属于欧盟国家，其中德国是占比最高的国家，达到整体的3.73%，其次出口增加值占比较高的国家为英国、荷兰、法国、意大利、西班牙、波兰、比利时。从各国所占的比例可以看出，中国制造业出口增加值国别分布差异较大，分布较为集中。

在行业分布方面，2014年制造业出口增加值在整体中居首位，为1 608 461.34百万美元，占整体的80.28%，这说明中国是制造大国，制造业在出口中占重要地位。出口增加值排名前四位的行业依次是制造业、批发和零售/汽车和摩托车的修理、运输和储存、专业/科学和技术活动，但除制造业外其他行业所占比重较低，而除前四名外各行业所占比重不足1%，可以看出2014年中国出口增加值行业分布比较集中。

在制造业领域，如图1-1所示，2014年计算机、电子和化学产品的生产在制造业中所占比重最大，达到25.1%，排名前五的行业还有纺织品/服装/皮革和相关商品、电力设备、未另分类的机械和设备、家具的生产及其他，前五名行业所占比重为67.6%，其他行业所占比重较低，都低于5%。排名比较靠后的行业有焦炭和精炼石油产品、药品/药用化学品及植物药材的生产、木材及木材制品和软木制品、纸和纸制品的生产行业及记录媒介物的印刷行业，占制造业的比重不足1%。2013年制造业各行业排名除食品/饮料及烟草制品行业、汽车/挂车/半挂车制造行业、橡胶和塑料制品行业有变动外，其他行业排名和2014年相同。在增长方面，基本金属的制造行业较上年增长最快，较上年增长18.59%；接下来是化学品及化学制品行业，较上年增长13.83%；电力设备制造行业较上年增长13.45%，其余行业增长率在10%及以下，其中其他运输设备制造行业（汽车、挂车、半挂车制造行业除外）较上年有小幅度下降。

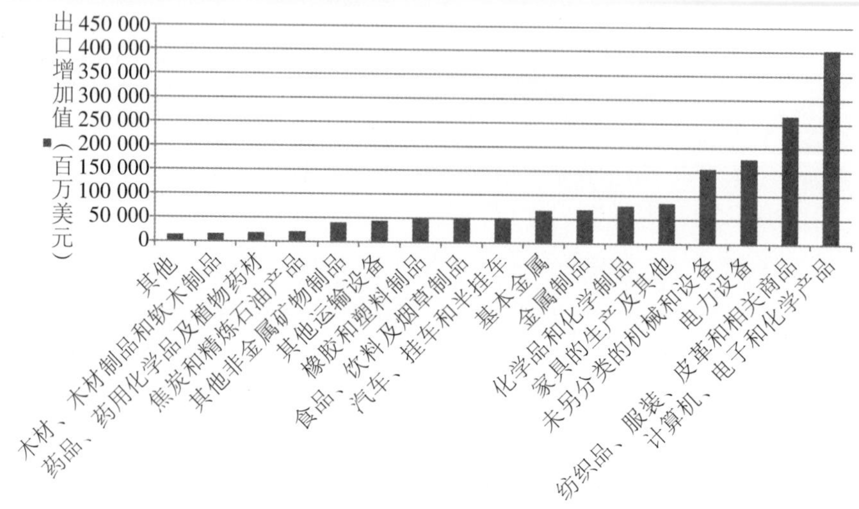

图1-1 2014年中国制造业各细分行业出口增加值

数据来源：根据2014年WIOD数据库计算整理所得。

1.2.3 全球价值链视角下的国家利益分配

1.2.3.1 计算方法

关于全球价值链分工背景下的利益来源，早在20世纪60年代就有许多学者注意到国际分工从产业内分工转向产品内分工，因此“片段化生产”等概念应运而生。如Deardorff（2001）在介绍产品的生产环节被分割时，就采用“片段化”进行描述，跨国的生产网络体系把同一价值链中的各个环节组织起来，这一组织过程既能在某个企业的内部进行，也可以由许多企业分工合作完成。国际生产分割活动所产生的利益，归根结底，来源于传统的比较优势理论以及规模经济理论，前者是由于参与价值链分工活动的国家要素禀赋不同，专业化从事本国具有比较优势的生产活动，再通过贸易交换产品，从而降低各自的生产成本，获取价值链分工的利益。卓越等（2008）在研究中国纺织服装企业参与价值链分工活动时指出，我国是凭借丰裕的劳动力要素资源融入价值链中低附加值的生产环节，从而获取分工利益的。

而规模经济理论则普遍适用于发达国家之间的利益分配，规模经济使得参与国的平均生产成本小于分工前各自的生产成本。如Jones和Kierzkowski（1990）认为，规模报酬递增推动了“零散化生产”过程。除此之外，曹明福等（2005）把全球价值链分工利益来源划分为“分工利益”和“贸易利益”。其中，“分工利益”是由比较优势和规模经济产生的，而“贸易利益”则是由“价格倾斜”优势产生的。发达国家不仅获得了比较优势与规模优势，还获得了交换过程中的“价格倾斜”优势，因此发达国家主导着价值链分工。

另外，由于生产企业在价值链中专业化从事的生产环节不同，因此各企业获取的利益自然不等。关于这个问题的研究，早在波特（Porter，1985）分析公司的价值链条时，就提出并非每个生产环节都能产生相等的价值，高附加值只会在一些特定的价值环节产生。“微笑曲线”直观地展示了价值链上各个生产环节附加值的分布：加工制造这类低附加值的活动处于“微笑曲线”的底端，越往曲线的两端靠近，附加值是提升的，设计、品牌类活动附加值是最高的，处于“微笑曲线”的两端。张文宣（2007）与叶华光（2009）根据高附加值活动在微笑曲线两端分布的不同情况，构建了生产者和购买者两种驱动型全球价值链模型，通过推导出的利润函数，从理论层面分析了各个环节的利益形成与根本机制，得出如下结论：在生产者驱动型价值链模型中，垄断企业凭借研发技术和高技术零部件的生产优势，在价格上拥有话语权，以此获取高额利润；对于购买者驱动型价值链，垄断企业则具有品牌和营销渠道优势，其高附加值的战略环节则集中于品牌和营销活动。不管是哪种类型的价值链，偏于垄断性质的市场结构对于企业的定价能力以及对高附加值战略活动的主导，都具有直接的有利影响。

从地理布局的视角看，制造业产品在全球的最终消费情况变化将会给世界各国各行业的利益分配带来怎样的影响？中国与其他经济体相比，在参与全球制造业最终产品生产过程中的竞争力地位是否有所提高？在此之前，需要先引入Timmer（2013）提出的价值链增加值的分解式：

$$v = \hat{p}(I - A)^{-1} f \tag{1-1}$$

假设全球有N个国家，S个行业部门，每个行业部门只生产一种产品，因此共有SN个行业部门，公式中v是SN维向量，元素vi（s）表示的是i国s部门参与最终产品n价值链分工活动所获得的增加值，$\hat{p}$表示增加值系数矩阵，该矩阵是对角矩阵，矩阵中对角线上的元素用pi（s）表示，含义是i国s部门每单位产出所创造的增加值。I是$SN*SN$维单位矩阵，$(I-A)^{-1}$是里昂惕夫逆矩阵（Leontief，1936），该矩阵中第m行n列的元素含义是指m行业部门为生产一单位n最终产品的产出值。f是SN维外生向量，其中的元素用fi（s）表示，含义是世界各国对i国s最终产品的需求。

1.2.3.2 制造业增加值的全球利益分配情况

图1-2是根据增加值分解公式（1-1）计算出来的2000—2014年制造业最终产品的全球消费所产生的增加值合计。2000—2014年制造业产品增加值的走势与这一期间最终产品消费支出的变化趋势相吻合。2001年世界经济呈下行趋势，需求疲软，制造业产品的增加值达到最低值61 587.6亿美元，相比2000年同比下降7个百分点；2002—2008年间制造业产品增加值一直处于上升状态，同比增速较高的是2004年和2007年，分别是11%和10%，2008年总量达到最高。

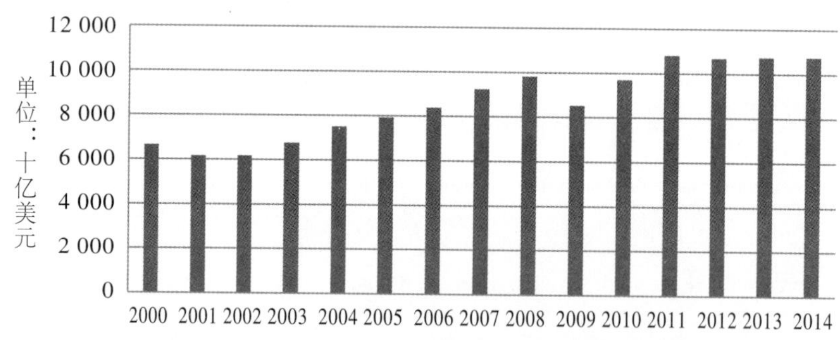

图1-2 2000—2014年全球制造业产品增加值总计①

数据来源：根据世界投入产出表数据计算得出。

2009年因受金融危机的强烈冲击，不仅制造业产品的最终需求出

① 为消除通胀因素，各年的增加值数值使用消费者价格指数平减到2000年的价格，单位统一为十亿美元，往后章节关于制造业产品增加值的数值均是平减后的结果。

现“低谷”，而且整体制造业产品的增加值也是2000—2014年间的最低值。与2008年相比，同比降幅最大，下降了13%。2010年世界经济开始复苏，制造业增加值再次出现增加的趋势，但增速总体减缓，尤其是2012—2014年间制造业增加值处于平稳增加的态势，这与王林燕（2015）指出的金融危机后，发达经济体实施“再工业化”①战略有一定的关系。

制造业产品增加值来源于世界各国各行业的生产要素投入，各国经济发展水平和要素禀赋不同，在全球生产网络中所从事的特定的专业化生产活动也不一样，因此制造业产品增加值在世界各国各行业的分布同样有差距。下面选取10个代表国家，包括发达经济体——美国、德国、日本、英国、意大利，新兴经济体——中国、印度、巴西、墨西哥、俄罗斯，图1-3可以直观地看出制造业产品增加值在这10国之间的分布情况。

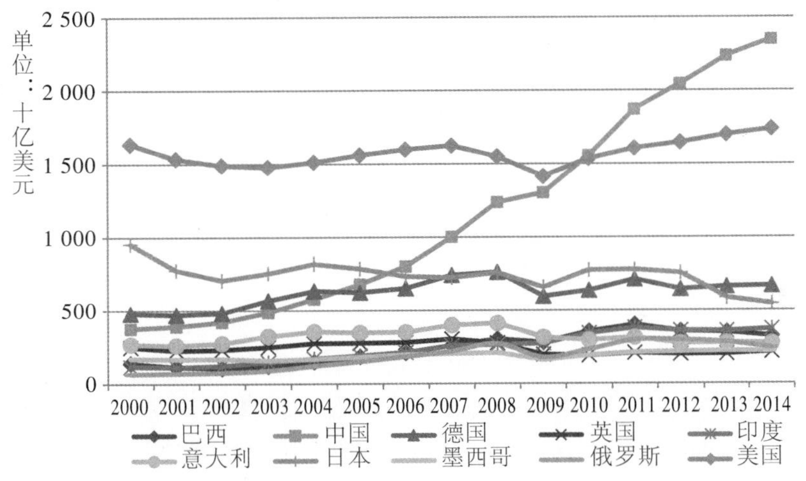

图1-3　2000—2014年10个代表国家制造业产品的增加值

数据来源：根据世界投入产出表数据计算得出。

首先，基于各国制造业增加值所占比重的视角，对比发达经济体代表和新兴经济体代表，2013年之前在制造业产品价值链分工过程中，以美国为首的发达国家获得了制造业产品总增加值的54%，中国等新兴

① “再工业化”是指2008年金融危机暴发后，发达国家通过加强基础设施建设、促进战略性新兴产业发展、推行出口促进战略，以促进制造业回流。

国家仅占13%。随着产品内分工的进一步深化，发达国家逐渐把一些低附加值的生产活动外包给劳动力成本低廉、自然资源丰富的国家，因此新兴经济体凭借这些相对优势嵌入全球价值链的低端环节。2000—2012年间，发达经济体制造业增加值逐年减少，而新兴经济体制造业增加值却逐年增加，2013年新兴经济体增加值份额（32%）首次超过了发达经济体（31%）。

其次，2000年美国制造业产品的增加值遥遥领先，中国仅为美国的1/4，并且低于日本和德国的增加值。2005年和2006年中国依次超越了德国、日本，中国与美国的差距也在日渐缩小。2010年中国制造业增加值是15 555亿美元，超过美国，成为世界第一。值得注意的是，2000—2014年间除了中国之外，其他代表国家制造业增加值或多或少都出现了波动，尤其是金融危机后的2009年都出现了下降的趋势，唯独中国制造业增加值一直处于增长的趋势。

最后，从制造业增加值年均增长率的角度看，2000—2014年间中国的年均增长率为13.96%，位居第一，俄罗斯、印度、巴西的年均增长率依次是9.56%、8.41%、6.16%，制造业增加值的增长态势也比较强劲；德国（2.36%）、美国（0.43%）和意大利（0.11%）制造业增加值却增长相对缓慢，日本（-3.92%）、英国（-1.05%）的年均增长率甚至出现负值，再一次表明发达经济体在制造业全球生产网络中获得的收益份额呈递减的趋势。

1.2.3.3 制造业增加值分配的国际比较

表1-5展示的是10国三大行业部门的增加值占本国制造业总增加值的份额，本小节把世界投入产出表中56个行业划分成三大行业部门，分别是初级产品部门、制造业产品部门、服务业产品部门。①

从中国三大行业部门获取的增加值占我国制造业总增加值的比重看，以制造业产品部门和服务业产品部门为主，但制造业产品部门的增加值份额在下降，除了日本，不仅中国如此，其他经济体制造业产品部门的增加值比重也呈现下降的趋势。2014年中国服务业产品部门的贡

① 行业部门按ISIC Rev.4产业代码划分为初级产品部门（A~B）、制造业产品部门（C）、服务业产品部门（D~U）。

献度近30%，与2000年相比有所增加（+5.66%），但仍低于世界平均水平（33.89%），且仅超过墨西哥服务业部门所占的增加值比重（26.94%）近3个百分点。上述结果表明中国仍处于制造业价值链的下游，专业从事加工、组装等低附加值分工活动。

表1-5　**2000—2014年整体制造业产品增加值的部门分配**　单位：%

	初级产品部门		制造业产品部门		服务业产品部门	
	2000	2014	2000	2014	2000	2014
巴西	15.62	19.25	47.63	39.87	36.75	40.88
中国	16.63	18.02	59.26	52.20	24.11	29.77
德国	2.23	1.69	62.10	61.07	35.67	37.24
英国	6.50	6.41	57.63	52.59	35.87	40.99
印度	23.12	18.48	42.48	39.68	34.40	41.84
意大利	4.48	4.74	53.08	52.67	42.44	42.59
日本	3.63	3.56	65.24	66.28	31.13	30.16
墨西哥	16.27	18.57	58.91	54.49	24.82	26.94
俄罗斯	15.89	21.99	42.87	35.76	41.24	42.25
美国	5.24	10.38	61.47	55.61	33.29	34.01
世界	9.45	15.73	57.31	50.38	33.24	33.89

数据来源：根据世界投入产出表数据计算得出。

从全球制造业价值链收入的行业分配视角看，中国服务业产品部门增加值占本国总增加值的比重虽比不上制造业部门，但2014年较2000年提高的5个百分点表明，服务业的发展在制造业国际竞争力提升过程中的重要性日益增加。另外，生产性服务具有中间投入、产业联动与知识密集的特征，它为制造业服务且在空间上与制造业分离，因此研究生产性服务业的发展对制造业竞争力的提升作用具有现实性的意义。

接下来的部分将选取交通及仓储业、通信业、金融保险业、房地产活动、专业和科技活动、行政和辅助服务活动等生产性服务业，计算上述生产性服务业的增加值占中国在全球制造业价值链中获得的增加值的比重，以此来反映生产性服务业对制造业发展的贡献程度。表1-6展示了2000—2014年在全球制造业价值链收入的部门分配中，中国主要生产性服务业对总增加值的贡献率。

表1-6 主要生产性服务业对中国总增加值的贡献率 单位：%

	交通及仓储业	通信业	金融保险业	房地产活动	专业和科技活动	行政和辅助服务活动
2000	5.16	1.18	3.26	0.72	1.41	0.02
2014	4.28	0.74	5.07	1.40	3.36	0.10

数据来源：根据世界投入产出表数据计算得出。

从表1-6可以看出，2000—2014年，在主要生产性服务业增加值占中国总增加值的比重中，排名前三的是交通及仓储业、金融保险业以及专业和科技活动；相比2000年，2014年金融保险业的贡献率增加了近2个百分点，交通及仓储业略有小幅度下降。除此之外，专业和科技活动的增加值占中国总增加值的比重提高了近2个百分点，房地产活动、行政和辅助服务活动的增加值比重同时也有小幅度提升。由此可以看出，我国生产性服务业参与制造业价值链分工活动获得的利益份额虽不大，但处于增长的趋势，因此大力发展生产性服务业是有利于我国制造业竞争力提高的。

1.2.3.4 细分制造业增加值的国际比较

本小节选择纺织品、服装、皮革和相关产品以及电气设备和其他机械设备作为具体制造业的代表，分析价值链增加值在各行业部门的分布情况。表1-7展示了2014年纺织服装产品价值链增加值在10国行业部门的分配情况。首先，从纵向来看，纺织服装产品增加值在初级产品部门的分配主要集中在新兴经济体国家，中国（20.62%）、俄罗斯（17.79%）、印度（13.23%）均高于10%，且前两者高于世界平均水平（15.92%）。其次，纺织服装类产品本身属于劳动密集型行业，因此10国的劳动密集型制造业部门均占有相对较大的增加值比重。除此之外，像美国（11.47%）、日本（14.06%）、德国（13.89%）的知识密集型行业部门的增加值不仅高于以中国为代表的新兴经济体，而且是世界平均水平（5.49%）的2倍多。最后，纺织服装产品价值链增加值在各国服务业产品部门的分配主要集中于发达国家，均超过了世界平均水平（34.63%）。

表1-7 2014年纺织品、服装、皮革和相关产品增加值的部门分配 单位：%

	初级产品部门	制造业产品部门				服务业产品部门
		劳动密集型制造业部门	资本密集型制造业部门	知识密集型制造业部门	合计	
巴西	10.07	50.75	2.41	1.81	54.97	34.96
中国	20.62	38.95	6.81	5.95	51.71	27.68
德国	1.00	31.17	7.43	13.89	52.49	46.51
英国	3.24	40.46	4.53	5.31	50.30	46.46
印度	13.23	35.67	2.17	3.61	41.45	45.31
意大利	1.62	49.44	3.82	2.60	55.86	42.53
日本	1.28	21.22	14.08	14.06	49.36	49.37
墨西哥	9.31	59.76	3.53	2.98	66.27	24.42
俄罗斯	17.79	23.99	6.61	3.84	34.44	47.77
美国	6.53	25.68	6.00	11.47	43.15	50.32
世界	15.92	38.94	5.02	5.49	49.45	34.63

数据来源：根据世界投入产出表数据计算得出。因四舍五入合计数据有误差。

从总体来看，在纺织服装产品价值链中，新兴经济体的初级产品部门以及劳动密集型产品部门对本国增加值的贡献程度相对较大，发达经济体的知识密集型制造业部门、服务业产品部门对本国的贡献率相对较高。

从中国三大行业部门在纺织服装产品价值链中的获益情况看，以劳动密集型产品部门（38.95%）以及服务业产品部门（27.68%）的增加值份额为主，可以看出中国在纺织服装产品价值链的分工地位有了一定的提升，但我国的服装产品部门的贡献率仍远低于世界平均水平（34.63%），而且在10个代表国里仅高于墨西哥（24.42%），因此，我国在纺织服装产品价值链中的增加值主要来源于加工制造等生产活动，品牌、设计等高附加值活动仍由美国、英国等发达国家掌控。

表1-8展示的是电气设备及其他机械设备价值链增加值的部门分配情况。首先，在10国制造业产品部门中，知识密集型制造业部门的增

加值比重最大，与其本身属于知识密集型行业有关。其次，从纵向来看，在电气设备及其他机械设备价值链中，新兴经济体的初级产品部门对本国增加值的贡献率相对较高，而发达经济体的增加值主要来源于知识密集型部门的贡献。最后，就我国三大行业部门在电气设备及其他机械设备价值链中的获益情况看，以知识密集型产品部门（38.68%）及服务业产品部门（32.56%）的获益为主，初级产品部门对我国增加值的贡献率（11.25%）远高于世界平均水平（8.67%）以及美英等发达经济体，我国的资本密集型制造业产品部门的增加值比重（15.34%）在10个样本国中最大，知识密集型制造业产品部门和服务业产品部门增加值份额均低于世界平均水平。由此可以看出，相比发达国家，我国在电气设备及其他机械设备价值链中的分工活动对知识密集型部门及服务业部门发展的带动力较小，并且我国在电气设备及其他机械设备价值链中的分工地位仍然不高。

表1-8　**2014年电气设备和其他机械设备增加值的部门分配**　单位：%

	初级产品部门	制造业产品部门				服务业产品部门
		劳动密集型制造业部门	资本密集型制造业部门	知识密集型制造业部门	合计	
巴西	8.44	1.96	9.11	40.91	51.98	39.58
中国	11.25	2.17	15.34	38.68	56.19	32.56
德国	0.21	1.25	8.89	58.55	68.69	31.10
英国	3.19	3.31	11.00	42.12	56.43	40.38
印度	5.06	2.16	10.38	41.14	53.68	41.26
意大利	0.62	1.96	13.53	45.75	61.24	38.14
日本	0.64	0.72	14.15	52.95	67.82	31.54
墨西哥	11.87	1.13	13.12	43.13	57.38	30.75
俄罗斯	18.43	0.38	14.83	26.32	41.53	40.04
美国	2.63	0.92	10.91	51.25	63.08	34.29
世界	8.67	1.64	12.44	43.28	57.36	33.97

数据来源：根据世界投入产出表数据计算得出。

表1-9展示了2014年我国在纺织服装产品及电气设备产品分工活动中，交通及仓储业等主要生产性服务业发展对我国增加值的贡献程度。结果显示，不论是劳动密集型的纺织服装产品生产，还是知识密集型的电气设备及其他设备制造业产品生产，所选取的主要生产性服务业对我国增加值的贡献作用都不是很大。其中，交通及仓储业、金融保险业、专业和科技活动的增加值份额相对较大，进一步反映了我国在纺织服装产品及电气设备产品生产中，生产性服务业的投入不足，发展力度不够，且我国在价值链分工活动中的收益主要依赖于传统部门的投入，致使我国制造业的技术含量低、附加值低。

表1-9　　**2014年主要生产性服务业对我国纺织服装以及电气设备增加值的贡献率**　　单位：%

	交通及仓储业	通信业	金融保险业	房地产活动	专业和科技活动	行政和辅助服务活动
纺织品、服装、皮革和相关产品	3.63	0.60	3.89	1.44	2.27	0.09
电气设备和其他机械设备	4.80	0.88	6.19	1.47	3.87	0.11

数据来源：根据世界投入产出表数据计算得出。

第2章　经济政策不确定性推动全球价值链重构

2.1　经济政策不确定性的历史回顾

近年来，受“黑天鹅事件”等全球性突发事件以及“逆全球化”思潮和贸易保护主义的影响，世界经济发展受到重重阻碍。为应对上述因素的影响，世界各国也在频繁进行经济政策调整，以构建符合自身利益及发展诉求的外部环境，这就使得全球经济面临着更加不确定和多变的外部环境。频繁变动的经济政策和难以预测的经济走势，使得各国面临前所未有的高度不确定性，经济政策不确定性水平急剧攀升，通过各国经济之间的联动和传导，将给各国经济发展和出口带来极大的不稳定性和挑战。

为了衡量经济不确定性与政策不确定性对经济造成的影响，Baker等（2016）依据一国主流新闻媒体信息，通过搜索“政策”“不确定性”“经济”等关键词筛选出与经济政策不确定性相关的新闻报道，经统计处理后编制出经济政策不确定性的月度指数。Baker等（2016）所构建的经济不确定性指标常常被选作外部冲击的代理变量，主要内容分三部分：第一，由美国10家主要媒体对此事件的报道。在某种程度上媒体关注能代表事件的影响力，关注度高的事件可以看作外部冲击明显的事件。第二，在将来十年内会失效的贸易协定和税收规则。订立贸易协定及税收规则可减少外部不确定性，而很多贸易协定与税收规则失效将造成更强烈的外部冲击。第三，经济分析师对将来经济趋势预测的分歧程度。专家预期的经济走势差异在某种程度上表明了将来的经济不确定性。经济不确定性指数包括三个指标，可更准确地衡量外部冲击。Gulen等（2016）认为，经济政策不确定性指数反映了包括货币政策、财政政策、税收政策等国家层面的宏观经济政策的总体不确定性。同时，该指数运用文本分析方法能够识别出新闻报道中与经济政策有关的信息，涵盖了一国主流媒体对经济政策的分析及预期，可更准确地衡量经济政策的不确定性。但考虑到Baker等（2016）仅采用中国香港发行的英文报纸《南华早报》来构建中国经济政策不确定性指数，存在单一性、覆盖不全面等缺陷，因此Huang和Luk（2020）使用来自多家当地报纸的信息重新编制了用来度量中国经济政策不确定性的指数。

基于经济政策不确定指数（EPUI）数据库，本书绘制了2000—2020年间中国经济政策不确定性（CEPU）指数，如图2-1所示，而表2-1则梳理了1997—2020年7个主要外部冲击。在这25年的CEPU指数记录当中，可以清晰地看出中国的波动情况大体分为两部分。一部分是1995—2015年，21年间CEPU指数总体稳定，在此期间虽常有经济政策波动事件的冲击，但数据中指数值超过200的次数也仅发生过26次，且均低于400。另一部分也就是从2016年起，中国经济政策不确定性激增，呈现出与前20年截然不同的变化形势。在这短短的4年中，仅有2017年7月与2018年1月这两个月的CEPU指数值低于200，高于600的次数达到了18次，高于900的次数也有5次，历史峰值达到了970.83。种种现象充分表明，2016年后由于全球经济持续复苏乏力、国际政治形势混乱、贸易保护主义与逆全球化浪潮抬头等因素的影响，中国的经济政策不确定性达到了一个前所未有的高度。尤其是在中美贸易战打响之后，CEPU指数的变动幅度远大于世界水平，再考虑到中国的GDP总量，可以说近些年来CEPU指数的变化形势深受中美贸易战的影响。

表2-1　　1997—2020年7次经济波动

序号	时间	事件
1	1997—1998年	亚洲金融危机
2	2001年9月11日	9·11事件
3	2003年3月20日	第二次海湾战争
4	2007—2009年	美国金融危机
5	2012年	欧债危机
6	2016年6月24日	英国脱欧公投
7	2018年3月23日	中美贸易战

数据来源：作者根据相关资料整理。

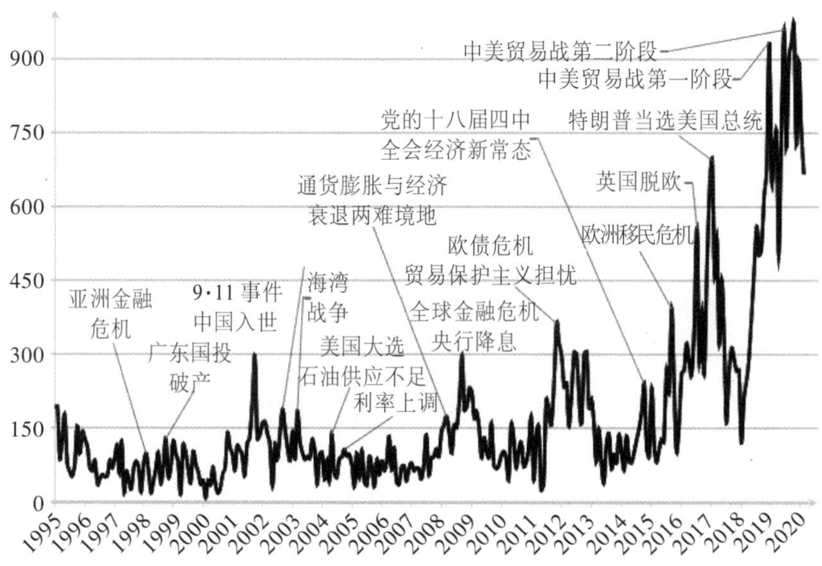

图2-1　2000—2019年中国经济政策不确定性指数[①]

数据来源：EPUI数据库。

---

① 中国经济政策不确定性（China Economic Policy Uncertainty，CEPU）指数来自EPUI数据库，其统计范围是从1995年的1月份直到2020年的2月份，共计302个月度数据指标。为了测算中国的经济政策不确定性，该数据库采用《南华早报》（South China Morning Post，SCMP）来统计包含与政策相关的经济不确定性类文章出现的频率。《南华早报》是中国香港地区销量最高的英语报纸，被认为是亚洲地区最具公信力的报纸之一，选取《南华早报》也确保了分析数据的可靠性。而通过报纸中的相关文章测算经济政策不确定性也遵循了与美国等其他国家相同的测算方式，保证了数据可比性。

2.1.1 亚洲金融危机

1997年7月暴发于泰国等亚洲国家的金融危机对中国经济产生了外部冲击。图2-2表明，1997年亚洲金融危机对全球贸易发展产生了不利影响，影响了菲律宾、印度尼西亚、马来西亚、泰国、韩国的对外贸易。此次，外部冲击使中国经济增长下降，导致自1978年改革开放后出现第二个经济周期的最低点。1997年我国GDP为9.2%，1998年下降到7.8%，1999年下降到7.7%。

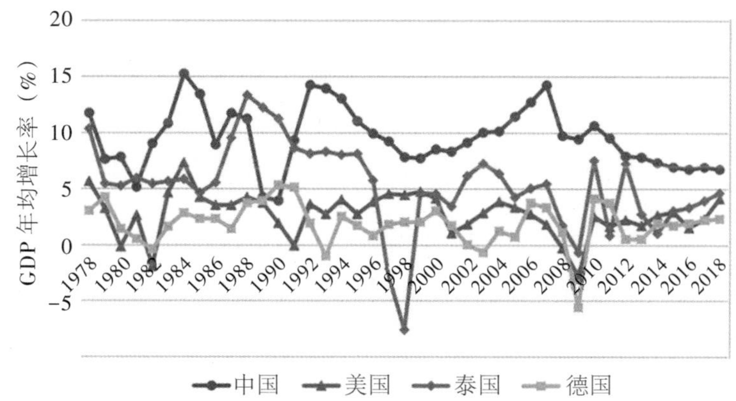

图2-2 1978—2018年中国、泰国、美国、德国GDP年增长率

数据来源：中国GDP数据来自国家统计局网站；德国、美国和泰国1978—2017年GDP数据来自世界银行网站，2018年第二季度GDP数据来自德国联邦统计局网站、美国商务部网站和德国联邦统计局网站。

1997年中国尚未加入WTO，很多领域、地区尚未对外开放。中国与亚洲国家贸易份额大，但亚洲经济增速放慢、支付能力变差、进口贸易需求下降，导致中国的对外出口贸易减少。此外，其货币贬值也降低了我国产品的出口竞争力。我国大陆吸收的FDI的80%来自亚洲国家与地区，由于投资者能力下降，因此对中国投资放缓、投资规模缩小。此次危机对中国的冲击主要通过贸易渠道传递，1997年中国出口增速是21%，由于受此次金融危机冲击，1998年出口增速只有0.5%。

2.1.2 “9·11”事件

2001年美国发生“9·11”事件对美国和世界经济产生了负面冲击。此次冲击使美国本已衰退的经济更加糟糕，同时也连带影响了全球经济增长。美国是中国主要的贸易伙伴及重要投资国，并且中国的经济和世界经济的联系越来越密切，美国和全球经济的震荡对中国经济的负面影响很大。

美国占我国出口市场的21%，若算上我国香港等地区的转口贸易，则该比例大约会达到40%。美国经济增长放缓导致其国内消费急剧下降，从中国进口的商品减少，并削弱了我国的整体贸易水平。从区域分析角度出发，中国主要出口省份广东和福建与美国经济关联更大，受到的冲击也更大。以广东省为例，2001年上半年广东向美国的出口增长急剧下降，对美国的出口总额为105.73亿美元，下降了0.9个百分点，同比正负落差为26.1%。广东对外出口占全国的34.6%，基数很大，每下降1%就会损失10多亿美元，这将直接影响中国外贸出口。特别需要注意的是，美国经济增长放缓时，东南亚国家也遭受了冲击，亚洲是中国的重要出口市场，2000年中国香港和台湾、韩国、东盟、日本等地区和国家成为我国十大贸易伙伴。因此，美国经济增长减缓对中国经济和出口贸易的影响经过这些地区和国家被放大了。此外，人民币相对升值和美元贬值也进一步阻碍了我国的出口。

2.1.3 第二次海湾战争

第二次海湾战争在2003年3月20日暴发，直到2011年12月18日，美军才全部撤离。美国、欧洲和中东是中国的重要出口目标市场，中国主要出口消费品，而战争会影响这些地区的消费，同样国际贸易的流动也受到战争抑制，因而伊拉克战争冲击了中国的出口。具体而言，美国为弥补贸易逆差而采取的措施在很大程度上取决于国际资本的流入，战争暴发后，尤其是恐怖组织采取报复行动之后，国际资本的流入急剧减少，美国为弥补贸易逆差便减少进口。此外，海湾战争导致支出增加了数千亿美元，并且预算赤字随着战争规模的扩大进一步增加。美国本身储蓄率不足，严重依赖于国际投资，因而财政赤字扩大等同于挤占国内金融市场的民间需求。美国在此期间进口的产品主要是战争所需物资，因此，美国政府财政赤字越大，则进口结构变动越大，这不利于中国对美以消费品及民用产品为主的出口结构。因此，这场战争极大地抑制了中国出口的增长。

2.1.4 2008年美国金融危机

由于国际金融和贸易的转移传导作用，2008年美国金融危机造成了全球范围的经济动荡，致使全球经济下滑。2009年美国GDP增速降至2.8%，德国GDP增速降至5.6%，泰国GDP增速降至0.7%。

美国的金融危机经国际贸易的转移传导作用对我国经济构成了外部冲击，全球对从我国进口产品的需求下降了，使我国出口过剩，抑制了我国的经济增长。美国金融危机的起因和我国经济无关，但我国加入WTO后经济已与全球经济密不可分，我国是美国最大的出口商品国，美国经济和我国经济在供求、中间和最终品、进出口等方面有相关关系和因果关系，因而，美国的金融危机造成了中国出口的减少。2007年我国出口增速为25.9%，但2008年出口增速为17.3%，2009年出口增速为16%。这是2001年后对外贸易出现的第一次负增长，即使2010年有一定回升，但一直无法恢复到金融危机前的水平。

2.1.5 欧债危机

金融危机后的2009年度随着世界整体经济复苏，中国出口开始稳定回升，并成为世界最大的出口国。但出口市场的稳定主要来源于欧洲以外的市场和地区。实际上，伴随金融危机到来的欧洲债务危机再次损害了中国的出口，中国出口在2010年1月和2月迅速下降，2010年1月出口额是1 094.8亿美元，2009年12月是1 307.2亿美元，降低了16.25%，到2010年2月，我国出口又降至945.2亿美元。图2-3显示了中国从2008年1月到2010年2月对欧洲国家的月度出口数据，可发现欧债危机的发生和中国出口规模的下降是同步的。

欧洲债务危机阻碍欧洲国家经济增长和消费，使中国对欧洲出口减少。由于欧洲是中国最大的出口市场，因而对我国出口影响巨大。实际上，2009年的相关数据已暗示中国对欧洲国家出口普遍下降，根据图2-3我国2009年上半年对欧洲国家出口数据，我国对欧洲国家出口急剧下降，对原15个欧盟主要国家下降了13.0%，对正在经历严峻债务危机的西班牙降幅达36.1%，对新入盟的国家出口平均降幅更大，达17.5%，其中对斯洛伐克出口下降了约40%。

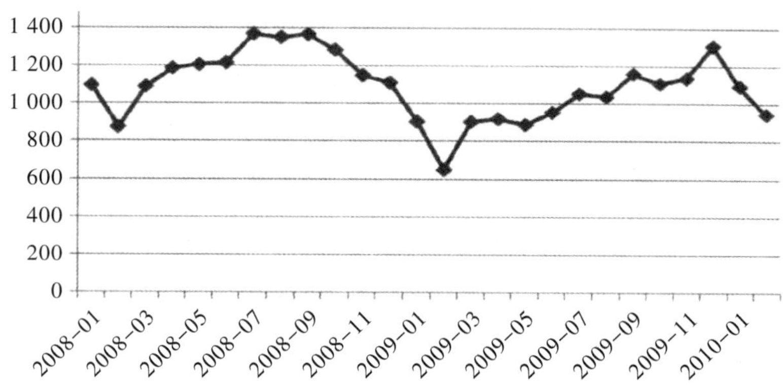

图2-3 中国对欧洲国家月度出口总额（2008年1月—2010年2月，亿美元）

数据来源：中国海关。

欧债危机还蔓延到了其他主要经济体，如美国、日本等国，使这些国家对中国产品的需求进一步降低，出口受到损害。从中国对三个主要市场的月度出口额来看，欧债危机的影响不仅减少了中国对欧盟的出口，而且减少了我国对美国和日本的出口，2010年表现得最明显。此外，欧债危机导致人民币对欧元大幅升值，这对我国出口产生了巨大不利影响。危机的蔓延还使人民币对澳大利亚和亚太等国家的汇率大幅升值，造成了中国的出口下降。

2.1.6 英国脱欧

随着2017年英国启动脱欧程序，中国的贸易出口优势无法长期保持，又一次面临挑战。很多国际组织与投行表示，英国将出现经济衰退，欧洲经济发展将受限。经济学人智库提到，由于英国脱欧，全球经济将损失2 000亿美元。外部需求将继续下降，这会减缓中国外贸的发展。此外，IMF在这方面进行了评估，英国脱欧将严重限制英国经济发展，并将牵连其他欧洲国家经济。此外，英国脱欧之后，英中双边贸易将得到优化，中国出口产品占英国市场的份额也将增加。然而，这也代表英国将不会是中国开拓欧洲市场的重要国家，将来中国将面临更强大的欧盟，将对中国出口的增长产生非常不利的影响。

就英国脱欧对中国汇率的时间影响而言，英国脱欧不仅会影响我国，而且必将在国际上产生一些影响。例如，是否会冲击伦敦金融市场、是否会触发国际资本流动等。这些因素变化迅速，主导各国外汇市场。尽管客观上经济增长、国际收支、外储规模决定人民币汇率，而受英国退欧事件影响，也必然会导致人民币汇率的波动。由于人民币汇率是影响中国出口的最重要因素，因此其变化将不可避免地影响中国出口趋势。

2.1.7 中美贸易战

2018年3月，美国政府宣布对我国产品征收高额出口关税，挑起贸易战，要对我国出口的500亿美元产品征收关税，之后又要继续向我国对其出口的2 000亿美元商品征收关税，这也是一次国际经济外部冲击。

经国际贸易渠道及国际贸易关税传递机制，此次外部冲击对中国宏观经济造成了不利影响。这次冲击的影响要比1997年和2008年的外部冲击还大，2018年10月9日的《2018年世界经济展望》提到，因为贸易紧张局势加剧、新兴市场被压缩和不确定，IMF将全球经济增长预测值从4月的3.9%调低到3.7%。

美国政府对我国进口商品加征关税，将对我国经济产生负面影响。针对美国对我国实行的出口额度和关税税率，中国有对等额度和对等税率的反制措施，由于上下游工厂、上下游产品、商品的相关产业、进口产品清单、行业、产业的联系密切，我国的对外贸易受到影响，通过传导机制又将影响中国物价水平、就业和宏观经济。随着美国提高进口商品的关税，将不可避免地影响中国出口商的生产和经营，这种影响要看美国进口商的反应，如果对中国进口商品的需求下降，中国出口商只会被迫停产、减产和裁员，或再次寻找买家。

2.2 经济政策不确定性影响GVC的机制分析

2.2.1 经济政策不确定性对投资的影响

东道国经济政策不确定性的增加会抑制对外投资。Jeong（2002）认为经济政策不确定性的增加会提高资本成本，因而使对外投资减少。Barreiro等（2017）认为政策不确定性的增加对资本投资产生的影响是长期的。在国家层面上，Altmetric（2019）研究了1996—2015年间政策不确定性对126个国家FDI的影响。使用全国大选的时间作为政策不确定性的代理变量，发现：在大选期间，即经济政策不确定性增加时，FDI显著下降。在银行等金融机构层面上，Kahle和Stulz（2013）指出不确定性可能会对银行贷款造成冲击，从而导致资本支出的减少。因而经济政策不确定性损害了全球的资本投资，且金融部门的政策影响和不可预测的市场趋势方面的高风险进一步阻碍了外国直接投资。在企业层面上，Wang等（2014）、Kang等（2014）、Gulen和Ion（2016）、李凤羽和杨墨竹（2015）、陈国进和王少谦（2016）、靳光辉等（2016）、饶品贵等（2017）研究发现，企业投资在经济政策不确定性升高时显著下降。相应地，Nguyen等（2018）发现，公司将增加对经济政策不确定性水平相对母国较低的国家的投资。杜群阳等（2020）以中国制造业为样本，研究发现，东道国经济政策不确定性的提高会抑制制造业企业的投资。李敏杰等（2020）研究发现，东道国经济政策不确定性水平与中国物流企业对外直接投资呈显著负相关关系。Tatsuro Senga和Cheng Chen（2017）利用日本跨国公司（MNC）的数据，证实了经济政策不确定性会导致日本跨国公司对外直接投资的持续下降。这主要是因为公司不愿意在不可预测的监管环境中做出必要或昂贵的决策（Bloom，2014）。

2.2.2 经济政策不确定性对出口产品的影响

有关经济政策不确定性对出口的影响，Cristina Constantinescu等

(2019) 提出经济政策不确定性可能以两种方式抑制贸易增长。首先，政策不确定性的增加通过降低GDP增长而间接减少了贸易额。其次，政策不确定性可能会通过影响企业为服务国外市场或在国际上采购投入的决定而直接影响贸易。出口目的国经济政策不确定性升高，会抑制国内企业的出口意愿（谢申祥和冯玉静，2018；潘雨薇和吉余峰，2020）；还会导致中国出口企业退出率上升，同时对进入企业的存活率也会形成一定的负面效应（刘洪铎和陈和，2016）。这可能是由于沉没成本等因素的存在，政策不确定性的加剧促使出口企业推迟扩大对海外市场的积极投资，抑制了企业参与出口贸易的积极性，进而不利于出口贸易、出口产品种类和平均出口规模的发展（刘竹青和佟家栋，2018），经济政策不确定性还会通过贸易成本、存货成本和市场需求波动共同影响企业出口频率（綦建红等，2020）。而潘家栋和韩沈超（2018）认为出口国经济政策不确定性导致中国出口减少，主要是因为对方国家进口需求减少，从而导致中国出口减少。此外，杨勇等（2020）指出，出口目的国的经济政策不确定性对中国出口具有持续滞后的负向影响，在经济衰退时期尤甚。

出口目的国经济政策不确定性对中国出口的抑制作用还受到了贸易成本、自由贸易协议（杨勇等，2020）和全要素生产率（潘雨薇和吉余峰，2020）的调节作用。随着贸易成本的上升，外部经济政策不确定性对中国出口贸易的抑制作用会显著增大；FTA协议能促进中国对协议伙伴方的出口，并能抑制协议伙伴方的经济政策不确定性对中国出口贸易的负面效应，而全要素生产率高的企业出口行为会较少地受到经济政策不确定性的影响。但徐铭池和李文韬（2020）却认为进口国经济政策不确定性波动频繁会显著提高中国的对外出口总额，并通过实证研究发现，进口国经济不确定性对中国出口贸易的影响呈倒U形结构。

随着新贸易理论的兴起与拓展，部分学者将经济政策不确定性研究视角转移到国际贸易中的微观层面，主要聚焦于企业出口和贸易边际。刘洪铎等（2016）基于世界银行开发的世界出口动态数据，运用引力模型实证研究表明目的国经济政策不确定性会提高来源国出口企业退出率，降低进入企业的生存率，从而影响贸易出口。韩亮亮等（2019）选取2010—2017年全球创新指数（GII）等数据，研究表明经济政策不确定性上升会减少中国企业的创新投入，导致中国出口产品缺乏国际竞争力，不利于中国外贸出口。谷克鉴（2018）采用理论模型推导和实证分析的方法研究表明，经济政策不确定性会影响多产品企业出口行为，使企业减少出口产品种类，提高出口核心产品集中度。此外，还有学者从二元贸易边际角度来研究经济政策不确定性与贸易出口的关系。魏友岳等（2017）选取1995—2014年中国对全球贸易伙伴的出口贸易数据，基于扩展的引力模型，研究表明政策不确定性对出口增长的扩展边际存在显著的抑制效应，但对出口增长的集约边际的影响则不确定。而杨德云等（2019）利用中国与其有贸易往来的10个主要出口目的国数据，以中国加入WTO为例，将贸易进行二元分解，表明集约边际与扩展边际是经济政策不确定性抑制出口的主要机制。

经济政策不确定性对出口产品的影响还体现在产品质量、种类、创新和价值量上。在产品质量上，经济政策不确定性与出口产品质量负相关，当政策不确定性下降时，有利于提升出口产品质量（汪亚楠等，2020；孙林和周科选，2020）。且经济政策不确定性对不同所有制类型企业的出口产品质量的影响存在异质性，劳动密集型企业和资本密集型企业的产品质量提升效果显著，进入及退出企业的产品质量均获得了有效提升（孙林和周科选，2020）。在产品种类上，目的国经济政策不确定性增加导致多产品企业在企业－目的地层面的出口额和出口产品种类数减少（谷克鉴等，2018），在中国高技术产业产品出口中也是如此（曲丽娜和刘钧霆，2020）。周定根等（2019）发现核心产品的出口稳定性有所改善，而非核心产品则加速退出出口。在产品创新上，陈鑫霞和朱晶（2019）研究发现，目的国经济政策不确定性上升对中国企业出口产品创新存在显著的负向影响。且其对一般贸易型企业及享受政府补贴企业出口产品创新能力的抑制效应要显著大于加工贸易型企业及不享受政府补贴企业。在产品出口价值上，中国出口目的国经济政策不确定性的增强显著降低了中国产品出口价值量；尤其在投资环境、社会环境、政府稳定性、行政效率和法律秩序相对不好的地区，中国产品出口价值量下降幅度更大（陈绍俭和冯宗宪，2020）。

2.2.3 经济政策不确定性对技术和创新的影响

经济政策不确定性的增加会显著抑制中国的出口技术复杂度（席艳乐等，2019）。田晖等（2020）通过经济政策不确定性对低、中、高技术制造业的影响作对比，发现经济政策不确定性对高技术制造业出口的抑制效应最为明显。经济政策不确定性对中国高技术产品出口贸易的抑制效应表现为扩展边际和数量边际的下降，即出口种类和数量的减少，对出口价格边际起促进作用（曲丽娜和刘钧霆，2020）。目的国经济政策不确定性的上升显著抑制了中国出口企业产品创新（陈鑫霞和朱晶，2019）。尤其是对创新性要求更高的突破式创新（张峰等，2019）。主要是由于经济政策不确定性增加，企业出于对不确定性的谨慎态度而更加倾向于推迟研发投入，致使企业推迟研发投入决策，从而抑制企业创新（郝威亚等，2016）。经济政策不确定性增加对经营绩效良好的企业的创新活动造成了更大的损害（郝威亚等，2016）。但孟庆斌和师倩（2017）则认为经济政策不确定性具有敦促企业通过研发活动谋求自我发展的效应；越容易受不确定性因素影响的企业，宏观经济政策不确定性对企业研发投入的促进作用越大；研发投入转化为预期回报效率越高，风险偏好程度越高的企业，宏观经济政策不确定性对企业研发投入的促进作用越小（见图2-4）。

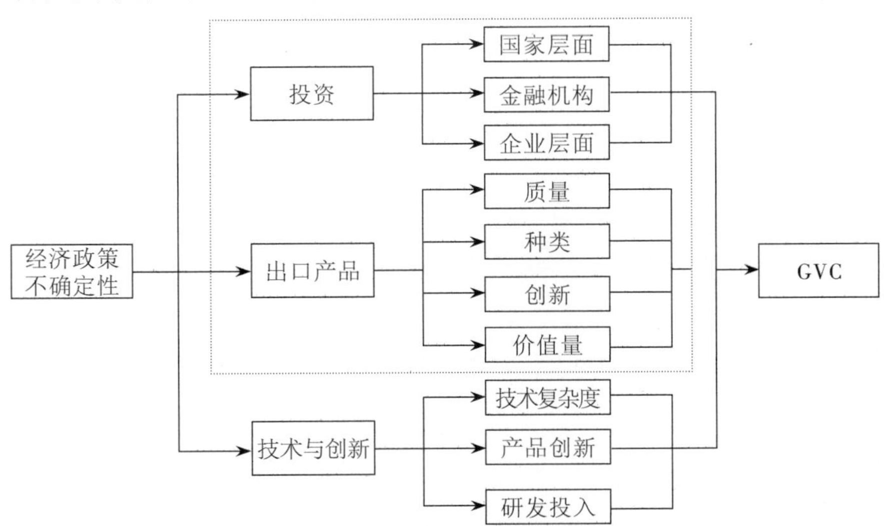

图2-4 经济政策不确定性影响GVC的机制分析

2.2.4 全球价值链抑制效应

Humphrey和Schmitz（2000）提出的四层次升级过程是GVC分工模式下研究产业升级的最具代表性的观点，该模式以企业为中心，描述了在垂直分工模式下产业升级有以下四种由低级到高级的升级模式，工艺流程升级、产品升级、功能升级和价值链升级，如表2-2所示。工艺流程升级、产品升级、功能升级属于行业内升级；而价值链升级属于行业间升级。经济政策不确定性的提高，既会影响行业内升级，也会影响行业间升级。

表2-2 **全球价值链的四层级升级模式**

升级途径	具体含义
工艺流程升级	改进生产方法和技术以提高产品的质量或效用
产品升级	产品附加值的增加、技术水平的提高
功能升级	从价值链的低收入旧功能向新的高收入新功能攀升的过程
价值链升级	跨部门升级

资料来源：根据Humphrey和Schmitz（2000）整理得到。

出口目的国经济政策不确定性对我国全球价值链的影响有两方面：一方面，抑制我国的出口规模，从而降低我国的全球价值链参与度，减少我国与价值链上下游的联系，出口目的国对我国产品的需求减少，从而不利于我国出口附加值的提升。另一方面，出口目的国经济政策不确定性会通过抑制我国的投资、创新、产品质量和技术水平，进而抑制其产业升级，从而使我国难以沿全球价值链攀升，向“微笑曲线”两端提升，参与复杂产品的生产，抑制我国得到更高的出口附加值。

2.3 经济政策不确定性对GVC影响的实证检验

2.3.1 模型的设定

为考察目的国经济政策不确定性对全球价值链的影响，本书参考引力模型（Anderson和Wincoop，2003）的思路，采用2005—2014年的面板数据，添加扰动项、时间及个体层面固定效应，设定如下的计量模型：

$$\ln DVA_{jkt} = \beta_0 + \beta_1 \ln EPU_{jt} + \beta_2 \ln CEPU_{ct} + \beta_3 X_{jkt} + \gamma_t + \mu_j + \omega_k + \varepsilon_{ijkt} \quad (2-1)$$

式中，j代表出口目的国，k代表行业，t代表时间。$\ln DVA_{jkt}$为本书的被解释变量，它代表了第t期中国k行业对j国的出口国内附加值的对数值，$\ln EPU_{jt}$是本书的核心解释变量，代表第t期j国的经济政策不确定性指数的对数值，$\ln CEPU_{ct}$是第t期中国的经济政策不确定性指数的对数值，X_{jkt}是本书的控制变量集合，用于控制影响中国出口国内附加值大小的其他因素；β_0是模型常数项，β_1、β_2和β_3是各解释变量的估计系数。此外，本书控制了时间效应γ_t、国家固定效应μ_j和行业固定效应ω_k，用于控制国家和行业宏观层面不随时间变化的未观测因素，以及不随个体变化的时变性因素，ε_{ijkt}为随机扰动项。

2.3.2 变量选取

2.3.2.1 被解释变量

双边价值链关联指数（GVC_pa）和价值链相对位置指数（GVC_po）计算公式如下所示：

$$GVC\_pa_{jkt} = \left[\frac{IV_{jkt}}{E_{jkt}} + \frac{FV_{jkt}}{E_{jkt}}\right] \times 100 \quad (2-2)$$

$$GVC\_po_{jkt} = \left[(\ln 1 + \frac{IV_{jkt}}{E_{jkt}}) - \ln(1 + \frac{FV_{jkt}}{E_{jkt}})\right] \times 100 \quad (2-3)$$

GVC_pa_{jkt}是中国k行业与j国价值链关联指数，GVC_po_{jkt}是中国k行业相对于j国的价值链位置指数。E表示中国的出口总额，IV_{jkt}表示中国k行业出口到j国并被j国再次出口的附加值，其占中国总出口的比值反映了j国对中国k行业出口中间产品的依赖度。FV_{jkt}表示中国k行业的出口中来自j国的进口部分，其占中国总出口的比值反映了中国k行业对j国中间产品的依赖度。两者之和可以表示两国之间的价值链关联程度。该指数越大，说明两国在价值链上的关联程度越高。GVC_po_{jkt}等于j国对我国中间品依赖度指数的对数值，该值越大，表示中国k行业相对于j国的价值链分工地位更高，也就能出口更高附加值的产品。

2.3.2.2 核心解释变量

出口目的国经济政策不确定性采用Baker构建的*EPU*指数来衡量。但数据库提供的*EPU*指数是月度指标，本书使用算术平均法将其转化为年度指标，使其与其他年度指标相匹配，数据来源于Economic Policy Uncertainty Index网站。具体公式如下所示：

$$epu_{jt} = \frac{1}{12}\sum_{m=1}^{12} epu_{jm} \tag{2-4}$$

2.3.2.3 其他控制变量

中国经济政策不确定性（CEPU）。我国的出口国内附加值规模也受到国内经济政策不确定性的影响。在面对外部经济冲击时，国内会相应地调整经济政策以抵抗外部经济波动的影响，因而国内经济政策调整带来的经济政策不确定性的增加将促进我国对外出口，数据来源于Economic Policy Uncertainty Index网站。

目的国经济规模（GDP）。使用目的国国内生产总值来衡量，各国经济规模不同导致各国贸易需求量有差异，为防止出口国内附加值的增加是由于经济规模差异所引起的，因而选择出口目的国国内生产总值作为经济规模的替代变量，数据来源于世界银行WDI数据库。

双边实际汇率（REER）。双边汇率的波动会导致出口商利润和净资产的不稳定，还会推高出口的生产成本，因而会对我国的出口规模产生不利影响，数据来源于世界银行WDI数据库。

贸易开放度（OPEN）。随着贸易开放度的提高，出口目的国的进口规模增加，对进口产品的限制条件更少，更有利于我国对其出口规模和出口国内附加值的提高。参考大多数文献的做法，贸易开放度由各国k行业进出口贸易总额占国内生产总值的比重来衡量，数据来源于UNCOMTRADE和世界银行WDI数据库。

行业规模（KL）。行业规模越大，生产环节和工序越多，越能够深入地参与到国际分工中，可能需要投入更多的中间产品，因而会对出口国内附加值产生影响。数据来源于《中国工业经济统计年鉴》。

出口贸易成本（COST）。表示中国对j国的出口贸易成本，目的国经济政策的不确定性的提高对出口国内附加值的不利影响可能是由贸易成本提高的中介作用传导的。借鉴Novy（2006）改良的间接测度法，参考钱学峰和梁琦（2008）的研究来计算得出，具体计算公式如下：

$$TC_{ijkt}=\left[\frac{(GDP_i-EX_{ii})\times(GDP_j-EX_{jj})S^2}{EX_{ij}\times EX_{ji}}\right]^{2\rho-2}-1 \tag{2-5}$$

式中，i、j分别为中国和出口目的国，EX_{ij}、EX_{ji}、EX_{ii}和EX_{jj}分别代表中国对目的国的出口额、目的国对中国的出口额、中国的出口总额和目的国的出口总额，参考Novy（2006）和Jacks（2006）将S设定为0.8，参考钱学峰和梁琦（2008）将ρ设定为8。数据来源于UNCOMTRADE和世界银行WDI数据库。

对外直接投资（FDI）。目的国经济政策不确定性对我国出口国内附加值的不利影响也可能是由FDI的中介作用传导的。数据来源于《中国统计年鉴》。

2.3.3 回归结果

2.3.3.1 基准回归

表2-3总结了出口目的国经济政策不确定性对双边价值链关联系数和价值链相对位置影响的回归结果。出口目的国经济政策不确定性对我国在双边价值链关联程度和价值链相对位置上均具有显著的抑制作用，这说明目的国经济政策不确定性的增加，一方面不利于我国出口规模的扩大，另一方面不利于我国出口高技术高附加值的产品，影响我国的出口贸易利得。

表2-3 经济政策不确定性对双边价值链回归结果

	(1) 单变量	(2) CEPU	(3) 基准回归	(4) 金融危机	(5) 滞后1期	(6) 滞后2期
ln*epu*	−0.103*** (−3.50)	−0.103*** (−3.50)	−0.064** (−2.19)	−0.064** (−2.19)	−0.073** (−2.33)	−0.102*** (−3.16)
ln*cepu*		2.257*** (46.77)	1.485*** (22.68)	1.485*** (22.68)	1.096*** (20.03)	0.751*** (17.92)
crisis				−0.895***		

续表

	(1) 单变量	(2) CEPU	(3) 基准回归	(4) 金融危机	(5) 滞后1期	(6) 滞后2期
				(−21.65)		
ln*gdp*			1.117*** (16.51)	1.117*** (16.51)	1.100*** (15.59)	1.076*** (14.42)
ln*reer*			−0.412*** (−3.29)	−0.412*** (−3.29)	−0.463*** (−3.67)	−0.479*** (−3.68)
ln*open*			0.069*** (4.29)	0.069*** (4.29)	0.067*** (4.22)	0.068*** (4.26)
ln*kl*			1.454*** (7.45)	1.454*** (7.45)	1.417*** (7.35)	1.395*** (7.30)
常数项	4.577*** (19.80)	−4.335*** (−15.69)	−19.20*** (−24.52)	−19.20*** (−24.52)	−16.96*** (−20.31)	−14.83*** (−16.41)
样本量	3 240	3 240	3 059	3 059	2 753	2 447
时间效应	是	是	是	是	是	是
国家效应	是	是	是	是	是	是
行业效应	是	是	是	是	是	是
R^2	0.634	0.634	0.672	0.672	0.610	0.543

注：表中数据为各变量的回归系数，括号内的数值表示t值，***、**、*分别表示该变量的系数在1%、5%和10%的水平上显著。

从控制变量来看，我国国内的经济政策不确定性对我国参与价值链具有一定的抑制作用，但却能提高我国在价值链上的相对位置，因为国内政策和产业结构调整，可能会导致一部分经营不善的出口企业退出市场，缩小出口规模，但却给出口高新产品的企业提供了更多的机会，营造了更好的研发创新和出口机会，提高了其出口竞争力，促进我国向微笑曲线高附加值两端移动。出口目的国经济规模越大，其生产和消费需求越多，因而从我国进口更多的中间产品和最终消费品。双边实际汇率的波动，会增加我国的出口成本，使出口收益面临

“缩水”的风险，因而对我国的价值链关联系数和价值链相对位置产生不利影响。出口目的国的贸易开放度的提高给了我国更加开放的出口环境，因而对我国的价值链关联系数和价值链相对位置施加了正面影响。

第（4）列加入了金融危机的虚拟变量，即设定2008年为1，其余年份为0，回归结果显示：核心解释变量的回归系数和显著性不变，而金融危机对出口国内附加值呈显著的负相关，说明重大全球性危机会造成出口波动，促使国家调整国内外贸易政策，改变出口策略，减少对高成本投入产品的研发和生产，因而使我国无法获得更高的贸易收益。第（5）列和第（6）列分别研究滞后1期和滞后2期的经济政策不确定性指数对出口国内附加值的影响，回归结果显著性提高，且回归系数绝对值提高，说明经济政策不确定性对出口国内附加值的影响具有一定的滞后效应，在目的国出现不确定时，我国企业需要有一定的“观望”时间和“反应”时间。此外，有些期货的出口贸易合同已经签订，并不能立刻改变企业现行的生产和出口计划，但会改变或减少下一期的出口计划，并导致我国下一年或第二年的出口国内附加值减少。

2.3.3.2 国家异质性

本书考察经济政策不确定性是否会因国家类型不同而发生变化。首先，亚太经合组织成员经济体是亚太地区内各经济体之间促进经济成长、合作、贸易、投资的论坛，它在推动区域贸易投资自由化，加强成员间经济技术合作等方面发挥了不可替代的作用，因此本书对是不是亚太经合组织成员经济体进行分组回归。

如表2-4中的第（1）列和第（2）列所示，APEC成员经济政策不确定性指数的提高显著抑制了中国制造业出口国内附加值的提高，而非APEC成员的作用则不显著。可能原因是APEC成员中的美国、日本、韩国和俄罗斯都是我国重要的出口国，是我国出口国内附加值的主要来源国，我国与这些国家的贸易往来和经济合作更频繁，因而对这些国家更敏感，更容易受其经济政策不确定性的影响。

表2-4 **国家异质性**

	经济组织		地理位置	
	（1）APEC成员	（2）非APEC成员	（3）邻国	（4）非邻国
ln*epu*	−0.074** (−2.25)	0.066 (1.06)	−0.013 (−0.20)	−0.104*** (−3.19)
ln*cepu*	1.423*** (18.77)	1.597*** (21.78)	1.339*** (10.72)	1.578*** (28.13)
ln*gdp*	0.992*** (16.63)	1.043*** (27.00)	1.079*** (10.63)	1.061*** (33.58)
ln*reer*	−0.280** (−2.48)	0.0788 (0.37)	−0.519*** (−3.56)	−0.180 (−1.26)
ln*open*	0.148*** (4.26)	0.0291 (1.43)	0.102** (2.51)	0.0695*** (3.99)
ln*kl*	0.486 (1.19)	2.033*** (8.59)	0.229 (0.36)	1.679*** (7.91)
常数项	−14.65*** (−11.62)	−24.30*** (−19.09)	−13.56*** (−6.92)	−21.18*** (−24.10)
样本量	1259	1800	540	2519
时间固定效应	是	是	是	是
行业固定效应	是	是	是	是
R^2	0.752	0.631	0.787	0.651

注：表中数据为各变量的回归系数，括号内的数值表示*t*值，***、**、*分别表示该变量的系数在1%、5%和10%的水平上显著。

其次，双边贸易与两国间的距离密切相关，因此按照目的国是不是我国邻国进行分组回归。第（3）列和（4）列所示，非邻国经济政策不确定性的增加对我国出口国内附加值的负面影响更大也更显著，原因是我国向非邻国出口时合作难度大，面临更多的不确定性，要承担更多的风险，出口成本更高，我国产品对非邻国国家的竞争力较弱，因而我国对其的出口国内附加值变化更敏感。

2.3.3.3 行业异质性

为进一步考察经济政策不确定性对制造业不同行业出口国内附加值的影响差异，本书根据制造业知识技术密集度和要素密集度将其划分为：低知识技术密集度组、中低知识技术密集度组、中高知识技术密集度组和劳动密集型、资本密集型、技术密集型，分别对其进行回归分析，结果如表2-5所示。

表2-5 **行业异质性**

	知识技术密集度			要素密集度		
	(1) 低组	(2) 中低组	(3) 中高组	(4) 劳动密集	(5) 资本密集	(6) 技术密集
ln*epu*	0.0180 (0.25)	−0.103*** (−3.03)	−0.105** (−2.03)	−0.00136 (−0.02)	−0.0978*** (−2.68)	−0.102** (−2.30)
ln*cepu*	1.716*** (10.95)	1.144*** (15.07)	1.744*** (15.10)	1.582*** (9.78)	1.304*** (15.93)	1.567*** (15.79)
ln*gdp*	0.985*** (5.99)	1.204*** (15.40)	1.164*** (9.80)	1.142*** (6.77)	0.988*** (11.67)	1.314*** (12.89)
ln*reer*	0.0688 (0.23)	−0.486*** (−3.37)	−0.765*** (−3.45)	0.0299 (0.10)	−0.286* (−1.85)	−0.894*** (−4.69)
ln*tra*	0.0513 (1.10)	0.148*** (7.70)	0.0324 (1.31)	0.0962** (2.14)	0.142*** (5.84)	0.0389* (1.93)
ln*kl*	−8.491*** (−12.48)	−4.317*** (−19.26)	−5.425*** (−11.40)	−9.010*** (−12.81)	−3.865*** (−15.87)	−4.995*** (−14.65)
样本量	850	1 360	849	850	1 190	1 019
时间效应	是	是	是	是	是	是
国家效应	是	是	是	是	是	是
行业效应	是	是	是	是	是	是
R^2	0.621	0.734	0.745	0.586	0.742	0.755

注：表中数据为各变量的回归系数，括号内的数值表示*t*值，***、**、*分别表示该变量的系数在1%、5%和10%的水平上显著。

回归结果显示，出口目的国经济政策不确定性对中低知识技术密集度行业的负面影响最显著，对中高知识技术密集度行业的负面影响次之，对低知识技术密集度行业的负面影响则不显著。因为我国在出口低知识技术密集度行业的产品时，技术较为熟练，国际竞争力强，成本低，因而受出口目的国经济政策不确定性的影响较小，出口比较坚挺。而高知识技术密集度行业的产品，技术水平高，生产周期长，出口国内附加值也高，虽然生产成本高、风险大，但其替代性弱，因而受出口目的国经济政策不确定性的影响适中。而中低知识技术密集度行业的产品受出口目的国经济政策不确定性影响大，因为其生产成本较低，知识技术密集度产品技术水平高，但可替代性强，因而更容易受到目的国经济政策波动的影响。要素密集度分类的实证结果也证实了以上结论，按照不同要素密集型行业出口国内附加值受外部经济政策不确定性影响程度的大小排序，依次为劳动密集型、技术密集型和资本密集型。说明产品在价值链的位置不同，受出口目的国经济政策不确定性的影响程度确实不同。处于价值链的低端环节的劳动密集型产品，由于其贸易模式更多地依靠长期协议和期货协议，受出口目的国经济政策不确定性影响相对较小；而资本与技术密集型产品的进入门槛相对较高，产品需求更多受未来收入和盈利预期影响，因而相对而言对出口目的国的经济政策不确定性波动的抵御能力更弱。

2.4 研究结论

在经济全球化和产品内分工模式日益深化的背景下，本书分别使用Baker等（2016）创建的经济政策不确定指数和王直等（2015）提出的总贸易核算法分解出的出口国内附加值作为核心解释变量和被解释变量，使用出口贸易成本和对外直接投资做中介变量，结合全球价值链参与度和全球价值链位置指数分析了经济政策不确定性对我国产业结构升级的抑制效应，实证检验了出口目的国经济政策不确定性提升对我国出口国内附加值的负面影响。本书的主要结论如下：

第一，目的国经济政策不确定性对我国出口国内附加值具有显著的抑制作用，并且其影响具有一定的滞后性。在发生全球性危机“金融危机”时，出口国内附加值的抑制作用更强；而“一带一路”倡议提出后，目的国经济政策不确定性对出口国内附加值的抑制作用得到一定的削弱。

第二，目的国经济政策不确定性对我国出口国内附加值的负面影响具有国家和行业的异质性。本书按照出口目的国与我国是否属于同一经济组织“亚太经合组织”与是否相邻进行了国家异质性检验。研究发现，亚太经合组织成员经济体和非邻国的经济政策不确定性的波动对我国出口国内附加值的负面影响更大。按照行业知识技术密集度和要素密集度将行业划分为高技术、中低技术和低技术以及劳动密集型、资本密集型和技术密集型进行行业异质性分析，结果显示，目的国经济政策不确定性对中低技术和资本密集型行业的负面影响最显著，高技术和技术密集型行业次之，对低技术和劳动密集型行业的负面影响最小。

2.5 启示与应对

第一，关注世界和贸易伙伴国经济政策不确定性，并及时出台国内政策以减少国外不确定性所形成的冲击。我国要建立相应的风险预警，完善信息共享平台，并积极出台相应的支持政策，提供出口退税和出口补贴等政策，降低高科技高附加值企业的出口贸易成本，扩大高科技产品的出口规模，实现规模经济，增强我国高附加值产品的出口竞争力。

第二，加大科研投入，重视科技创新和产业结构升级调整。合理引导外资向高科技产业转移，提升我国企业对先进技术的消化吸收和应用能力。要增加对研发经费的支出，积极参与产品的深加工，增加我国出口产品中的科技含量和国内附加值。重点发展技术密集型和资本密集型产业，加速推进供给侧结构性改革，促进产业结构优化升级，推动加工贸易转型升级，使我国产业向微笑曲线两端移动，获取更多的贸易利得。

第三，加强国际合作。我国要加强与世界各国的经济政策协调，以共同应对国内外突发事件所带来的负面影响。此外，我国要加强与发达国家多领域的交流与合作，推动双边高科技领域的交流合作，提升我国的技术水平，还要加强与发展中国家的贸易合作，提高我国高科技高附加值产品在发展中国家中的市场规模和地位，增强我国高附加值产品的不可替代性，提高抗风险能力。

第四，积极推进“一带一路”倡议并签订自由贸易协定。我国要积极推动“一带一路”倡议的实施，并与多国签订自由贸易协定，以应对“逆全球化”趋势。我国要与主要出口目的国达成长期稳定的贸易伙伴关系，扩大贸易开放度，消除非关税壁垒，降低贸易成本，增加我国的出口国内附加值。更要加强与“一带一路”成员国与发展中经济体的合作，以有利于实现我国与“一带一路”国家产业结构优势互补，实现我国的产业升级和全球价值链地位的攀升。

第3章　人工智能技术进步重塑全球价值链布局

3.1　人工智能发展及其对制造业的影响

3.1.1　人工智能的发展

人工智能（Artificial Intelligence，AI），作为计算机学科的一个重要分支，由约翰·麦卡锡于1956年在达特茅斯会议上首次正式提出。对人工智能的定义多种多样：美国斯坦福大学著名的人工智能研究中心尼尔逊教授将人工智能定义为“人工智能是关于知识的学科——怎样表示知识以及怎样获得知识并使用知识的学科”；美国麻省理工学院的温斯顿教授则认为“人工智能就是研究如何使计算机去做过去只有人才能做的智能的工作”。除此之外，还有很多学者也给出了人工智能的多种定义，但尚未有统一的定义，目前最为广泛接受的定义是“人工智能是根据对环境的感知，做出合理的行动，并获得最大收益的计算机程序”，涵盖了工业机器人、服务机器人、智能化供应链、智能搜索引擎、机器翻译等多种应用。

从18世纪至今的300余年间，世界通过三次工业革命完成了自动化、电气化、信息化的改造。在当今21世纪的新技术革命中，人工智能作为其核心内容在社会生产中发挥着越来越重要的作用。随着人工智能技术的进一步成熟和发展，人工智能技术已经不再是一个概念，其在数据驱动和算法、算力进步以及叠加应用场景的挖掘等方面不再是实验室阶段，在公共领域安全防护、金融机构风险控制、在线客服标准化应答、医学影像诊疗和预测、零售的营销与供应链管理、广告营销的场景识别、城市交通资源调度等领域已经开始推广应用，已经为企业和国家创造出不断增长的实实在在的价值。

在意识到人工智能技术具有重大战略意义后，世界主要大国开始将发展人工智能技术作为打造新一轮产业竞争优势的重要战略抓手，投入大量研发资金并出台相关发展战略。德国政府于2013年最早提出“工业4.0”概念并将其列入2014年《新高科技战略》报告，投入110亿欧元提升制造业智能化水平，抢占新一轮工业革命先机。日本政府于2015年和2017年先后公布《机器人新战略》和《人工智能技术战略》报告，投入1 924亿日元发展资金。2016年，美国政府连续发布《为人工智能的未来做好准备》《国家人工智能研究与发展战略计划》《人工智能、自动化与经济报告》等，投入12亿美元来支持人工智能的发展。2018年，英国政府投入10亿欧元启动《人工智能行业新政》。中国在2015年出台《中国制造2025》战略文件，与德国“工业4.0”发展战略深入对接，2016年和2017年分别印发《“十三五”国家科技创新规划》和《新一代人工智能发展规划》，全面部署人工智能产业发展。

根据国际机器人协会（International Federation of Robotics，IFR）发布的《2020世界机器人报告》（World Robotics 2020），如图3-1所示，2009—2019年全球工业机器人的年安装量由6万台增加至37.3万台，10年间增长超过5倍，呈现快速增长的状态。图3-2列示了2019年主要国家（地区）制造业的机器人密集度。

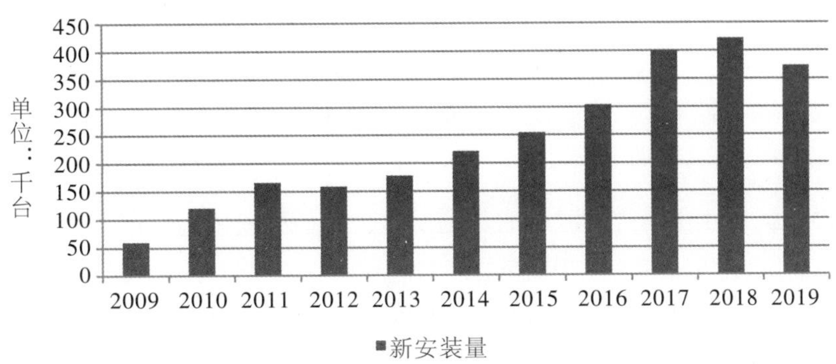

图3-1　2009—2019年全球工业机器人年安装量

数据来源：IFR，World Robotics 2020。

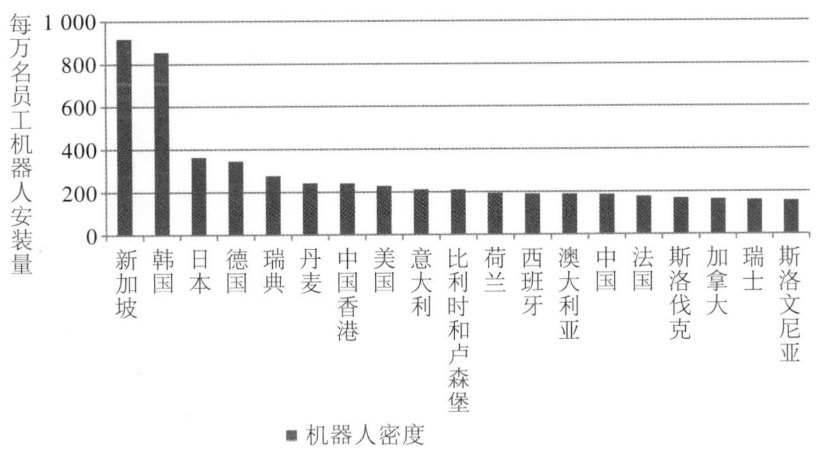

图3-2　2019年主要国家（地区）制造业的机器人密集度

数据来源：IFR，World Robotics 2020。

3.1.2　人工智能对制造业的影响

纵观人类社会的每一次工业革命，一项新技术的出现和应用都对当时的社会生产产生重大的影响。而在当今社会，人工智能的出现和广泛应用也给制造业生产带来了巨大的变革。人工智能等新一代信息技术作为新科技革命和产业变革的核心通用技术，与制造业的深度融合催生以智能制造为代表的新型制造技术，彻底改变制造产品、过程、装备、模式、业态等，重构了全球价值链中制造环节的创新功能、增值能力和要素投入，进而提高了制造环节在全球价值链的相对地位。

3.1.2.1 凸显制造环节的创新功能

1988年，美国国家防御分析研究所提出了“设计并行工程”概念——集成地、并行地设计产品及相关过程（包括制造过程）的系统方法。在传统的企业创新系统中，设计与制造之间是线性的，研发、设计和制造缺乏具体制造过程中的数据反馈，其一般模式为“产品设计到产品开发再到产品制造”，科研部门与制造部门分设，设计人员与制造人员各有分工，产品创新主要依靠实验室里的研发和设计，制造仅是辅助创新的一个环节，即将设计理念研制成产品，在整个创新系统中的作用并不突出。

随着以人工智能技术为代表的数字技术和制造技术的融合，全过程数字制造技术日益成熟，传统的“线性”创新过程逐渐变为“制造与创新并行”的过程，具体表现为研发、设计和制造走向高度一体化，一种产品设计与制造可以在同一时间段内共同向产品形态推进，科研部门与制造部门可为同一个部门，研发人员与制造人员可为同一群人，制造直接成为创新的一部分，制造现场如同实验室一样，成为创新的场所，制造资产成为企业创新系统的一部分。

“设计与制造并行”的基础是当代数字化、网络化、智能化的制造技术，以上技术可以对传统的大规模流水线实施改造，形成全新的制造系统。目前超级计算、云计算、大数据等新科技，已经使人工智能制造设备有了思维模型、技能发现、数据挖掘、遗传计算等能力，“设计与制造并行”生产系统具备了自行决策、自行组织、自行维护、自行学习的能力。制造机器人在复杂的环境下，向着更强大感知能力、适应能力方向发展，可以完成生产过程中精密化、柔性化、智能化的任务，可将决策、管控、检测、优化等任务融为一体，达到新产业革命对制造自动化要求的新水平，有效利用生产制造中所产生的生产数据，及时发现生产过程中和产品中存在的问题和缺陷以及可进一步改进的环节，及时完善所发现的不足之处，同时结合消费端人工智能所反馈的数据对消费者偏好和需求进行更深刻的了解，向用户个性化需求方向发展，有针对性地进行生产制造或研发新的产品和生产方式，促进新一轮的创新，让制造促进创新，充分发挥制造环节的作用。

中国政府和企业早已意识到这一点，2017年国务院发布了《新一代人工智能发展规划》，2018年工信部发布了《促进新一代人工智能产业发展三年行动计划（2018—2020年）》《新一代人工智能产业创新重点任务揭榜工作方案》，旨在全面推动人工智能与制造业的融合，驱动制造业智能化转型升级。

3.1.2.2 提高制造环节的增值能力

“微笑曲线”显示制造环节是全球价值链中价值增值的“洼地”，“逃离”制造环节是向全球价值链高端攀升和国际分工地位提高的表现。但是，人工智能与制造业深度融合催生出大量新型制造技术，制造环节被赋予了更多内涵和外延，劳动生产率和产品附加值率有了飞跃式进步，价值增值能力与传统制造技术不可同日而语。数字经济时代在价值链的上、中、下游都存在高端领域，描述价值增值过程的“微笑曲线”有可能变成“沉默曲线”，甚至“悲伤曲线”。制造环节增值能力的提高源于新型制造技术对制造流程、制造范式和制造外延的重塑。

第一，制造流程的智能化提高生产效率。在智能生产过程中，传感器、智能诊断和管理系统通过网络互连，生产设备成为物联网的智能终端，使得单一、分散的程序控制上升到综合智能控制。智能制造系统不仅可以对生产过程中的部件和产品进行实时监测，而且可以对系统本身进行检测和诊断。制造工艺根据制造环境和过程进行实时优化，强化制造过程的柔性，提高质量和生产效率。智能制造改变了以往制造环节的简单流水线作业，通过将数据系统化来实现制造成本、安全性和环境影响的大幅改善，具有“省钱、省力、省时、省能耗”的巨大优势。以西门子、大众汽车为代表的德国工业巨头，正在用智能制造技术重塑传统制造的面貌。

第二，制造范式的定制化提高产品差异化价值。数字化、网络化、智能化技术正在使制造范式从大规模标准化生产向小批量、个性化、定制化、柔性化生产转变。制造范式的转变依然基于智能制造对制造流程的重塑，在一条生产流水线上预先设置了全流程的控制程序，所有流程、元件都进行实时监测和数据挖掘分析，以规模化的方式来获得个性化、定制化的产品成为可能，有效解决了小批量生产的成本与周期问题。在智能制造范式下，个性化、差异化的需求直接拉动制造业生产，可重构的柔性生产系统对多样化的市场需求具备了更加快速的反应能力。制造业企业一方面利用用户交互平台将碎片化、个性化需求汇聚成批量订单，另一方面通过信息物理系统，促进制造工艺和流程的数字化管理与产品个性化需求的柔性匹配，实现规模化定制生产，通过灵活满足差异化的市场需求提高产品的价值能力。在服装、家电、家具、汽车等消费品行业，已经涌现出大量个性化定制的案例。

第三，制造外延的服务化提高产品附加值。利用大数据、人工智能等新一代信息技术，企业可以深度挖掘用户数据中的商业价值，更好地进行分析、决策、优化，通过提供主动跟踪、及时响应、智能应对的高质量服务拓展最终产品的潜在附加价值，全面改善用户体验。企业根据即时的数据反馈对用户进行精准营销和按需定制，进而满足了不同用户个性化、差异化的长尾需求。制造业企业普遍向提供“产品+服务”整体解决方案的方向发展，制造不再是单纯的产品生产，而是越来越向服务创造倾斜。制造业企业在产品之外为用户提供持续的“增值服务”，形成新的价值创造模式，在提供整体解决方案的过程中实现价值增值和价值链的延伸。如三一重工将在全球售出的30多万台机械设备接入“根云”平台，利用云计算和大数据技术实时采集近1万个运行参数，远程监控庞大设备群的运行状况，并能在短时间内完成故障维修，有效提高了产品竞争力和客户黏性。

3.1.2.3 升级制造环节的要素投入

智能制造使数据成为制造环节重要的投入要素，并改变了制造环节的资本劳动投入结构和技能劳动投入结构。智能设备的使用提高了制造环节的资本劳动比，在替代低技能劳动投入的同时，高技能劳动投入变得愈发重要。要素投入的高级化促使制造环节的知识、技术和资本密集度提高，劳动密集度降低。

第一，智能制造“催生”数据要素需求。大数据是智能制造的基础支撑技术之一。在智能生产中，数据直接成为重要的投入要素。全过程数字化工厂以数据为纽带将制造系统和信息系统连接，车间智能设备通过传感器采集工业大数据，并上传到云计算中心进行存储、分析和决策。工业大数据的积累和投入不仅能提升生产效率、降低资源消耗和提高产品质量，还能直接助力服务型制造。如西门子企业对企业（B2B）业务利用长期积累的制造数据优势，为其他制造业企业提供产品设计方案并优化整体解决方案，帮助客户完成产品设计、生产计划、制造执行、运营维护的全过程数字化，创造出基于数据投入的新增价值。

第二，智能制造“挤出”低技能劳动。智能制造以人工智能、工业机器人为重要支撑，人工智能使制造系统具备了自行决策、自行维护、自行学习甚至自行组织的能力，以数据挖掘和智能决策为主的工业应用能力大幅提升；而工业机器人集精密化、柔性化、软件应用开发等先进制造技术于一体，可以对生产过程进行检测、控制、优化、调度、管理和决策，成为工业自动化水平最高的体现。新型制造技术的推广正大规模替代简单体力劳动和简单脑力劳动等低技能劳动岗位，制造环节的资本劳动比随之提高。例如，江苏某化纤车间在使用工业机器人后，劳动工人数量大幅下降了56%，固定资产折旧与用工成本之比从0.74提高到1.73。有学者在研究德国案例时发现，每增加1台工业机器人会导致2个制造业就业岗位消失。随着人工智能与其他自动化技术在制造业中的广泛应用，中国同样出现“机器换人”的浪潮，制造业就业岗位明显萎缩。

第三，智能制造“创造”高技能劳动需求。新型制造技术的推广过程是“现代机械和知识型员工”对“传统机械和简单劳动”逐步替代的过程。在智能制造模式下，具有稀缺性和差异性的高技能劳动是制造环节的核心人力资源，也是企业竞争的战略性资产。智能制造系统体现以人为核心的生产系统设计，生产系统可以最大化地利用人的技能和知识，而不是简单、重复的机械操作，人在生产中的作用是利用自己的知识创造性地“主导”生产过程。可以预见，智能制造时代对掌握机器学习、自然语言处理等知识的高技能劳动力需求将急剧增长，劳动者需熟练掌握在制造业场景应用的新一代信息技术。

3.2 人工智能对全球价值链的影响

人工智能技术的推广和成熟势必会对传统全球价值链产生影响，掀起一系列变革浪潮。人工智能时代的全球价值链将以技术密集型、知识密集型和资本密集型产业为主导，形成并扩大“知识服务价值链”和“全球创新价值链”。

3.2.1 全球价值链更加“专业化”“精细化”

在传统的全球价值链中，以劳动密集型为主的流水线分工模式占据了主流。这种分工模式对于专业技术要求较低，大多数技术较为落后的国家可凭借劳动力红利和资源禀赋优势参与全球价值链的分工体系。然而，在人工智能时代，全球价值链本身对基础理论、科学素养、技术技能有着较高的门槛设置。这也就预示着过去的劳动力“数量”优势被极大地稀释，转而对价值链参与者的专业化水平提出更高的要求，劳动力“质量”的比较优势将被放大。

在专业化的基础上，传统的产业链将进一步分解，人工智能的产业细分应用逐渐增多，产业流程将遵循专业的差异而分割为不同的任务环节，从而促成专业分工的“精细化”。

3.2.2 发达国家更加“制造化”

智能制造的技术特征决定了制造环节竞争优势的来源发生重大变化，“资本的智能生产率”已经成为制造业国际竞争的战略制高点。传统制造环节密集使用劳动要素，低劳动成本是发展中国家布局制造环节的核心比较优势。智能制造技术广泛使用智能设备替代低技能劳动，制造环节对劳动成本的敏感度大大降低，这将严重削弱凭借劳动成本优势参与国际分工的发展中国家的竞争力。相反，对发达国家而言，智能制造在一定程度上抵消了人口增长缓慢的劣势，发达国家可以使用先进的人工智能技术从事模仿和学习活动，从而让研发人员专注于发明和创新，推动发达国家以创意为基础的增长。此外，智能制造日益成为影响国际资本流动的重要因素，发达国家凭借领先的信息基础设施和新一代信息技术在吸引外资方面的优势重新提升。在二十国集团中，韩国、德国、日本、美国等制造强国的工业智能化水平处于领先地位。在智能制造技术的加持下，发达国家不仅可以在产品创新和品牌营销方面抑制后发国家，甚至能利用具有更高生产率的智能制造直击后发国家的初始优势，后发国家原来的产业赶超路径可能被封堵，给后发国家的产业赶超提出了严峻的挑战。

新型制造技术的突破重塑了传统制造环节，不仅使得制造环节在全球价值链中的相对地位上升，还导致制造环节竞争优势的来源发生重大变化，发达国家得以重构制造业竞争优势。这两方面因素削弱了发达国家外包或转移制造环节的经济动机，发达国家开始重新重视制造环节，有计划地推动制造业回流，在全球价值链制造环节参与程度有所提高，全球价值链分工格局面临调整。

3.2.3 智能制造重构发达国家制造业的竞争优势

除了创造就业岗位和保障国家安全的政治考虑外，新型制造技术带来制造环节在全球价值链的相对地位上升并重构发达国家制造环节的竞争优势，使发达国家萌生了将制造环节本地化的经济动机。近年来，发达国家开始高度重视早已大规模向外转移的制造环节。以新科技革命和产业变革为契机，发达国家纷纷出台以智能制造为核心的“再工业化”国家战略，将自身在资本、技术、市场、品牌、网络、人力资源等方面长期积累的优势与新型制造技术有机结合，促进制造业全面振兴，抢占新产业的制高点。主要发达国家已经推出一系列制造业重振和促进计划，鼓励制造业回流国内和引进外商直接投资，并取得一定效果。以美国为例，金融危机后通用电气、通用汽车、惠而浦等知名制造业企业将生产线从中国、墨西哥等发展中国家回迁至本国。美国回流倡议协会（The Re-shoring Initiative）发布的数据统计报告显示，2010—2018年间因制造业回流和外商直接投资累计创造了75.7万个工作岗位，约占同期美国新增制造业岗位的1/3，仅来自中国的制造业回流创造的工作岗位就占到59%。制造业回流直接改变了发达经济体和组织的产业结构，2008年后主要发达经济体和组织制造业增加值占国内生产总值的比重下降趋势放缓甚至开始逆转，制造业在国民经济中的地位重新抬升，见表3-1。

表3-1 1998—2018年主要发达经济体和组织制造业增加值占GDP比重的变化

单位：%

国家	1998年	2003年	2008年	2013年	2018年	1993—2003年变化	2003—2008年变化	2008—2013年变化	2013—2018年变化
美国	15.77	13.32	12.26	11.81	11.15	-2.46	-1.06	-0.45	-0.65
日本	22.90	21.11	21.43	19.41	20.75	-1.79	0.32	-1.99	1.31
韩国	25.47	24.12	25.62	27.79	26.65	-1.34	1.50	2.16	-1.14
德国	20.41	19.84	20.05	19.93	20.40	-0.57	0.21	-0.12	0.48
英国	14.58	11.73	9.62	9.58	8.84	-2.85	-2.11	-0.04	-0.74
法国	14.67	13.09	11.10	10.35	9.89	-1.57	-1.99	-0.75	-0.46
欧盟	17.63	16.27	15.29	14.39	14.89	-1.36	-0.98	-0.90	0.50
OECD	17.53	15.57	14.62	13.82	14.08	-1.95	-0.96	-0.80	0.26

数据来源：世界银行数据库。因数据缺失，2018年美国、经济合作与发展组织（OECD）数据实际为2017年数据。

根据著名咨询公司麦肯锡2019年发布的《转型中的全球化：贸易和价值链的未来》，在2017年的全球贸易中，仅有18%的商品贸易属于劳动成本套利型贸易，如图3-3所示。在劳动密集型商品领域，基于劳动成本套利的贸易份额持续下降，由2005年的55%下降到2017年的43%，如图3-4所示。而作为人工智能基础的全球IT服务的贸易强度，在2007—2017年间却逆势增长了4.9%。

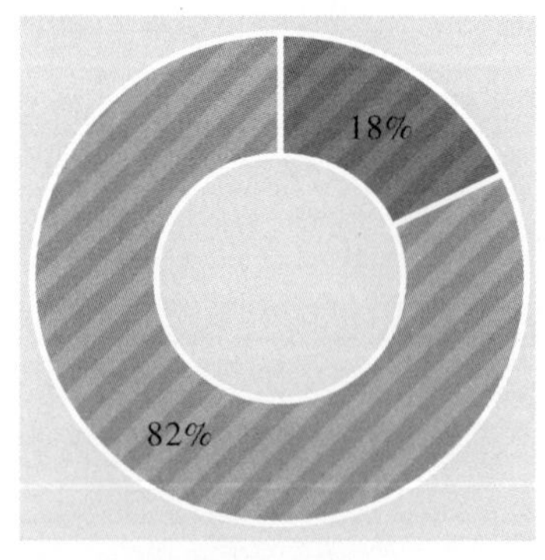

图3-3 2017年全球贸易中从低工资国家/地区流向高工资国家/地区的比重

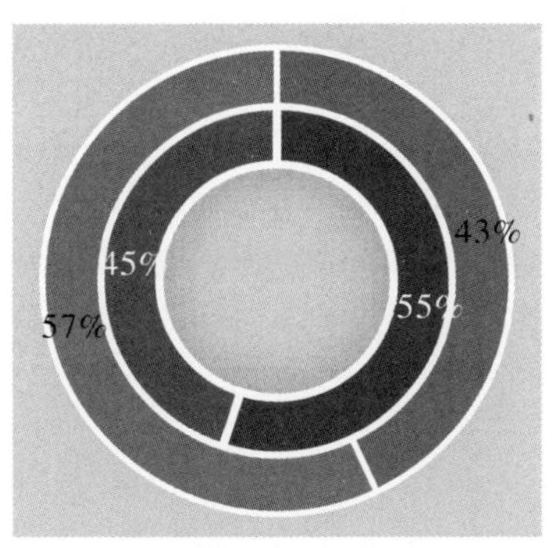

图 3-4 在劳动密集型商品领域，基于劳动成本套利的贸易份额

因此，受到人工智能技术发展的影响，全球价值链中的“简单劳动”生产环节价值链已经出现萎缩，中间品简单贸易持续下降，而以数字经济和人工智能为代表的“复杂劳动”的服务经济却在逆势增长。这意味着劳动成本套利型贸易下降，以劳动力成本优势参与全球价值链的发展中国家面临巨大挑战，人工智能的应用会逐渐削弱其劳动力成本优势。

同时，发达国家对全球价值链的参与程度将会有所提高。从长期来看，随着人工智能技术的广泛应用，发达国家将充分发挥其在先进制造业中的人才、技术和资本优势，实施“再工业化”战略，以高效的智能化生产缓解劳动力短缺、人力成本高的劣势，停止向发展中国家大规模转移劳动密集型行业的贸易和投资活动，实现制造业与价值链回流，巩固发达国家在国际分工中的主导地位。

3.2.4 主导级企业“极端”一体化趋势

从技术发展趋势和产业实践角度看，人工智能的发展与广泛应用，将推动全球价值链本身的构建出现高等级的“极端一体化”趋势。传统全球价值链上的“一体化”，主要指全球产业之间的广泛联系，通过相互之间的贸易把分散的生产环节连为一体。然而，在人工智能时代，全球企业间的生产模式将从过去的分散化和全球网络化状态，向以“主导等级企业”为核心，囊括研发机构、制造工厂、销售平台的全流程综合集成化转化。“主导等级企业”可以凭借自身的资本、技术，特别是

“数据资本”优势，将产业链的研发、制造与销售三大环节紧密连接为一个整体，从而使产业的流程集中整合于同一个自身平台上，实现了任务与任务之间、产业与产业之间的快速对接，减少沟通的复杂性和信息交流效率的衰减。

人工智能在带来“极端一体化”趋势的同时，还将促进单一的“主导级企业”对上下游的全产业链整合。其对全球价值链的整合既表现为“主导等级企业”的业务向产业的源头——技术供应链方向延伸，形成“后向一体化”趋势，也表现为“主导等级企业”的业务向产业的尾端——最终服务端扩展，形成“前向一体化”。例如，美国谷歌公司近年来对大量人工智能初创企业的收购，就是为了完善由谷歌控制的完整技术供应链；同时，中国的阿里巴巴公司在确保自身终端服务链优势地位的同时，也开始通过技术优势涉足工业互联网，开始逐步向“精准制造”的上游端进行延伸。

3.3 人工智能改变全球价值链的实证分析

3.3.1 模型设定

本书选取63个国家和地区[①]，设立如下计量模型来说明人工智能应用对全球价值链的影响：

$$\ln DVA_{ijkt} = \beta_0 + \beta_1 \ln robots_{ikt} + \beta_2 controls + v_j + v_k + v_t + \varepsilon_{ijkt} \tag{3-1}$$

一件产品包含的附加值可分为出口国内附加值（DVA）和国外附加值（FVA）两部分，其中出口国内附加值不仅能够精确反映一国参与垂直分工（vertical specialization，VS）的程度，更是核算一国参与国际贸易过程中真实贸易利得的有效途径，因此本书采用国家层面的出口国内附加值来表示一个国家和地区的全球价值链地位，且DVA越高，该

① 本书所选用的63个国家和地区具体为：澳大利亚、奥地利、孟加拉国、比利时、不丹、巴西、文莱、保加利亚、柬埔寨、加拿大、中国、中国台湾、克罗地亚、塞浦路斯、捷克、丹麦、爱沙尼亚、斐济、芬兰、法国、德国、希腊、中国香港、匈牙利、印度、印度尼西亚、爱尔兰、意大利、日本、哈萨克斯坦、韩国、吉尔吉斯斯坦、老挝、拉脱维亚、立陶宛、卢森堡、马尔代夫、马里、马耳他、墨西哥、蒙古国、尼泊尔、荷兰、挪威、巴基斯坦、菲律宾、波兰、葡萄牙、罗马、俄罗斯、新加坡、斯洛伐克、斯洛文尼亚、西班牙、斯里兰卡、瑞典、瑞士、泰国、土耳其、英国、美国、越南以及其他国家和地区。

国家和地区在全球价值链中的地位就越高。i代表出口国，j代表出口市场，k代表行业，t代表时间。DVA_{ijkt}表示在第t年出口国i的行业k出口到市场j所创造的国内出口附加值；$robots_{ikt}$表示在第t年出口国i的k行业的智能制造水平；$controls$表示其他控制变量。此外，本书用v_j代表出口市场固定效应，用v_k代表行业固定效应，用v_t代表时间固定效应。ε_{ijkt}代表随机误差项。此外，为降低异方差，计量模型中所有绝对指标均取对数形式。

3.3.2 主要指标说明

3.3.2.1 人工智能指标

国际机器人协会每年均会发布“国家－行业－时间”层面的工业机器人数据，其中包括存量和新安装量。考虑到工业机器人对行业的整体影响，本书采用工业机器人的存量数据。需要注意的是，由于$robots_{ikt}$有部分取值为0，所以此处将$robots_{ikt}$加1之后再取对数。

出口国内附加值指标。根据投入产出表，对双边贸易额按照后方关联进行分解，把贸易额具体分解为具有经济学含义的16项，将其中最终出口的国内附加值、被直接进口国吸收的中间出口、被直接进口国生产向第三国出口所吸收的中间出口三项指标相加，便可得到国家层面的出口国内附加值。

3.3.2.2 控制变量

引力模型变量：出口国国内生产总值（$egdp$）、出口市场国内生产总值（$igdp$）、出口国和出口市场的地理距离（dis）。①国内生产总值代表国家的经济规模，两个国家经济规模越大，相互之间的“引力”就越强，贸易往来越频繁，分工更加细化。②地理距离。运输成本是影响国家间贸易的重要因素。国家间距离越远，运输成本越高，国家间贸易成本越高。本书选取两国首都之间的距离作为衡量指标。

经济体特征变量：①出口国对外直接投资水平（OFDI）。对外直接投资也是对外输出的一种方式。Mundell（1957）在完全竞争的假设下，不考虑运输成本、规模报酬不变和生产要素自由流动的情况下，提出了贸易投资替代模型。此外，Buckley和Casson（1976）以及Dunning

(1979）也论证了对外直接投资与贸易之间存在着替代的关系。②行业竞争力水平。行业竞争力水平很大程度上影响了出口的产品中的国内产品使用份额。如果一国某行业竞争力较强，则出口的产品中对该行业产品的使用较多。本书以各国行业贸易竞争优势指数[①]（TC指数）来衡量行业竞争力水平。

3.3.3 数据来源及描述

本书的被解释变量和解释变量的预期符号及数据来源见表3-2。由于ADBMRIO2018数据与IRF数据库的行业分类存在差异，因此本书根据行业相似度做了相应的调整和合并，具体见表3-3，并对数据进行描述性统计（见表3-4）。

表3-2 **各类变量及预期符号**

变量	变量名称	预期符号	数据来源
被解释变量	国内出口附加值（$\ln DVA_{ijkt}$）		UIBE GVC指标体系数据库（ADBMRIO2018）
核心解释变量	人工智能指标（$\ln robots_{ikt}$）	+	国际机器人协会数据（IFR）
控制变量	出口国国内生产总值（$\ln egdp_{ikt}$）	+	CEPII数据库
	出口市场国内生产总值（$\ln igdp_{jkt}$）	+	CEPII数据库
	出口国和出口市场地理距离（$\ln dis_{ij}$）	-	CEPII数据库
	出口国对外直接投资水平（$\ln ofdi_{ijkt}$）	-	联合国贸易和发展会议数据（UNCTAD）
	行业贸易竞争优势指数TC_{ijkt}	+	WITS数据库

① 行业贸易竞争优势指数的计算公式为：$TC=(X_{ij}-M_{ij})/(X_{ij}+M_{ij})$；$X_{ij}$为$i$国$j$产品的出口，$M_{ij}$为$i$国$j$产品的进口。$TC$指数取值范围为（-1，1），当某一行业$TC$指数取值为（0.6，1）时，表示该行业有极强的竞争优势。

表3-3 **行业分类调整**

IRF制造业行业分类	ISIC Rev.3制造业行业分类	行业调整分类
10-12：食品、饮料	15-16：食品、饮料、香烟	食品、饮料
13-15：纺织品	17-18：纺织和纺织品 19：皮革、皮革制品和鞋类	纺织品
16：木材和家具	20：木材以及木材和软木制品	木材及其制品
17-18：纸	21-22：纸张、纸制品、印刷品和出版物	纸及纸制品
19：医药品、化妆品 20-21：其他化学制品	23：焦炭、精炼石油、核燃料 24：化学和化学制品	化学制品

表3-4 **变量描述性统计**

变量	观测值	平均值	标准差	最小值	最大值
出口国内附加值	442 878	1.9	2.208	0	12.1
人工智能	323 383	3.696	2.855	0	11.995
出口国GDP	435 858	12.246	2.054	7.345	16.787
进口国GDP	435 893	12.247	2.051	7.345	16.787
地理距离	415 302	8.324	1.067	1.871	9.858
对外直接投资	407 805	10.573	3.198	-0.655	15.873
行业贸易竞优势指数	416 550	-0.195	0.429	-1	1

注：除行业贸易竞争优势指数外，本书的描述性统计均为取对数后的结果，各变量的原始单位：人工智能的单位为千台；出口国GDP、出口市场GDP的单位为百万美元；地理距离的单位为千米；外商直接投资的单位为百万美元。

3.3.4 实证回归结果分析

表3-5报告了基准回归的估计结果，第（1）列为不加入控制变量的回归，人工智能的估计系数显著为正，表明人工智能促进了出口国制造业行业的出口附加值提高，促进一国行业分工地位的提升，提高了出口国的全球价值链的地位。在此基础上，在第（2）列引入引力模型变量（出口国GDP、出口市场GDP、地理距离），第（3）列加入经济体

特征变量（对外直接投资、行业竞争优势指数）。在逐步加入控制变量后，人工智能的估计结果依然显著为正，进一步证实了本书的结论稳健有效。

表3-5　**基准回归结果**

	(1)	(2)	(3)	(4) 中低收入国家	(5) 中高收入国家	(6) 高收入国家
机器人存量	0.396*** (360.257)	0.207*** (145.708)	0.154*** (96.098)	0.174*** (36.514)	0.160*** (30.798)	0.153*** (82.009)
出口国GDP		0.432*** (194.199)	0.499*** (156.747)	0.530*** (46.563)	0.558*** (51.584)	0.520*** (141.414)
出口市场GDP		0.296*** (12.772)	0.297*** (13.384)	0.307*** (5.175)	0.386*** (7.278)	0.273*** (10.569)
地理距离		−0.539*** (−197.576)	−0.550*** (−206.741)	0.010 (0.706)	−0.603*** (−86.063)	−0.546*** (−164.695)
对外直接投资			−0.011*** (−4.585)	−0.024** (−3.228)	−0.048*** (−8.132)	−0.046*** (−20.379)
行业竞争优势			1.255*** (173.202)	1.101*** (51.607)	1.787*** (107.019)	1.108*** (111.071)
常数项	0.859*** (177.211)	−3.305*** (−11.565)	−2.955*** (−10.679)	−8.746*** (−11.740)	−4.722*** (−7.194)	−3.305*** (−10.369)
行业固定效应	是	是	是	是	是	是
时间固定效应	是	是	是	是	是	是
出口市场固定效应	是	是	是	是	是	是
观测值	323 383	313 106	305 493	33 924	54 550	217 019
R^2	0.549	0.606	0.649	0.665	0.664	0.664

注：括号内为t统计量；*、**、*** 分别代表在10%、5%、1%的水平上显著。

出口国GDP对国家DVA的影响显著为正，本地市场效用能够产生规模经济，出口国能够以较低的成本在国际市场上获得较高的利润，从而提高一国的出口附加值，与预期完全一致。出口国GDP对DVA的影响也显著为正，因为出口市场GDP越高，对出口国所生产的产品需求量越大，越有利于出口国生产的产品中的附加值的实现。地理距离系数显著为负，两国距离越远，贸易成本越高，对DVA以及全球价值链分工地位产生负向影响。国家的对外直接投资促进了国际贸易规模的扩大，改变了其全球价值链分工地位，增加了国内出口附加值，改善了母国的贸易结构。一国的行业贸易竞争优势指数越高，出口国的该行业在出口时拥有越强的竞争优势，对DVA的影响显著为正，与预期相符。

UIBE GVC指标体系数据库ADBMRIO2018中对国家和地区进行分类，将不同发展水平的国家和地区分为低收入国家、中低收入国家、中高收入国家、高收入国家四类。由于篇幅的限制，本书只展示人工智能对中低收入国家、中高收入国家、高收入国家的DVA的影响，如表3-5所示。根据表3-5，我们可以看出，人工智能对中低收入国家、中高收入国家、高收入国家的DVA均有显著的促进作用，其中对中低收入国家的正向促进作用最明显，其次是中高收入国家和高收入国家。原因可能是人工智能是一种资本型的生产要素，中低收入国家总体上资本生产要素比较稀缺，劳动生产要素比较丰裕，随着人工智能的推广和应用，劳动的边际劳动产出增加，促进了中低收入国家的DVA有较大幅度的提升。虽然高收入国家资本生产要素自身已经比较丰裕，但是人工智能的应用可以节省很多劳动力，对解决高收入国家劳动力紧缺问题起到一定的作用，也促进了其DVA的提升。

除对国家和地区可以按照经济发展水平划分外，我们也可以按照地理位置进行划分。由表3-6可知，人工智能的应用对亚洲和欧洲的全球价值链地位有显著的促进作用，对北美洲的作用不显著。

表3-6 **人工智能对不同地区的影响**

	(1) 亚洲	(2) 欧洲	(3) 北美洲
人工智能	0.111***	0.137***	0.008
	(40.880)	(56.087)	(0.948)
出口国GDP	0.791***	0.445***	0.470***
	(131.223)	(114.209)	(20.666)
进口国GDP	0.352***	0.246***	0.420***
	(7.898)	(9.662)	(5.211)
地理距离	-0.219***	-0.402***	1.554***
	(-31.056)	(-74.395)	(32.077)
对外直接投资	-0.190***	0.031***	0.409***
	(-67.702)	(16.373)	(27.345)
行业竞争优势	1.537***	1.176***	0.923***
	(133.032)	(108.909)	(23.238)
常数项	-8.948***	-3.953***	-29.105***
	(-16.152)	(-12.465)	(-26.435)
观测值	88 336	183 028	20 467
R^2	0.627	0.705	0.743

注：括号内为t统计量；*、**、*** 分别代表在10%、5%、1%的水平上显著。

3.4 中国的应对

目前人工智能作为一场尚未完全成熟的技术革命，仍具有较高的风险和不确定性，人工智能技术既是一种赶超机遇，也是一种转型挑战。因此，为了充分发挥人工智能的作用，实现战略赶超，政府和企业要通过战略规划、政策法规等手段，来降低风险，减少负外部性，以带动经济持续健康发展。

3.4.1 推进战略规划，构建支持体系

一方面，确立整体推进人工智能与制造业产业融合的战略规划。人工智能的基础支撑、核心技术以及应用场景等涉及面十分广泛，因此，需要政府出台相应的战略规划，设立整合推进机制，有效协调部门间、区域间人工智能与制造业融合，要构建激励机制，全面释放经济主体的活力，促进新一代人工智能对经济各层级发展的带动作用。一是要整合收集各部门、各层级的数据信息，统筹协调各部门的智能化融合效率，降低协调成本与交易费用。二是要集中有限的研发要素，加强在共性基础领域的研发创新，协调产学研创新主体的创新活动。

另一方面，构建人工智能与实体经济融合发展的支持体系。由于人工智能的发展依然存在很多模糊边界和不确定性，需要政府在人工智能发展中不断调整和完善制度法规，及时确立人工智能技术标准和知识产权体系，加快推进应用领域和行业协会的相关标准制定，强化专利保护机制。同时，要建立人工智能安全监管和评估体系，针对人工智能的复杂性、风险性以及不确定性等问题构建预警机制和风险管控体系，以保证我国制造业产业链的安全。

3.4.2 进一步深化对外开放，促进产业升级

在全球生产网络的视角下，产业升级不只是产业生产效率的提升与生产流程的优化，更是包含人力资本优势、生产组织能力、资本供给能力以及价值创造能力等四个方面的一国生产网络能力的升级。鉴于新一代人工智能在培育高端要素、优化企业生产组织方式等方面的变革意义，不仅打破了技术进步与人力资本积累的传统模式，还弱化了地理位置对要素流动的影响，提高了产业的竞争力。因此，为充分发挥人工智能对我国产业升级的积极作用，需进一步深化对外开放，通过对外贸易、对外直接投资和引进外资等方式，促进技术溢出，加快技术创新；通过产业分工，充分发挥各地区的比较优势，促进地区经济增长。同时也可在一定程度上减轻部分发达国家将原有产业迁出中国所带来的压力和损失。

3.4.3 加大人才培养，突破技术难关

当前中国部分新兴技术产业（如高性能半导体、微晶体等）零部件及人工智能重要元件仍依赖进口，核心技术存在“卡脖子”难题，高端制造业在全球分工中的竞争力不及欧美等发达国家。因此，政府要保持研发投入力度，聚集高端技术人才，解决人工智能发展的技术、创新难题，促进产业高质量发展，减少重要中间品在全球分工中被“敲竹杠”的风险，提升中国在全球分工竞争中的话语权。依托国家新一代人工智能创新发展试验区建设，在不同试验区内，因地制宜地制定区域化特色的发展规划。

第4章　突发公共事件挑战供应链安全性和韧性

4.1　全球价值链（供应链）管理的核心

价值链（供应链）风险是由于价值链（供应链）经过众多的生产流通环节，从企业到用户，产生商流、物流、信息流，涉及运输、储存、装卸、搬运、流通加工、配送、信息处理等诸多过程，其中任何一个环节出现问题都会造成价值链（供应链）风险，影响其正常运转。价值链（供应链）风险管理则是管理价值链（供应链）中出现意外事件或变化所带来的风险的一个系统的过程。库存管理和供应商选择都是全球价值链（供应链）管理中的重要内容，一旦其中的任意环节出现了问题，企业就无法顺利完成商品价值的生产。因此，为了生产经营活动的正常进行，企业必须重视库存管理和供应商选择问题。

4.1.1 最优库存管理

20世纪50年代，日本丰田汽车公司的大野耐一等人在不断探索之后，终于找到了一套适合日本国情的汽车生产方式：精益生产（Lean Production）。精益生产力求在最少的时间内，以最少的资源，生产最少的必要单位，为客户创造价值。它所追求的最终目标——零浪费，一个具体表现就是“零库存”。所谓“零库存”就是指物料（包括原材料、半成品和产成品）在采购、生产、销售等一个或几个经营环节中，不以仓库储存的形式存在，而均处于周转的状态，免去了仓库建设、管理费用、存货维护、保管、占用流动资金以及库存物老化、损失、变质等一系列问题，加快了资金周转，降低了库存管理成本，规避市场的变化及产品的更新换代而产生的降价、滞销等风险。这种精益生产的核心就是及时生产制（Just-In-Time，JIT）。及时生产制是指放弃大规模采购物料、大规模生产，以上游推力为主的生产方式，改变以下游订单拉动的生产模式：“有需求才生产和采购”，只有当销售渠道货物不足以满足消费者需求时才开始生产，当工厂的零部件不能满足生产的需要时，才会向零部件供应商采购。无论生产或采购，工厂均只生产下游够用的数量，减少过度生产，追求“零库存”。随着企业管理方式的逐步丰富，精益生产的思想在企业管理实践中不断深入，已从单纯的管理工具演变成一种管理思想。这种思想将库存视为企业发展的“祸根”，影响企业的经营绩效。库存管理的目的就是将多余的库存消除，这被公认为企业最佳管理实践（Zipkin，1991；Chen等，2005；Eroglu和Hofer，2011；Eroglu和Hofer，2012）。许多企业将减少多余库存作为组织管理的目标之一（Chen等，2005）。在中国，精益库存管理正从个别企业的选择逐渐成为多个行业提升企业管理水平的关键手段（见图4-1、表4-1）。

图4-1　工业企业数据显示的库存变化

数据来源：Wind数据库。

表4-1　　2020年苹果公司与其他硬件公司的库存周转天数比较

排名	名称	存货周转天数（天）
1	苹果	9.4
2	戴尔	19.3
3	思科	28.7
4	摩托罗拉系统投资	39.0
5	索尼	39.7
6	惠普	42.4
7	美国易安信公司	47.3
8	泰科电子	79.5
9	安费诺集团	82.2
10	佳能公司	113.7

数据来源：财报说。

苹果公司的价值链（供应链）与产品运营能力之强，远近驰名。全球著名的顾问机构高德纳（Gartner）咨询公司每年都会选出全球25家价值链（供应链）管理最优秀的公司，而苹果公司已经连续十年蝉联"价值链（供应链）大师"的荣誉。苹果公司的CEO蒂姆·库克的价值链（供应链）哲学就是"库存是最根本的邪恶"。如表4-1所示，库克将JIT库存管理方法运用到极致，使苹果公司的库存远低于其他硬件公司的库存。

4.1.2 供应商选择和评价

一件商品的生产或服务的提供通常是由许多企业共同合作完成的。企业从上游供应商处获得原材料和零部件等生产材料后，再进行进一步的加工处理，最终出售给下游企业。随着国际分工的日益发展，企业的经营状况不再仅仅取决于企业自身，上游供应商的生产状况对制造企业的影响也越来越大，在交货、产品质量、库存水平等方面都影响着制造商的成功与否。一个企业要想实现自身正常的生产经营，就必须保证上游供应的稳定。因此，企业必须建立一套科学、完整、全面的综合评价指标体系，对其上游的供应商进行评价和选择，选择合适的供应商以建立生产合作关系。企业的供应商评价和选择是一个选择性策略问题。任何选择都需要评价体系，评价体系（评价潜在供应商素质的各项指标）必然成为供应商评价和选择研究的核心内容。我们可按照时间顺序将其发展分为三个阶段。

第一阶段为供应商选择指标的提出及演进。Dickson（1966）最先总结出了23项对供应商进行评价的指标，并根据重要性将指标分为4类：极其重要、相当重要、一般重要、稍微重要。如表4-2所示，重要性最高的前三个因素分别为质量、交货期和历史表现。随后又有许多学者对供应商问题进行了广泛、深入的探究，如Zhang等（2003）对Dickson的23项指标按引用频率重新进行排序，揭示了这些指标的变化情况：价格、质量、交货期已成为重要性最高的因素。在后续的研究成果中，一方面某些指标（如价格、质量、交货期、生产设备与产能、技术能力）始终占据主要地位，另一方面企业会根据社会的发展和自身的具体情况，及时调整对某些指标的关注程度，大多数指标的排序已有显著变化。

第二阶段为供应商选择指标的扩展。自20世纪90年代以来，随着商业活动的迅猛发展，出现了一些Dickson所指出的23项指标之外的新指标，如产品设计与开发能力（李浩等，2010；胡乃明，2012）、生产柔性或灵活性（黄如君，2018；汪新宇，2017）、企业环境、信息化水平（单锋，2016）、管理与文化等。

第三阶段为特殊背景下的供应商选择指标。早期的供应商选择研究主要侧重供应商选择的一般评价标准，随着研究的深入，扩展至特殊情境和特殊行业的供应商选择指标。其中特殊情境包括经常性和非经常性采购、单源和多源采购、合作伙伴关系采购（陈汉君和曾壮，2020）、智慧价值链（供应链）模式下的采购（詹荣富等，2019）、精益价值链（供应链）下的采购（张健，2020）等；特殊行业包括汽车零部件采购（曾荣和杨义广，2019）、软件采购（黄亚江等，2018）、物流服务供应商选择（陈洁，2012）等（见表4-2）。

表4-2 Dickson 的供应商选择指标

排序	指标	排序	指标
1	质量	13	组织管理
2	交货期	14	操作控制
3	历史表现	15	维修服务
4	保证条款	16	态度
5	生产设备和产能	17	印象
6	价格	18	包装能力
7	技术能力	19	劳资关系
8	财务状况	20	地理位置
9	程序遵守情况	21	既往业务量
10	交流系统	22	培训
11	行业美誉度	23	联营安排
12	合作热情		

除了供应商选择和评价指标外，战略合作伙伴关系在供应商选择中也很重要。随着经济全球化和现代信息技术的飞速发展以及顾客期望的不断提高，企业之间的竞争越来越激烈。为了保持自身的竞争力，企业需要以协同的方式把企业内部和外部的资源有效地整合起来，在协调个

体绩效的基础上使系统整体绩效达到最优。因此，企业越来越意识到与价值链（供应链）上的其他相关企业建立战略合作伙伴关系的重要性。价值链（供应链）战略合作伙伴关系是指价值链（供应链）上各成员之间在一定时间内共享信息、共担风险、共同获利的协议关系。企业间建立战略合作伙伴关系有利于降低价值链（供应链）总成本，降低总的库存水平，实现信息共享，促进相互之间的交流，保持相互合作的一贯性，产生更大的竞争优势，以实现企业的用户满意度和业绩等的改善和提高。战略伙伴供应商与传统供应商不同，传统供应商关系的首要目标是使购买的产品和服务价格降到最低，买方必然在供应商之间引起价格的竞争并通过在供应商之间分配采购数量来对供应商加以控制，与供应商是短期的合同关系。而战略合作伙伴关系则是企业间的长期合作关系，强调企业集中精力去巩固和发展各自的核心能力和核心业务，利用自己的优势资源，共同努力实现共有计划，解决共同问题，最终实现双赢的目标。传统供应商与战略合作伙伴关系的比较见表4-3。

表4-3 **传统供应商关系与战略合作伙伴关系的比较**

因素	传统供应商关系	战略合作伙伴关系
供应市场的竞争特性	基于价格	合作的
供应商选择基准	基于价格的竞价	长期绩效的综合
信息传递及管理	单向的、封闭的	开放的、透明的
对能力、计划的态度	独立的	在战略问题上共担责任
产品交货	不稳定	JIT，协商基础上的小批量
交易处理	秘密的非合作博弈	基于双赢的合作
产品质量	不信任的质量互检	为实现零缺陷共同努力
研发投入	按要求提供规定产品	共同参与
供应商的数量	多	少而精
压力水平	低，若不满意可寻求替代商	持续改造，采用更好的工艺和原材料降低成本

4.1.3 价值链（供应链）管理的问题

第一，“零库存”管理模式风险性较高。根据上文的阐述，随着企业间竞争的加剧，企业在进行库存管理时，注重成本和效率，精益库存管理正在被越来越多的企业所接受并实施，但是不得不承认这种库存管理方式存在一定的风险性。精益库存管理虽然能减少企业的管理成本，但是并不是所有企业的库存水平越低越好，精益库存管理存在最佳的水平点（见图4-2）。当企业库存过低时，采购成本、物流成本等会递增，抵消精益库存管理所带来的收益，企业适度实施精益库存管理才能够使企业绩效得到显著改善。Chen等（2005）通过研究发现，美国制造业上市公司的库存管理效率与投资回报之间存在倒U形关系，许多学者（郭正茂，2016；王春豪等，2017）也证明了中国制造业上市公司的精益库存管理与企业绩效之间也呈倒U形关系，并且并非所有制造业行业实施精益库存管理都能带来企业绩效的提升，存在显著的行业差异性（王春豪等，2017）。

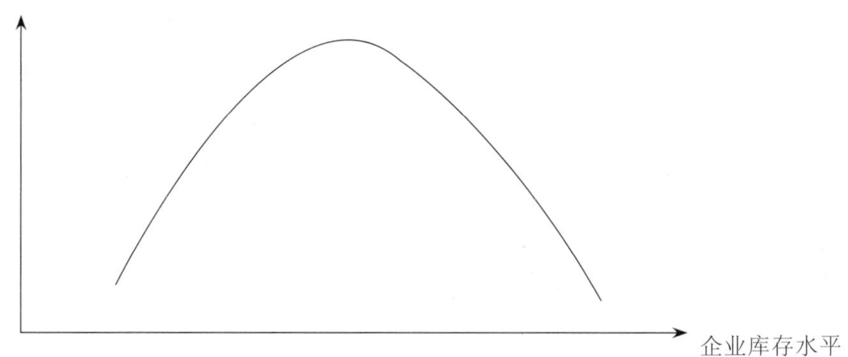

图4-2 精益库存管理对企业绩效的影响的曲线

以汽车产业为例，中国汽车产业已深度嵌入全球产业链之中，产值占全球产值的50%左右。此次新冠肺炎疫情最严重的湖北省是汽车制造重镇，2019年汽车产量达到224万辆，占中国产能的8.8%。湖北省不仅有东风本田、神龙汽车、东风乘用车等10家大型整车制造厂，而且有超过1 300家汽车零部件供应商，约占全国的1/10，德国博世、德尔福、均胜电子等多家大型汽车零部件供应商均在湖北省设厂。湖北因为受新冠肺炎疫情影响，零部件企业无法复工，导致车企的整车厂零部件紧缺。加上目前整车厂普遍采取“零库存”策略，导致车辆无法正常下线，全球汽车产业价值链（供应链）中断。在2020年2月6日，援引路透社报道，现代汽车由于中国供应的线束短缺，不得不停止在韩国生产，它是全球首家中国境外停产的大型主机厂。2月17日，意大利菲亚特克莱斯勒汽车公司（FCA）证实，由于缺少从中国供应的某些电气零部件，该公司被迫停止了在塞尔维亚的克拉古耶瓦茨（Kragujevac）工厂的生产。它是欧洲第一家受新冠肺炎疫情的影响而停止运营的汽车制造商。

第二，对部分重要的战略合作供应商依赖度过高，备用价值链（供应链）建设不足。在全球价值链（供应链）管理环境下，价值链（供应链）战略合作关系的运作需要减少供应源的数量（短期成本最小化的需要），制造商会在全球市场范围内寻找最杰出的供应商。这样可以把供应商分为两个层次：重要供应商和次要供应商。重要供应商是少数的、与制造商关系密切的供应商，而次要供应商是相对多的、与制造商关系不是很密切的供应商。价值链（供应链）战略合作关系的变化主要影响重要供应商，而对次要供应商的影响较小。企业在生产经营中主要从少数重要供应商处采购所需要的大部分材料和零部件等，而从较多的次要供应商处采购所需的较少的原料和零部件等，这就给企业的价值链（供应链）运行带来了危机。仍然以汽车行业为例，日系车企和韩系车企都采用相对封闭式的价值链（供应链），中国零部件工厂约占日本汽车制造商零部件采购整体体量的30%，而韩国车企对中国零部件工厂依赖度更高，尤其是装配电路板等零部件。韩国汽车工业协会统计数据显示，韩系整车87%的装配板是由中国制造的。因为对中国供应商的高度依赖，韩系车企在新冠肺炎疫情中比日系车企受到的冲击更大。

第三，对供应商的选择和评价的风险性指标考虑不足。企业为了经营绩效在选择供应商时着重考虑价格、质量本身无可厚非，但是在考虑传统指标的同时，也必须考虑选择供应商时的风险因素，尤其是在不确定性成为“新常态”的大环境下。韩系车企在此次疫情中相对于日系车企受影响更大的另一个原因是韩系供应链更加注重成本，所以其中国供应商较多。相比之下，日系车企除了考虑成本之外，还充分考虑了供应商的风险性，因此除了在中国选择低价供应商之外，考虑到中国供应商的风险承受性，又在许多非洲地区选择供应商，如南非和尼日利亚，致使其相比于韩系车企受新冠肺炎疫情的影响更小。

4.2 新冠肺炎疫情对全球价值链（供应链）的影响

4.2.1 供给侧中断

在联合国产业分类当中，我国是全球唯一一个拥有所有工业门类的国家，在世界500多种主要工业产品当中，我国有220多种工业产品的产量居全球第一。可见，我国是全球制造业供应链的重要枢纽，中国供应链已经是世界制造业体系中不可或缺的一环。以汽车零部件制造业为例，全球80%以上的汽车零部件和中国制造相关，2019年我国汽车零部件企业出口额超过600亿美元，其中外资企业在华子公司对外出口占比超过40%。但是，受新冠肺炎疫情影响，我国制造业企业的正常经营活动被中断，国内供应链上其他企业的经营活动受到影响，阻断了国内外供应链的平稳运行，导致一些跨国公司生产中断，我国制造业企业面临巨大的现金流压力和交货压力。例如，汇大机械制造（湖州）有限公司的汽车零部件企业，因无法按时履行此前签订的“每周向法国标致集团非洲工厂交付10 000套转向机壳体”合同，而面临价值240万元人民币的合同损失并导致客户生产线停产2周约3 000万元人民币的赔款。

在信息、通信和技术（ICT）行业，我国也位于产业供应链的中心位置，如图4-3所示，除中国台湾、日本、韩国位于产业链上游外，以美国为中心的北美区域供应链和以德国为中心的欧洲区域供应链都处于中国的下游位置。当我国生产中断后，供给侧冲击从位于全球供应链中心的我国传导到区域供应链中心的美国、德国、日本，进而对世界上其他国家（地区）产生供应冲击。全球供应链系统的链条化生产（即蛇形供应链）更容易受到生产加工时序的影响，上游企业无法按期交货将导致整个供应链瘫痪。当然，当下游国家需求不足时，也将逆供应链方向将需求冲击传导到中国，这也是需求疲软沿供应链传递的影响。

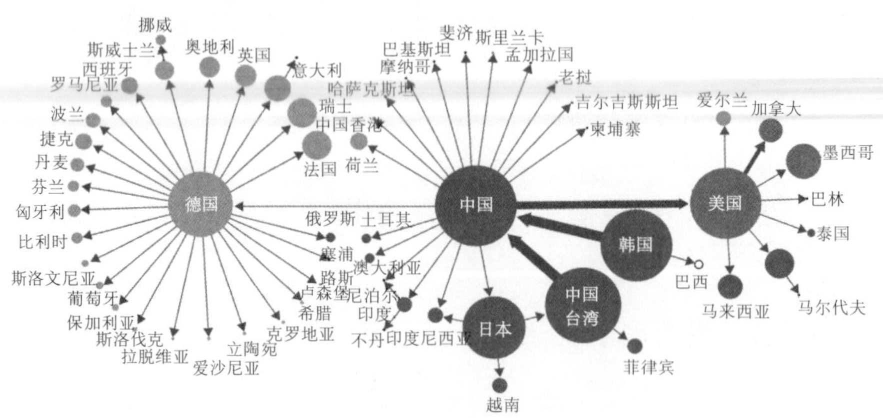

图 4-3　ICT 产业的全球供应链体系

数据来源：WTO《全球价值链发展报告 2019》。

中国出口集装箱数量急剧下降的数字亦可反映由于中国各地停产停工和产能不足对全球制造业供应链产生的冲击，迫使产业面临中间产品断链的危险。表 4-4 是即期市场的上海出口集装箱综合运价指数。2020 年 1—2 月，由于新冠肺炎疫情导致的企业停工使我国对外供应减少，除中国出口到西非和东南亚的集装箱运价指数有所增加外，我国出口到欧洲、美洲、南非、大洋洲、日本的集装箱运价指数均大幅下降；2020 年 2—3 月中国出口到美国、日本和东南亚国家的运价指数转负为正，但是我国出口到其他国家的运价指数继续下挫。一方面，中国复工缓解了外国的需求紧张状况，我国出口有所增加；另一方面，受新冠肺炎疫情的影响，世界各国的生产减缓甚至停工，对我国出口的原材料和中间品的需求减少。

随着新冠肺炎疫情的蔓延，日韩最早采取了防控措施，随后美国、意大利、西班牙等国家也开始封城。这些国家的生产停滞进一步导致全球供应链中断，又通过进口渠道进一步影响中国的生产，即为供给侧中断对全球供应链冲击的第二阶段。除中国外，受新冠肺炎疫情影响最为严重的欧盟、美国、日本、韩国也是全球最主要的中间产品进出口国。如图 4-4 所示，这些经济体的制造业部门既是无数国际供应链的核心，又是第三国工业投入的重要供应商。新冠肺炎疫情在日韩的蔓延，严重冲击了机电产品、化学制品、新材料等领域的全球供应链，这将进一步冲击我国中下游半导体产业、汽车制造业。我国自美国和欧盟进口的主要工业产品是飞机航天器及其零部件、医药产品、汽车及其零部件、精密仪器化工产品，新冠肺炎疫情在欧美的蔓延，将导致欧美供应链中断，这将对我国的机电、运输、化工、家具玩具、光学钟表、医疗设备、纺织品等行业造成较为严重的普遍性冲击。

表4-4　　2020年上海出口集装箱综合运价指数

	2020年1月	2020年2月	2020年3月	12月至1月变动（%）	1月至2月变动（%）	2月至3月变动（%）
综合指数	996.47	908.92	890.96	13.09	-8.79	-2.0
欧洲（基本港）	1 048	857	810	18.69	-18.23	-5.5
地中海（基本港）	1 180	1 020	904	21.03	-13.56	-11.5
美国西海岸（基本港）	1 558	1 420	1 494	10.50	-8.86	5.2
美国东海岸（基本港）	2 849	2 757	2 775	11.46	-3.23	0.6
波斯湾（迪拜）	1 166	1 057	994	13.53	-9.35	-6.0
澳新（墨尔本）	943	883	808	19.82	-6.36	-8.5
西非（拉各斯）	2 807	2 929	2 898	21.94	4.35	-1.0
南非（德班）	1 119	1 042	981	10.90	-6.88	-5.9
南美（桑托斯）	2 102	1 778	1 460	9.02	-15.41	-17.9
日本关西（基本港）	226	221	226	0.00	-2.21	2.3
日本关东（基本港）	242	235	240	0.41	-2.89	1.9
东南亚（新加坡）	186	187	198	15.53	0.54	6.0
韩国（釜山）	119	119	117	-86.52	0.00	-1.2

数据来源：中华人民共和国交通运输部，http：//www.mot.gov.cn/yunjiazhishu/chukoujizhuangxiangyjzs/。

以汽车制造业为例，汽车的供应链是以汽车制造企业为龙头，由配套的上下游企业提供相关产品、服务、管理而形成动态联盟，共同完成产品的采购、生产、销售、服务等全生命周期的管理。汽车产业链的上游涉及钢铁、机械、橡胶、石化、电子、纺织等多个行业，下游涉及保险、金融、销售、维修、加油站、物流、餐饮、旅馆等行业，供应链长且各环节的衔接与时序极其重要。我国是全球最重要的汽车零部件制造和供应基地之一，也是汽车零部件、材料、装备等零部件的主要进口国，进口品包括总成/系统、零件、材料，以及基础元器件，主要进口来源国是日本、韩国、美国、德国等。在欧洲和美国新冠肺炎疫情严重的形势下，意大利、西班牙、美国等国的汽车厂家或零部件厂宣布关闭工厂暂时停产，将直接威胁中国汽车及零部件生产。

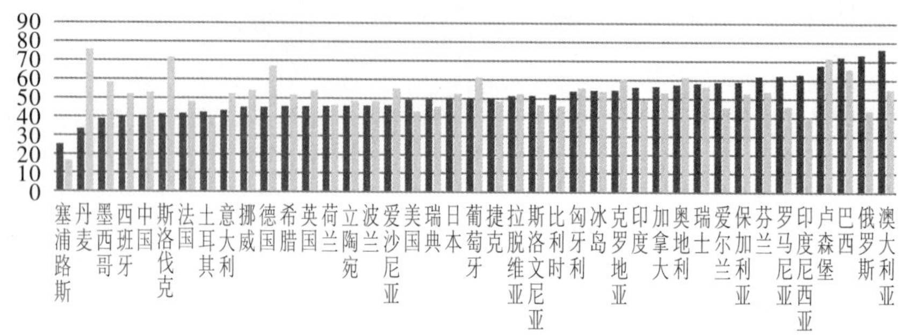

图4-4 2017年各国中间产品进出口占比

数据来源：WTO《2019增加值贸易和全球价值链》。

除汽车和ICT产业外，我国也是全球纺织品贸易和生产的中心。通过供应链的传递，纺织业形成了以意大利、德国为中心的下游“欧洲工厂”，以美国为中心的下游“北美工厂”，以我国为中心的中游“亚洲工厂”，以韩国为中心的上游工厂。下游欧洲、北美工厂的生产停滞，又进一步减少了对上游原材料的需求。面对全球供应链下游需求的中断，海外订单的突然减少，我国国内复工后由短暂的“供不应求”转变为“供过于求”。自2020年3月份以来，国内纺织品库存积压，市场恢复慢于预期，导致原料端国内外棉价大幅下跌，化纤短纤价格弱势下行。3月9日早盘，郑州棉花期货主力合约跌至12 000元/吨以下，现货价格也下降。3月9日至3月15日，能够满足客户需求的企业占比为74.1%，棉纺企业复工复产基本实现，但新增订单少却成为企业复产后的主要难题。

4.2.2 需求侧疲软

需求侧疲软导致世界各国的制造业和服务业都遭受了巨大的打击，这将给全球经济带来金融危机后的最大挑战。在供给侧中断的基础上，需求侧疲软对全球供应链产生的叠加效应，也会对我国的外需产生剧烈影响。一方面，在医疗系统相对发达的欧美国家，新冠肺炎疫情对经济的影响主要体现在个人消费需求的减少，从而使全球经济发展动力不足。众所周知，在欧美等发达国家，消费占GDP比重较高，多数国家在70%左右，美国和英国高达82%和84%。受新冠肺炎疫情影响，商品和服务消费不足将对发达国家的经济增长影响深远，防疫措施的实施阻碍了居民的消费，进而对总需求产生严重的抑制效应，并通过全球供应链严重抑制全球经济增速。另一方面，在医疗系统落后且资源短缺的发展中国家，受新冠肺炎疫情影响经济复苏缓慢，拖延全球经济恢复的时间。当疫情在这些国家扩散无法得到有效控制时，将会导致这些国家的经济衰退，进而减少对中国的进口需求。

我们利用世界投入产出表来反映全球需求不足对我国的冲击。Timmer[①]（2013）提出了GVC收入的概念及核算框架，利用世界投入产出表可以计算出任何国家直接或间接参与全球制造业最终产品生产所获得的增加值收入。世界投入产出表也反映出各国在全球价值链体系中的利益分配结果（见表4-5）。纺织服装、电气设备、计算机电子元件是我国出口的主要产品，全球在纺织服装方面消费每降低100美元，会导致我国的增加值收入减少34.91美元；全球在电气设备等机械设备产品、计算机等电子产品的消费每减少100美元，会分别导致我国增加值收入减少30.72美元和29.52美元。可见，全球在纺织服装、电气设备、交通运输设备、计算机等电子产品的消费减少，会导致我国制造业出口的增加值收入大幅下降，收入下降幅度为全球各国之首，远高于美国和德国。同时，这些产业的产出减少，又会通过供应链的直接效应和间接效

① Timmer（2013）假设全球有N个国家，S个行业部门，F种生产要素。推导得到$V=\hat{p}(I-A)^{-1}f$，其中元素vi（s）表示表示i国s部门参与最终产品n价值链分工活动所获得的增加值。$\hat{p}$表示增加值系数矩阵，矩阵中对角线上的元素用pi（s）表示i国s部门每单位产出所创造的增加值。$(I-A)^{-1}$是里昂惕夫逆矩阵，f是SN维外生向量，其中的元素用fi（s）表示世界各国对i国s部门最终产品的需求。

应传递到国民经济的其他行业，连锁效应和放大效应明显。表4-5汇总了我国制造业细分行业的增加值来源。以我国全球化参与度最高的电器和计算机电子行业为例，受新冠肺炎疫情影响，这两个行业的出口每减少100美元，将导致对我国制造业中间投入品的需求降低56美元和57美元、对服务业的需求分别降低33美元和35美元。

表4-5　2014年制造业细分行业GVC收入在主要国家间的分配情况（%）

	食品、饮料	纺织品、服装	基本医药产品和医药制剂生产	基本金属及金属制品生产	电气设备及其他机械设备制造	交通运输设备制造	化学品及化学制品生产	计算机、电子产品和光学产品制造	木材、纸制品、印刷品及出版物	其他制造业产品
中国	19.28	34.91	11.92	17.88	30.72	23.31	7.57	29.52	9.14	9.75
德国	4.18	1.96	7.7	7.55	8.69	9.37	4.85	4.52	7.02	5.5
英国	1.64	1.12	5.03	2.39	1.74	2.34	2.11	1.72	3.07	2.27
意大利	2.2	3.65	3.89	3.31	3.39	2.08	1.52	1.18	3.34	2.78
日本	5.07	0.98	1.97	6.9	7.39	6.63	2.92	6.78	2.12	2.47
美国	15.32	4.52	16.46	10.34	11.79	17.16	36.01	16.95	21.8	22.92

数据来源：根据WIOD数据计算而得。

在医疗基础较差的发展中国家，对于新冠肺炎疫情的防控和医治能力较差。我们以世界卫生组织公布的全民健康覆盖指数UHC（Universal Health Coverage）为例，如果将2017年中国UHC指数78.6设定为医疗水平参考阈值，那么UHC低于78.6的国家则为医疗基础水平较低的国家，总计154个。2018年我国对这154个国家的出口占我国出口总额的38.21%，其中前20位国家的占比如图4-5所示。我国对UHC指数低于78.6的亚洲国家出口占我国总出口的比重为19.11%，对UHC指数低于中国的欧洲、拉美、非洲国家出口占比分别为9.02%、5.81%、4.21%，出口的主要产品依次是机电产品、机械产品及其零配件、塑料制品、钢铁、矿物燃料、钢铁制品、有机化学品、汽车及其零配件、家具用品、贵金属及其制品、纺织品及服装鞋类制品等。因此，新冠肺炎疫情若在占据我国出口38.21%份额的发展中国家蔓延，则会对我国多种产品的出口产生巨大的下行压力。

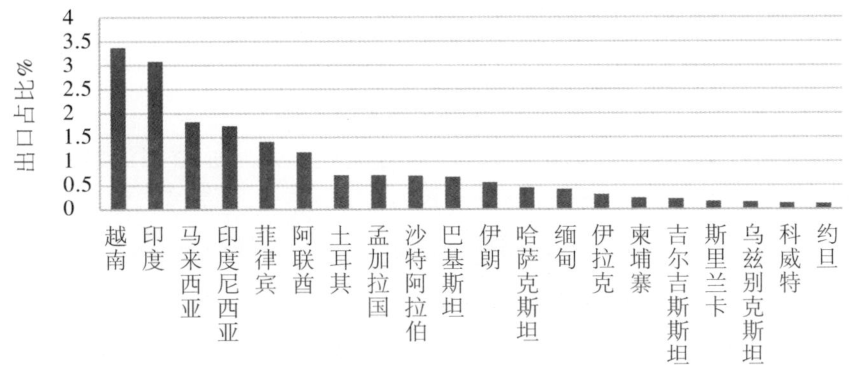

图4-5 2018年中国向UHC低于中国的国家出口占中国总出口的比重（前20位）

数据来源：根据国家统计局和世界卫生组织（World Health Organization）数据计算而得。

4.3 新冠肺炎疫情对中国在全球供应链地位的冲击

4.3.1 中国在全球供应链中的地位

中国是全球供应链中不可替代的组成部分。中国自加入世贸组织以来，各大跨国公司为寻求成本更低的资源和劳动力而对中国投资，中国的制造业商品贸易大幅增长。同时，信息技术的飞速发展使交易成本降低，在此期间中国商品贸易增速是全球GDP增速的2倍多。中国作为全球化的最大受益者，在全球供应链中的地位是不可替代的。2018年，中国出口机电产品达1.46万亿美元，电力、通信、轨道交通等成套设备在国际市场上竞争优势日益明显；中国是无数组装型产品最大的生产国，汽车产量占全球30%左右，船舶制造规模占全球40%以上，家电出口占全球出口市场的37%以上，手机、计算机产量占全球90%以上。如果我们再朝产业链上游看，中国制造正为全球工厂源源不断地输出各种中间品，而装备制造规模已占全球1/3以上，机械和交通运输设备（资本品中的主要构成部分）的出口规模位居全球第二，非运输资本货物中间品贸易在全球占比接近30%。这些数据充分说明，中国在全球供应链中至关重要，从原材料、中间品到最终商品，各个环节都离不开中国提供的技术、装备和零部件。

自从美国推行制造业回流计划以及制造业供应链安全战略以来，虽有一些企业撤离中国，但由于从要素供给、基础设施、技术水平、政策配套等多个方面考虑，在短期内很难找到比中国更加合适的替代生产商，并没有发生大规模企业迁移的现象，中国在全球供应链的地位轻易不会改变。并且，近年来从我国转移至东南亚一些国家的产业，主要是对供应链需求较低、人工成本占比较高的环节，其他环节很难转移出去。作为全球最大的制造业国家，中国在16个制造业门类中的12个构建了世界上“最长的”价值链。伴随着中国制造业的快速发展与自主创新能力的提高，中国企业在全球供应链中的地位不断提高。截至2018年，中国工业增加值占全球比重超过28%，是德国、日本、美国的总和，年均生铁、原煤产量是相同人均GDP水平下美国、日本的十几倍，电子产品产值也是同期美国、日本的3倍以上，已形成雄厚的工业基础及工业资源储备。在部分产业领域，中国已经成为全球供应链的中心。中国逐渐从一个简单的垂直分工参与者转变为高科技水平竞争者。目前，中国已经跻身全球供应链的中端和前端，地位也在不断提高。

但中国在全球供应链体系中还没有占据主导地位。长期以来，中国制造企业以加工贸易为主，融入全球生产、贸易、流通网络，嵌入全球供应链的方式主要为贴牌生产、外包组装、外包代工、跨国采购等。并且，中国企业供应链管理水平相对不高、供应链竞争力较弱。在2019年“Gartner供应链25强”排名中，中国仅阿里巴巴一家企业入围，凸显了中国企业供应链管理水平相对较低的现状。此外，中国各行业缺少具有国际竞争力的大型企业，导致供应链上下游协同效率低等问题严重。因此，我国企业在全球供应链的地位容易受到新兴国家产业发展的冲击，部分行业具有较高的可替代性。而且，贸易战已经给全球供应链投下阴影，东南亚产业迁移、发达国家工业回流、数字技术本土化发展等多个新动向，都在不时地考验中国供应链的韧性。

4.3.2 新冠肺炎疫情对中国在全球供应链地位的冲击

第一，在国际贸易方面，跨国公司意识到了替代供应链的重要性和保证供应链稳定的重要性，有意将中国生产线迁移至东南亚或其他国家来分散供应链风险。

我国是全球制造业供应链的重要枢纽，中国供应链已经是世界制造业体系中不可或缺的一环。以汽车零部件制造业为例，全球80%以上的汽车零部件和中国制造相关，2019年我国汽车零部件企业出口额超过600亿美元，其中外资企业在华子公司对外出口占比超过40%。但是，受新冠肺炎疫情影响，我国制造业企业的正常经营活动被中断，企业停工停产造成国内零部件和配件生产停止，不仅无法满足中国国内零部件需求，也无法满足国外企业的中间品需求。疫情影响中国的制造业企业，进而扩散到全产业链与全供应链，阻断了国内外供应链的平稳运行，导致一些跨国公司生产中断。根据麦肯锡咨询公司对全球高管的调查，许多公司正在考虑改变其供应链。例如，汽车产业供应链遍及全球，新冠肺炎疫情的暴发使得中国提供的零部件供应中断，进而国外相关上下游汽车产业不得不减少产量，甚至关停生产线。并且，随着中国汽车制造业迟迟无法复工复产，一些国外企业已经考虑启用备用生产基地来替代中国，中国在全球供应链中的地位受到严重的冲击。从进口来看，随着疫情在全球的蔓延，美国、日本、欧盟等位于中国供应链上下游的国家纷纷停工停产，导致我国相关产业生产受到影响，削弱了我国供应链地位。这些经济体的制造业部门既是无数国际供应链的核心，又是第三国工业投入的重要供应商。新冠肺炎疫情在日韩的蔓延，严重冲击了机电产品、化学制品、新材料等领域的全球供应链，这将通过进口渠道进一步冲击我国中下游半导体产业、汽车制造业。我国自美国和欧盟进口的主要工业产品是飞机航天器及其零部件、医药产品、汽车及其零部件、精密仪器、化工产品，新冠肺炎疫情在欧美的蔓延，将导致欧美供应链中断，进而通过进口渠道对我国的机电、运输、化工、家具玩具、光学钟表、医疗设备、纺织品等行业造成较为严重的普遍性冲击。

第二，在FDI方面，疫情使得对华直接投资增速减缓。随着疫情在全球的扩散蔓延，全球范围内的人员往来、商务谈判和实地考察受到限制，重大项目复工延迟，全球直接投资增幅受到了显著的负面影响，中国吸引外商直接投资和企业对外直接投资也相应下降。从中国吸引外商直接投资来看，新冠肺炎疫情在全球的蔓延使得全球一些主要经济体在反思全球化供应链脆弱性的同时，也开始思考其自身是否对于中国存在过度的依赖。一方面，美国、欧洲等主要经济体将会更多地从国家安全、产业安全等角度重新审视其对中国供应链过度依赖的现状，主张减少对华直接投资，推动制造业回流。根据美中贸易全国委员会对在中国运营的100多家美国公司进行的调查，近25%接受调查的公司减少或者停止了对中国的计划投资，创历史新高。限制其在华投资的主要原因是中美贸易摩擦和新冠肺炎疫情导致成本增加或不确定性。2020年4月，美国白宫经济顾问库德洛提议政府为从中国撤回的美国企业报销100%的成本，以推动制造业回流。同一时间，日本经济产业省公布108万亿日元的经济刺激方案，其中约23亿美元用于“改革供应链”项目，帮助在华日商将生产线撤回日本以寻求实现生产基地多元化。因此，疫情使得其考虑减少对华直接投资，重构供应链布局，中国供应链地位将受到削弱。另一方面，制造业向东南亚转移的趋势也将会进一步加快。越南、印度、印度尼西亚等东南亚国家将会利用国际经贸规则和廉价劳动力优势，加大吸引外资的力度，采取各种优惠政策与我国争夺跨国直接投资。跨国公司也意识到了替代供应链的重要性和保证供应链稳定的重要性，有意将设在中国的生产线迁移至东南亚或其他国家来分散供应链风险，即使这样做会降低企业的盈利能力。2020年8月2日《印度时报》报道，苹果公司的一家合约制造商将从中国向印度转移6条生产线。这些都可能会加速我国供应链外移的进度，对我国在全球供应链中的地位造成巨大的冲击。

第三，构建起以中国为主导的全球供应链体系。在短期内，中国在全球供应链的地位不会被动摇。对比2008年金融危机对全球供应链系统成熟化的影响，此次疫情会催使全球供应链向着稳定性的方向发展。但是，从要素供给、基础设施、技术水平、政策配套等多个方面考虑，在短期内很难为“中国制造”找到合适的他国替代品，全球对“中国制造”的依赖不会改变中国在全球价值链的地位。使部分生产线从中国转移到海外，跨国公司也未必真的降低了供应链风险。一方面，承接生产线转移的这些国家自身体量比较小，所能支撑的供应链体量与中国相比差距过大；另一方面，这些国家的企业还需要向中国进行上游原材料采购，和中国实质上形成了相互嵌入的同经济周期关系，很难独立于中国制造业供应链。因此，在短期，中国在全球供应链的地位不会被动摇。

从长期来看，新冠肺炎疫情开启了全球化退潮的序幕。一方面，疫情造成的全球医疗物资和药品短缺，反映出各国医疗物资严重依赖我国生产的现实，也使其他国家对其自身的医疗卫生安全产生担忧。我国不仅是全球最大的原料药市场，负责全球将近60%的原料药供应，也是全球主要的药品供应国，还是美国最大的医疗设备供应国。通过新冠肺炎疫情事件，各国必定痛定思痛，更加重视关乎国民安全健康的行业发展，放弃对国外（中国）市场的依赖，构建自给自足的发展路径。美国在2020年3月16日表示，美国正计划将在华的医疗供应链从中国市场召回，以降低对外国药物的依赖。另一方面，近年来全球化退潮趋势已初显端倪，中美贸易摩擦、英国脱欧、美国退出NAFTA和TPP等决定，筑起了新的贸易壁垒，而新冠肺炎疫情的暴发将进一步侵蚀自由贸易这一全球性共识。因此，我们应理性认识到，新冠肺炎疫情后全球化将遭受保护主义、民族主义和民粹主义的重压，国际贸易自由化趋势可能面临重新调整的挑战。

未来，可能会构建起以中国为主导的全球供应链体系。从各国对疫情的反映和管控情况来看，有秩序、紧密型的国家，如我国，对疫情的回应效率高于松散的、民主的国家，我国的经济活动正在逐渐恢复。IMF在2020年4月的《世界经济展望》报告中指出，疫情对中国经济的一些不利影响只是暂时的，2021年中国将是全球GDP增速最快的国家，且中国继续深化对外开放，积极参与多双边合作。在此次疫情的防控上，中国以更加负责任的姿态展示了国际领导力和大国形象。未来，在全球经济复苏乏力、供应链体系重构的背景下，很可能会加速以中国为中心的全球化，加快以中国为主导的全球供应链体系的构建与布局。

4.4 新冠肺炎疫情冲击引发全球价值链管理的变革

近几十年，随着企业在世界各地扩张以追求利润增长，全球价值链的长度和复杂度都在增加，复杂的生产网络旨在服务于效率、成本和市场接近性，虽然这降低了企业的成本并提高了效率，但未必能保持透明或维持韧性。新冠肺炎疫情的暴发导致突如其来的全球供应链断裂与公共医疗卫生供应短缺，使得全球各国开始进一步审视供应链的安全性，但在新冠肺炎疫情大流行之前，全球供应链的脆弱性早已开始显现，已经有不少突发事件开始导致许多公司的生产发生了中断。如2011年，日本大地震与海啸迫使许多汽车电子元件工厂关闭，导致全球汽车装配线停工，也沉重打击了半导体企业所依赖的先进硅晶片大型全球生产商。仅仅几个月后，泰国的洪水淹没了为世界生产约1/4硬盘的工厂，使得个人计算机的制造商手足无措。2017年，飓风“哈维”席卷了得克萨斯州和路易斯安那州，破坏了美国最大的几座炼油厂与石化厂，使得一系列产业不得不面临关键塑料和树脂材料短缺的局面。全球著名的咨询管理公司麦肯锡的调查显示：平均而言，各个行业平均每3.7年就会发生一次持续1个月或以上的供应链中断，相关的财务损失一直在上升，供应链的破坏已成为一种常态。这种常态导致近几十年企业专注于质量和效率的供应链的风险性逐渐显现。新冠肺炎疫情的出现只是让企业更快地认识到自身供应链存在的风险性。本次疫情催生的一个变化是，企业在设计供应链时不再像过去一样只考虑质量和效率，还必须同时考虑抵御风险的能力，从成本导向转向成本与风险并举的导向，最大程度地保障供应链运行的延续性，从而能够在某些冲击中快速恢复生产和供应能力。

从长期来看，过去强调的全球产业链分工与合作逐渐弱化，国际竞争愈发激烈，产业结构失衡的问题日益突出，供应链必将会经历调整和重构。疫情的发生促使各国进一步意识到供应链在经济和社会中的重要地位，助推了西方国家制造业供应链改革的实施。新冠肺炎疫情后全球化的大趋势不会因新冠肺炎疫情而中断，这就意味着，世界各国将倾向于在本国建立更加安全、独立、完整的产业链来减少对其他国家的依赖。

4.4.1 全球价值链（供应链）将逐步收缩、变短

供应链在纵向分工上趋于缩短。原先分包给跨越国境的不同企业生产，以工序、环节为对象的纵向分工体系，现在可能要收回，缩回到跨国企业内部进行，结果一个企业内部可能包含了不同的工序和环节。这种“逆产品内分工”的行为倾向，是一种“纵向一体化”。它可能并不符合比较优势和规模经济的原则，但是却符合缩短供应链的自主可控的要求。WTO曾预测：2020年全球贸易将会下降13%～32%；全球GDP将下降4.8%，若全球新冠肺炎疫情仍未得到有效控制，在全球贸易保护主义盛行的情形下，2021年全球GDP将继续下降2%～3%。新冠肺炎疫情的冲击使得全球各国贸易进出口严重受损，制约了各国经济增长和外向型企业的生产经营，更限制了全球价值链下的国际产业分工与协作。跨国公司作为全球价值链的重要组成部分，生产网络遍布全球，为了降低疫情带来的供应链中断风险，会更多地将产品放在本国生产或是就地生产与消费，缩短供应链上游企业与下游企业的跨度。产品研发、设计、生产、销售等环节会相互靠近，并向消费端靠近，实现链条“纵向一体化”，供应链中受疫情影响严重的环节可能加速收缩，甚至被取代。

长期以来，欧美产业因国际分工出现制造业空心化，出现了很多外包生产、离岸生产。美国从奥巴马时期就提出了制造业回流的议题，此次疫情使该议题再次被提到日程上，未来一些关键生产将回归美国本土。日本、欧盟等都已在不同程度上采取行动将部分产业链搬回本国或转移到东南亚各国。同时自动化技术、3D打印、人工智能等新技术的发展和应用，减少了对国内外劳动力的需求和中间生产环节。在逆全球化趋势下，全球各大国之间的贸易冲突和保护主义抬头，各国之间的对外贸易阻碍增加。新冠肺炎疫情的冲击，使得各国的矛盾进一步凸显，贸易的各种中间产品生产和组装配件等过程减少，并且某些国家的制造业、产业链逐渐回归本国，使得链接全球经济基础的价值链不再呈现出

欣欣向荣的全球扩张和发展态势，而是出现相当程度的萎缩。

4.4.2 全球价值链（供应链）将会逐渐区域化、本地化

供应链在横向分工上趋于区域化集聚。就是原先被拆散到不同国家的不同企业生产的工序和环节，现在回缩到一个国家或若干邻近的国家边境进行集中和集聚化生产，如汽车零部件生产回归美加墨自贸区。自金融危机以来，美国部分中低端制造业表现出向北美地区其他国家回撤的态势，高端制造业本土化过程加快，逐步形成以美国为中心的北美区域价值链体系。在欧洲形成了以德国、英国和法国为主导的欧洲区域价值链。同时，也形成了以日本、韩国和中国为核心的东亚区域价值链。毫无疑问，这将在一个特定的区域内形成产业空间集聚化的趋势。贸易的区域化集聚的趋势，使得企业能够迅速响应主要市场的需求。

随着亚洲的经济增长速度超过全球其他地区，众多跨国公司在中国、印度和其他主要新兴经济体建立生产基地以服务当地的消费市场。2020年11月《区域全面伙伴关系协定》（RCEP）正式签署，标志着全球最大的自由贸易区成功启航，是东亚区域经济一体化新的里程碑，彼此的贸易依存度和产业链紧密度还会进一步上升，在经济上更加密不可分，价值链向区域化方向演进。近年来全球价值链的一个重要趋势是增值贸易更加集中在区域范围内和区域内部贸易伙伴之间。

疫情冲击使得世界各国对构建安全稳定的产业链和供应链考量高于国际分工所得，经济独立高于参与全球化所获收益，未来全球价值链和供应链的发展方向会更加趋于国内本土化。2020年7月，为了应对新冠肺炎疫情带来的欧洲经济“急刹车”，在法国总统马克龙和德国总理默克尔牵头推动下，欧盟委员会最终推出了7 500亿欧元的经济复兴计划，其中大部分资金用于本土经济能力的维护和支持。2020年4月，在疫情冲击下，日本政府为应对疫情对经济的消极影响，紧急推出了108万亿日元（1万亿美元）的抗疫经济救助计划，其中的“供应链改革计划”则计划拨款2 300亿日元协助日本制造商将生产从中国迁出，建立“更具弹性的供应链”。有2 200亿日元的预算将用于补助日本企业将生产线迁回本土，235亿日元将用于协助日本企业将生产转移到其他国家

和地区，主要是在亚洲的东盟国家落地，以实现供应链本土化和海外供应链多元化。

4.4.3 供应链集群化促进国际秩序更新换代

产业链的集群使得相关上下游企业、专业化供应商等在集群区域内大量集聚，产业链上能够近距离协作，降低远距离或国外采购的风险和物流运输的疫情限制，提高供应市场竞争力，产业链集群化的竞争优势进一步得到凸显。随着以跨国企业为主的制造业供应链格局调整，制造业的竞争将转化为供应链、产业链及产业集群之间的竞争，现有国际经贸组织和规则将逐步失去权威，与新供应链格局匹配的治理体系取代旧体系将成为必然。

“一带一路”、中欧投资协定、RCEP等新的多边贸易体制顺应时代发展潮流，符合各方发展利益，将进一步激发各领域合作潜力，为促进国际抗疫合作，稳定区域产业链和供应链，助推区域和世界经济恢复发展做出重大贡献。我国也将更加有效地融入全球产业链、供应链、价值链，推动加快构建新发展格局，推进产业结构转型升级，重点发展先进制造业，从而形成以国内大循环为主体，国内国际双循环相互促进的“十四五”新发展格局。未来，在全球经济复苏乏力、供应链体系重构的背景下，很可能会加快推进以中国为中心的全球化，因此，通过疫情期间各国协同合作为契机，不断扩大开放，深入带动区域内的产业分工合作，加快完善区域价值链，进一步践行供应链“一带一路”倡议，不断提高全球价值链分工地位参与度，加快以中国为主导的价值链构建进程。

第二篇
全球价值链变革对就业的影响机制

第5章　全球价值链影响劳动力就业的特征

国际贸易是拉动就业的主要来源之一，而全球价值链视角对于评估贸易对劳动力市场的影响很重要。全球价值链的出现加强了部门之间的联系，扩大了贸易对技能需求、对新的贸易统计数据需求的影响。本章中，我们从价值链的视角研读了学术文献对贸易与劳动力市场之间关系的论述后，发现贸易对就业总量的影响不大，贸易不太可能是制造业衰退的主要原因。

在研究贸易对劳动力市场的影响时，将全球价值链考虑在内，可以发现贸易并不是发达经济体制造业就业下降的重要因素，服务业就业增长抵消了制造业的就业损失。然而，不同地区和不同技能水平的个人之间的贸易影响可能存在很大差异，加剧了如自动化技术等其他因素导致的区域差异和劳动力市场两极分化。调整政策不应区分工人停职的各种原因，如自动化或贸易，而应减少对满足某些条件的受影响工人的依赖。

5.1 发达经济体的全球价值链贸易与就业

5.1.1 全球价值链与就业需求

国际贸易是发达经济体的主要就业来源。一方面，出口能提供大量就业岗位，以份额表示时变得更加明显。出口占爱尔兰就业岗位的近50%，德国就业岗位的约30%。另一方面，进口也有助于促进就业，通过降低生产成本，它们可以导致更高的需求，从而转化为更多的就业机会。此外，与国内需求创造的就业岗位相比，由进口或出口产生就业岗位所获得的报酬更多。相关研究发现，进出口企业的平均工资比没有进出口业务的企业高30%。

尽管贸易发挥了积极作用，但近几十年来，随着新经济强国的崛起，贸易和外国竞争却被认为是造成发达经济体制造业和收入损失的原因，因而掀起了反自由贸易的浪潮，进口贸易壁垒政策盛行，如1887年的英国商品标志法，针对德国对日本1981年的自愿出口限制。如今，新兴市场和先前计划中的东欧经济体的进口竞争已成为过去几十年劳动力市场调整的主要因素之一。最近的一系列实证研究发现，贸易自由化事件（如2001年中国加入世贸组织，1994年《北美自由贸易协议》生效，2004年欧盟扩大）对劳动力收入产生了不利影响。经济学家普遍认为贸易对就业影响较小，而以上研究结果与该观点相反，因此通过文献调查研究国际贸易对劳动力收入的作用，本章评估了贸易对就业和工资的影响，特别重要的一点是，本章还特别阐明了价值链扩张对贸易和劳动力市场之间关系的影响。

近几十年来，国内和国际生产分割迅速进行，各公司纷纷将其工厂分拆，并将不同生产阶段外包给全球各地企业，这对贸易和劳动力市场之间的互动有着重大的影响。因此，重要的是要在更广泛的贸易和劳动力市场讨论中分别对其进行研究，以充分了解其影响，还要强调价值链的三个主要后果。

第一，进口竞争对劳动力市场的影响不再局限于进口竞争行业。相反，下游客户和上游供应商受到的影响远大于非分散经济体。因此，贸易冲击在经济中的传播比过去更为广泛。例如，当一个行业由于国外竞争而签订合同时，将损害其上游供应商行业和供应商的供应商，因为他们将面临较低的需求。同时，下游客户可以从国外竞争（意味着价格更低的投入）中获益。因此，在分析贸易对劳动力市场的影响时，必须考虑产业之间的投入产出联系以及产业在价值链中的地位。这表明，在一些发达经济体中，出口提供的就业岗位一半以上不在出口机构内，而是在供应商机构内。

第二，价值链的扩张不仅导致跨国竞争的部门化，还细分到具体的任务和阶段。这意味着竞争发生在一个更精细的水平上，对各国的技能需求产生重要的影响。许多商品的生产在不同的阶段进行，需要不同水平的技能。价值链允许在空间上分解这些阶段，以便那些拥有熟练（非熟练）劳动力的国家能够把劳动力投入到熟练（非熟练）技能密集型阶段。这比传统贸易更能改变总体技能需求，传统贸易要求不同强度的所有阶段在国内有部门接受任务，并可能导致劳动力市场的两极分化加剧。

第三，价值链意味着传统的贸易总量统计数据不足以正确评估贸易对劳动力市场的影响，因为它们错误地衡量了进口竞争的规模和范围。例如，当公司在离岸组装阶段但在国内保持上游阶段时，进口统计数据严重夸大了进口竞争，因为它们表明整个价值链是离岸的。即使所有阶段都是离岸的，总进口统计数据往往会错误地将竞争分配给下游产业，因为总进口统计数据表明进口商品的全部价值是由下游出口行业创造的，而实际上大部分价值是由外国上游产业提供的，这就导致下游的竞争被夸大了，但上游的竞争被低估了。

由于这三个变化，全面概述贸易对劳动力市场的影响需要一个价值链的视角。此外，价值链观点不仅与正确评估贸易是否促进就业和提高工资有关，而且还改变了随后的政策建议。例如，当贸易冲击在各经济体内更广泛地蔓延时，当竞争的程度越来越小时，就越来越难以将因贸易而利益受损的个人作为目标。

本章说明了从价值链的角度来看，贸易可能会提高总就业率和实际工资水平。因为许多经济部门不是通过直接贸易，而是通过投入产出联系从贸易中受益，而进出口机会节省的成本创造了这些部门的就业机会。在制造业部门中，如果充分考虑价值链问题，贸易即使导致了发达经济体制造业就业人数下降，其对下降的影响作用也相对较小。然而，贸易助长了区域和个人的差异。一方面，由于工业倾向于区域聚集，贸易的影响在区域之间不均衡，即贸易导致经济活动存在空间差异。比如，贸易对拥有进口投入产业和出口产业地区的劳动力市场有利，但它可能对直接与外国生产者竞争的地区不利。另一方面，贸易对技能的要求有所提高，从而贸易在不同个体之间产生的影响就不同，价值链的兴起也加剧了这一趋势。因此，为了避免贸易在全球化趋势下对区域和个人产生利益分配不均问题，有必要采取政策干预措施。正如上面所述，发达经济体服务业的就业主要来自制造业以外的其他部门。随着越来越多的服务业通过投入产出联系变成可交易的或与国外竞争和需求联系在一起，贸易对劳动力市场的总效应越来越不同于其对制造业的影响，这进一步凸显出价值链视角对贸易和劳动力市场关系评估的重要性。

5.1.2 国际贸易的产出效应

国际贸易理论通常认为，贸易不应对总就业水平产生重大影响。学者们倾向于预测，通过在企业和部门之间转移资源，贸易会产生二阶效应，如果劳动力市场摩擦是部门或企业特有的，则会影响总就业（Helpman和Itskokki，2010）。然而，他们强调，失业的主要决定因素是国家、部门和企业特定的劳动力市场结构。

描述性统计与经济理论的预测大体一致。与发达国家相对普遍的看法不同，劳动力市场结构的总体趋势，如劳动力参与率、就业与人口比率、失业率或实际工资自20世纪90年代初以来除了与大衰退有关的变化（世界贸易组织，2017）外，没有出现剧烈变化。发达国家普遍没有失业率上升或劳动力参与率下降的趋势，这可能与全球化或更具体地说与南北贸易的扩大有关。然而，可以观察到的是各国就业指标水平的差异，这表明特定国家的因素在解释劳动力市场结构方面发挥了重要作用。

当然，理论可以建立在错误的假设之上，而描述性统计则可能产生误导。因此，重要的是要检查以往文献，看它能否证实了预测。在评估贸易与总就业之间的关系时，采用了不同的方法，所有方法都与理论和简单的相关性大体一致。例如，估计贸易政策或贸易开放度变化对就业变化的影响的跨国经济计量研究发现，贸易冲击使失业率有一定幅度的降低。据估计，关税降低1%将使失业率降低约0.35%，而贸易开放度提高10%将使总失业率降低约0.75个百分点（Dutt等，2009；Felbermayr等，2011）。利用新的增值贸易统计数据，一项研究发现，2004年欧盟扩大导致欧盟15个国家的就业增长高达0.11%（Kaplan等，2018）。

同样，对贸易引起劳动力需求变化的投入产出分析发现，从1995年到2011年，贸易为美国经济额外提供了近100万个就业岗位，主要是由于服务出口的增加（Feenstra，2017）。本章研究的一个重要特点是，它强调了投入产出联系对成果的重要性。例如，出口在服务业创造了410万个额外就业机会，其中约140万个就业机会不是由于服务出口，而是通过跨部门价值链嵌入制造业出口服务而产生的机会。其他研究通过模拟贸易流或贸易结构模型中政策变化的影响来估计贸易对总就业的影响。这种方法的应用得出了非常相似的结论。例如，对中国进口竞争上升的分析表明，由于受益于廉价进口投入的服务业扩张，美国的就业率总体是上升的趋势（Adao等，2019；Caliendo等，2019）。关于《北美自由贸易协议》的一项相关研究强调了在这种方法中考虑投入产出联系的相关性，表明在缺乏这种联系的情况下，某些影响被低估了50%（Caliendo等，2019）。

一项采用类似方法的研究发现，英国和欧盟27国之间恢复最惠国关税将导致英国和欧盟27国的大量失业。同样的模型预测，一项潜在的欧盟-美国贸易协定，将消除所有进口关税，减少非关税壁垒，将在美国创造约35万个就业机会，在欧盟创造超过100万个就业机会。然而，报告强调，这些政策冲击的就业效应中，60%~72%是由价值链联系造成的间接影响，而不是直接影响（Vandenbussche等，2017；Vandenbussche等，2018）。这两项研究的优势在于，它们依赖增值贸易数据，因此避免了Jakubik和Stol-Zenburg（2018）指出的总贸易数据的陷阱。

国家效应也可以从国内研究中推断出来。一项利用美国各个州对中国进口竞争差异性的研究发现，由于贸易对制造业就业的负面影响会被贸易带来的服务业收益所抵消，在进口竞争暴露程度较高的地区，劳动力市场的表现优于暴露程度较低的劳动力市场。如果进口竞争暴露较少的劳动力市场仅因贸易而导致最低的就业并引起工资变化，那么贸易对国家一级劳动力市场结构的影响应该是积极的。因此，这种方法进一步证实了贸易导致劳动力市场结构温和但积极变化的发现。有趣的是，该研究也强调，类似于Feenstra（2017）和Caliendo等（2019）的研究结论，从中国制造业投入中获益的是本地服务业的就业增长。考虑到应用多种方法的研究结果相对一致，可以肯定地得出结论，贸易对发达经济体劳动力市场总产出的影响较小，但却是积极的。由于发达经济体的产业结构不断变化，这些收益主要集中在许多高收入国家具有比较优势的服务业。再次，从价值链的角度评估对结果有重大影响。

5.2 发展中国家的全球价值链贸易与就业

5.2.1 对就业和工资的直接影响

分析全球价值链对发展中国家就业影响的第一步，不仅应考虑对就业和工资的直接影响，还应考虑到对全国范围内各经济部门工人的影响，但关于全球价值链与劳动力市场之间关系的文献却较少。实证研究通常局限于个别国家的研究，主要集中于高收入国家。

Meng等（2018）使用基于全球价值链的结构分解方法来确定与国家一级就业变化相关的决定因素。这种分解以2002—2007年、2007—2009年和2009—2014年期间按不变价格计算的世界投入产出数据库（WIOD）为基础，目的是更好地了解全球价值链如何影响国家的就业。

利用结构分解方法，可以用国内最终需求变化、国内生产技术变化、进出口变化等几个因素来解释就业在两个不同时间点之间的变化。

此外，这一工具可用来衡量就业中的变化有多大程度是由这些因素造成的。与以前的研究不同，本章遵循了Wang等（2017）所使用的方法，明确将国际贸易的影响分为与传统贸易、简单全球价值链和复杂全球价值链有关的影响。这不仅有助于确定全球价值链参与的变化如何影响就业，而且还有助于衡量其他因素如何通过各种全球价值链途径影响就业。在该模型中，一国就业的变化被分解为劳动生产率的变化、全球价值链生产网络的变化（进一步解释为纯国内价值链、简单的全球价值链和复杂的全球价值链的变化）和最终需求的变化（进一步解释为最终需求水平的变化、家庭/政府/投资偏好的变化以及国内支出结构的变化）。将所有效应进行加总，就可以得出国家一级就业机会的总变化率。

参与全球价值链（特别是在跨境交易发生两倍以上的复杂全球价值链）与5个国家的就业增加有关。然而，从2009年到2014年，与Meng等（2018）分析的较早时期相比，参与复杂全球价值链带来的积极影响越来越小。简单全球价值链变化对所有国家的影响不再像以前那样积极。因此，自2002—2007年和2007—2009年以来，全球价值链在增加就业方面的作用有所下降。就业增长最重要的因素是国内和国外最终需求的增加，而劳动生产率（每个工人的产出）的提高是导致就业减少的最重要因素。

其他文献证实了参与全球价值链和就业增长之间的正相关关系。世界银行2016年出版的《财富》一书显示，根据2000年至2010年南亚服装部门的数据，当一个国家的服装产量增长1%（以此作为服装出口的指标）时，就业增加了0.3%~0.4%，这增加了整体福利，因为工人离开了农业或非正规部门，转而从事这些报酬更高、附加值更高的工作。总体而言，这些案例研究表明，因为参与全球价值链提供了就业和收入增长的机会，同时也改善了福利。

Shepherd和Stone（2012）利用经合组织和巴西、印度尼西亚、中国和南非等新兴经济体的企业层面数据进行了固定效应回归，实证检验了劳动成果与全球价值链参与之间的关系，发现与国际联系更紧密的公司，即进口、出口和外资企业，作为全球风险投资参与的代表，具有更高的就业水平。国际化对新兴市场劳动力需求的积极影响大于对经合组织国家的积极影响。此外，Shepherd和Stone（2012）还发现，国际联系越紧密的公司，工资水平越高。

全球价值链一体化与就业水平之间的关系不一定在所有情况下都是积极的。在全球价值链中，商品和服务的进口（后向全球价值链参与）与中间产品的出口（前向全球价值链参与）同样重要，在全球价值链中，开放进口往往是成功出口的先决条件。然而，劳动力市场可能存在进口竞争效应。就印度而言，Banga（2013）审查了1995—2011年间参加全球价值链对就业的行业层面的影响。运用固定效应和GMM估计模型，分析出口中的外国增加值、中间产品出口中的国内增加值对就业增长的影响。结果表明，更紧密的后向联系对印度的就业增长有负面影响，对非制造业的影响更大。然而，更紧密的前向联系对就业没有任何影响。

全球价值链的参与将对就业的去向、就业类型以及就业者产生其他分布影响。例如，全球价值链的参与也对性别问题的结果产生了重要影响。有案例表明，在劳动密集型价值链中，女性比男性承担更多的工作；全球价值链参与也会导致性别不平等，如部门之间和部门内部都存在性别隔离，女工更有可能位于价值链中增值较低的部分；妇女往往在资产、教育、经验和社会资本等方面面临不利条件，使她们难以获得参加全球价值链所带来的更好的工作。Shepherd和Stone（2012）也发现，具有国际联系的公司雇用女性员工的比例更高，这证明国际联系为妇女进入正规劳动力市场提供了更多的机会。

就业和工资增长既可以直接发生在出口公司内部，也可以通过这些公司对国内经济商品和服务的需求间接发生。因此，全球价值链与国内劳动力的互动程度取决于出口公司与国内投入供应公司之间的联系。越南是一个从贸易机会中受益匪浅的国家，出口直接和间接地支持就业，其中制造业出口在就业岗位的创造上发挥着主导作用。

就业类型还取决于企业在价值链内开展的活动类型，这也关系到全球价值链的发展。正如Shepherd和Stone（2012）所指出的，装配作业对劳动力市场的影响与高技术生产过程不同，装配作业是相对低工资和低技能的，高技术产业往往对熟练劳动力的需求相对更多，工资也相应更高。

5.2.2 劳动力市场溢出效应

对全球价值链贸易的工人还有其他的发展影响吗？全球价值链冲击劳动力市场的机会超出了它们对就业和工资的直接和间接影响。只要全球价值链的参与支持发展中国家的国内公司进出口，就可以成为全球价值链参与支持溢出效应的一个关键渠道。

第一，这可以通过信息获取和市场开放来实现（Shepherd和Stone，2012），也可以通过进口包含知识和技术的投入来实现。主导企业和供应商之间全球价值链关系的治理结构为知识溢出提供了额外的机制。买方和供应商不仅交换货物和服务，而且还交流技术。根据定性数据分析，和那些与领先公司没有联系的公司相比，加入全球价值链的公司，即治理结构以牵头公司为特征的公司，更有可能制定提高就业质量的就业战略（Gyeke Dako等，2017）。隐性知识中的学习效果和反馈循环也来自使用更复杂的技术（Macgarvie，2006）。同样，进口和创新能力之间也存在着自我增强的互补性（Boeler等，2015）。

第二，由雇主赞助的全球价值链内的培训也可以成为技能发展的有效机制。在柬埔寨，出口商和国外公司向工人提供培训的比率高于非出口商或国内公司。劳工组织和国家就业局开展的2012年雇主技能需求调查提供了关于所有权培训（外国、柬埔寨）和主要市场（国际、地方）的信息。近3/4的外国公司和出口公司为工人提供培训，而国内公司和服务于国家市场的公司分别占57%和61%。

第三，全球价值链的参与也可能带来更好的工作条件，因为各国政府寻求遵守买方关于工人健康、安全和待遇的标准。在全球价值链的就业更好地维护了工人权利的情况下，它可以促进社会福祉。但是，这种就业往往是不安全和得不到保护的，而且不一定能确保工作体面和为更易受伤害的工人支付更高的工资。全球价值链上的价格下行压力同时导致了负面的社会影响。但是，这些结果不一定会实际发生，通过实施相关政策可以改善工作条件（下面讨论）。

第四，增长和生产力溢出对参与全球价值链的发展中国家也具有实质性意义。例如，获得更便宜或更多样化的品种，以及进口投入与国内产品之间的互补性会提高生产率，这比从较低价格或更高质量的外国投入中直接获益更为重要（Goldberg等，2010；Halpern等，2015）。Boffa等（2018）表明，中国中间产品供应的增加为中等收入国家带来了产出和增值。

中国商品和服务的供应量的增加对其他国家的进口竞争部门的就业构成了压力。然而，在国际生产共享的背景下，来自中国的廉价中间产品也可能为一些国家提供竞争机会。

中国的进口渗透冲击对贸易伙伴的产出及其增加值很重要，但对不同层次国家收入的影响却不同。对于高收入国家来说，中国商品进口渗透率的提高与总产出及其增加值的下降有关。然而，中高收入国家似乎通过深化与中国的贸易一体化而受益，在中国，较高的进口渗透率与总产出及其增加值的增长有关。对于低收入国家来说，一旦加入额外的干预措施，结果就是不确定的。总的来说，中国的市场渗透对一些发展中国家来说是一个机遇，而不是一个威胁。

国内生产与中国进口产品的互补性或替代性程度，可能是形成这些不同结果的一个因素。如果是替代品生产结构，中国的进口渗透可能会取代当地生产商。另外，如果中国的贸易伙伴的生产结构与中国的生产结构互补，那么其在增加值和产出方面可能会受益，中国需要为自己的生产提供投入，这可能会由于区域间的联系而刺激外国增加供给。

5.3 全球价值链与制造业就业

相对于技术驱动的生产率提高或服务业偏好的变化等因素而言，进口是否导致了发达经济体制造业就业人数下降，以及进口在多大程度上导致了发达经济体制造业就业人数的下降，是贸易和劳动力市场争论中最有争议的问题之一。几十年来，在所有高收入经济体中，制造业就业人数在总就业人数中所占的比例一直在稳步下降，这可能是因为制造业就业岗位总是会支付溢价，而贸易一直并将继续被认为是制造业员工失业的罪魁祸首。

20世纪90年代和21世纪初的经济研究表明，在遭遇贸易冲击之后，进口竞争行业的就业与出口导向行业的就业相对应。最近关于中国进口竞争加剧对美国劳动力市场的影响的研究发现了类似的结果，并引发了关于贸易在解释制造业就业岗位流失中的作用的激烈辩论。1965—2000年间，美国制造业就业人数稳定在1 800万左右，2001—2007年间下降了18%。根据主流媒体、博客和政策简报中“封底”计算得出的贸易造成的就业岗位流失比例在1%～20%之间，其中一位作者甚至声称，美国制造业贸易逆差的增长可以解释几乎所有2000—2007年间制造业岗位的流失。

更为严格的经济分析支持了贸易作用有限的说法，通过比较美国本地劳动力市场来研究中国进口竞争加剧对美国劳动力市场的影响这一观点，发现贸易只能解释制造业就业25%左右的下降原因，在几个欧洲国家也可以观察到类似但不太明显的趋势（Donoso等，2015；Balsvik等，2015；Malgouyres，2017）。也有证据显示得出了相反结论，发达经济体通过与中国进行贸易获得了巨大的生产力增长，但就业机会却大幅减少（Ahn和Duval，2017）。而另一项研究驳斥了这个相反结论，对美国制造业就业的不利影响是由于中国加入世贸组织后消除了关税不确定性，而不是由降低关税后的贸易形势造成的。

一种可能的解释是，在贸易服务部门（如商业服务、研发、设计或金融服务），发达经济体通过在这些领域采用更专业的技术来应对成品进口竞争的加剧。然而，从制造业到服务业的转变在微观层面上并不顺利，如观察德国各行业之间的工人流动会发现，几乎没有证据表明服务业就业的增加来自在职的制造业工人，他们直接转换工作岗位，而不经历失业期。相反，服务业的兴起是由劳动力市场年轻的进入者（他们表现出与上一代不同的部门进入行为）和（与上一代选择不同行业的）非就业海归人员推动的。

然而，贸易以外的许多因素也在推动发达经济体的非贸易部门的发展。例如，由人口变化和收入增加引起的需求模式的变化，都使服务优于制造业。此外，Bernard和Fort（2017）认为，制造业下滑的部分原因是统计上的错误归类，因为有些公司（如苹果公司）虽然参与了商品生产，但却被算作批发商，通过将这些公司重新归类为制造商，2007年美国有多达200万个工作岗位从服务业转向制造业。更值得注意的是，丹麦1994—2007年制造业就业率下降50%是由于企业将其部门隶属关系从制造业转向服务业，这意味着在这些情况下没有发生实际的失业现象（Bernard等，2017）。

贸易不仅意味着进口竞争，还意味着出口机会和价格更低的投入。最近的研究调查表明，美国制造业产品的全球出口扩张得益于中国对美国生产的廉价投入，它抵消了来自中国的进口竞争造成的就业损失（Feenstra等，2017）；在德国，尽管进口竞争加剧，中东欧的新出口机会甚至减缓了制造业就业人数的下降（Dauth等，2018）。此外，因从中国进口和境外生产美国的价格大大降低了（Amiti等，2013；Handley和Limao，2015），这可能会为企业节省大量成本，并增加消费支出。有证据表明，这些成本降低使得美国进口竞争企业能够将资源转移到它们相对于中国具有相对优势的行业，这反过来又导致这些公司的总体制造业就业人数和工资增加（Magyari，2017）。成本节约也使离岸公司扩大了在岸就业，从而使离岸行业的整体就业人数增加（Kovak等，2017）。根据最近的证据，消费支出的增加以及其他间接影响，如劳动力供应的区域间弹性，甚至可以完全抵消由于中国进口竞争造成的制造业就业损失（Adao等，2019）。

另一个重要问题是我们从价值链的角度分析价值链的重要性。在过去几十年中，价值链在国内和国际上都有相当大的扩展。从1995年到2011年，国内生产在总产量中所占的平均份额下降了8%，这表明了一个持续的分裂过程。这种生产的空间分散对贸易和劳动力市场结构有着深远的影响，忽视这些影响可能导致严重误判贸易冲击对就业和工资的影响。

在评估贸易对劳动力市场结构的影响时必须考虑到价值链的首要原因是，在过去几十年中，价值链在国家内部和国家之间的延伸大大加强了产业间和行业内的联系。这些联系意味着，贸易冲击在整个经济中传播的速度远远超过在一个垂直一体化的世界中传播的速度。例如，针对比利时的调查结果表明，虽然只有7.3%的比利时公司有出口业务，但

42.4%的出口企业直接或间接地依赖外国需求（Dhyne和Rubinova，2016）。此外，97%的比利时公司依赖外国投入，尽管直接进口仅占15%（Tintelnot等，2017）。因此，在考察贸易和劳动力市场关系时，只关注与出口和进口竞争的公司或行业意味着忽略了大部分情况。

在此背景下，研究人员重新审视了Autor等人的开创性工作，研究了中国进口竞争对美国通勤区劳动力市场结构的影响。与最初的研究不同，这项新研究从价值链的角度出发，不仅涉及生产美国从中国进口的产品的行业，而且还涉及这些行业的上游供应商和自有客户产业（Wang等，2018）。假设是，由于对供应商产品的需求减少，当供应商的客户签订合同时，其行业会受到进口竞争的损害。同时，客户行业可能从影响其供应商的进口竞争中获益，因为它们可以通过从国内供应商转向更便宜的国外供应商来降低成本，从而提高对其产品的需求，并随后增加就业机会。这符合最近的调查结果，表明从国外获得更多投入的公司也扩大了生产，并增加了国内采购量（Antràs等，2012）。

以这种价值链方式扩展进口风险的定义会削弱制造业就业调查结论的可靠性（Autor等，2013）。在制造业、就业和实际工资增长方面，受中国进口商品影响更大的通勤区，只比风险较小的地区略差（Wang等，2018）。这主要是由于下游产业创造就业机会，而下游产业的扩张可能是由于更廉价的投入。直接暴露的行业和上游行业面临相对的就业和工资损失。然而，这些综合损失被下游收益抵消，导致进口对制造业的负面影响较小。

其他研究采用不同的方法开展了类似的工作，这些方法考虑到了投入产出的联系，但未能观察到对同样规模的下游产业的积极影响（Acemoglu等，2016）。然而，他们认为，中国的进口竞争对美国2000—2007年制造业衰退的贡献大约比Autor等没有价值链视角考虑问题的人计算的相应值小1/3。下游影响程度的差异可能是由于在后一项研究中对下游和上游的不适当测量造成的。

这些研究结果的差异提出了第二个重要问题。在全球价值链时代，贸易总额统计数字可能具有误导性，因为它们忽视了本书第1章所强调的更好地用增值贸易统计数据解释复杂的跨界生产联系。特别是，最近的研究显示，许多关于中国进口竞争的研究依靠贸易总额数据，忽略了中国对美出口的高附加值、制造业出口中的高级服务和第一产业数量，以及贸易往来造成的重复计算。这三个因素在很大程度上限制了制造业的进口竞争程度的披露。如果使用更合适的贸易增加值统计数据，中国进口竞争的影响将减少约1/3（Jakubk和Stolzenburg，2018）。

5.4 全球价值链与熟练劳动力的就业

全球化的标志是发展中大国开放并加入全球贸易。一般来说，这些经济体拥有大量的非熟练劳动力，而熟练劳动力和非熟练劳动力相对于全球平均水平来说却十分稀缺。贸易要素禀赋理论预测，贸易会降低发达经济体非熟练劳动力的回报，同时提高资本和熟练劳动力的回报率。但是，开放的发展中国家应该出现相反的趋势：非熟练工人是许多发展中国家最丰富的要素，应该比其他要素的报酬增长更快。而大多数发展中国家并没有出现这种情况；相反，就业机会和工资的增加都偏向于熟练工人。

全球价值链贸易是否与发展中国家对熟练劳动力的需求增加有关？如果是，通过什么渠道？Farole等（2018）的一篇论文集中讨论了全球价值链整合的两种具体模式——后向（或“购买方”）和前向（或“销售方”），从经验上将全球价值链整合的变化与技能劳动力相对需求的变化联系起来。前向一体化的定义是将一家公司的出口纳入第三国的出口生产中。换句话说，为其他国家的出口提供中间投入。例如，捷克共和国可能生产在德国生产的汽车上的排气系统，这通常在国家部门层面上以总体水平（第三国出口中体现的国内增值）和强度（第三国出口中体现的国内增值份额）来衡量。后向一体化的定义是在出口的生产中使用外国投入；换言之，购买外国投入以出口。例如，孟加拉国可以进口巴基斯坦生产的纺织面料，用于生产孟加拉国出口的服装。这通常是在国家部门一级以总体水平（出口中增加的外国价值）和强度（外国在出口增加值总额中所占份额）来衡量的。

Farole等（2018）使用世界银行2001年、2004年、2007年、2011

年和2014年57个部门的出口劳动内容（Lacex）数据库以及大约120个国家的数据。该数据库使用来自全球贸易分析项目的输入输出数据来衡量按工人类型为生产出口支付的直接和间接工资。劳动力市场的结果是对熟练劳动力的相对需求（衡量为生产出口向熟练劳动力和非熟练劳动力支付的工资）。它既包括支付给出口部门工人的直接工资，也包括支付给为出口提供国内投入的工人的间接工资。作者在国家、部门和年份层面以及国家部门、部门年和国家年固定效应的GVC参与计量标准上，对劳动力市场结构进行了回归。然后，作者将贸易措施与一系列虚拟变量进行交互，这些虚拟变量的值为1，以反映国家收入水平（高收入、中高收入、中低收入、低收入），如果不是，则为0，以检测该利益虚拟体的联合效应。作者发现，技术工人的更高回报与GVC在购买侧的扩张有关。这适用于所有收入类别国家，特别是高收入国家和低收入国家，从而产生U形效应。低收入国家之间的强烈相关性与“全球价值链整合导致基于比较优势的专业化”的说法背道而驰，这可能导致这些国家对非熟练（低工资）劳动力的需求增加。作为买方，与全球价值链参与相关的积极的技能导向影响主要发生在投入供应部门，而出口部门对技能的相对需求较低。作者发现，在总体样本中，全球价值链卖方的参与与熟练劳动力的相对需求之间没有相关性。然而，高收入国家表现出积极的关联。

企业层面的分析也证实了全球价值链与熟练劳动力之间的正相关关系。Shepherd和Stone（2012）发现，熟练工人的数量与具有国际联系的公司（进口、出口和外国所有）之间存在着积极和重要的关系。在27个转型经济体的样本中，将概率分数匹配技术应用于企业层面的数据，发现进口投入增加了对熟练劳动力的相对需求。具体来说，它解释了进口商和非进口商在高技能工人就业比例上无条件相差1/4以上。

贸易可以通过几个渠道导致对技能的需求增加。例如，对高技能工人的相对需求的增加可能来自贸易引起的企业结构的变化。当贸易自由化创造出新的贸易机会时，生产能力最强的公司试图抓住这些机会并扩大其生产。同时，国际贸易加剧了国内市场的竞争，导致效率最低的公司销量减少甚至倒闭。高生产率的扩张型企业往往比低生产率的缩减型企业更需要技能，因此，企业构成的这种变化可能会导致对高技能工人的相对需求增加，而与行业专业化无关。此外，贸易可能会增加对技能偏向的技术变革的回报，从而进一步提高技能需求（Bustos，2011）。一些研究将劳动力需求对受教育程度较低的工人的偏见归因于全球价值链的参与和技术进步。

本章探讨了全球价值链贸易的三个额外渠道：（1）服务对全球价值链贸易的重要性；（2）产业组织在全球价值链贸易中日益复杂；（3）全球价值链和劳动力市场两极分化。

5.4.1 全球价值链和服务输入

全球价值链的出现伴随着服务业的重大变化，服务业参与全球价值链升级，并已成为各国贸易的关键。服务业作为对制造业和农业价值链的投入和作为自身价值链的投入发挥着双重作用。制成品的大部分价值来自服务业的投入；一些研究估计，服务业占世界贸易增加值的40%（Lanz和Maurer，2015）。

当全球价值链的建立改变了更多或更少技能密集型部门对投入的相对需求时，各部门技能强度的差异表示全球价值链对劳动力市场分布的影响。企业需要如管理、金融服务、电信以及审计和律师等对技能水平要求更高的服务来管理复杂的价值链（供应链），并在整个价值链（供应链）中持续生产。

加强全球价值链的构建对全球价值链密集型部门的参与以及对熟练劳动力和非技术劳动力的分配有影响。利用世界银行的出口劳动力含量数据库，测量2001—2011年南非出口中的直接和间接劳动力含量发现，全球价值链提高了对汽车和服装的参与度，这是因为对这些全球价值链部门直接雇用熟练劳动力的相对需求下降，而为全球价值链部门提供投入的部门（特别是服务部门）对间接雇用的熟练劳动力的相对需求增加了。

全球价值链整合需要利用上游投入，这些投入不仅比非全球价值链出口更加具有劳动密集性特征，而且还需要更熟练的技能，因为非全球价值链出口依赖于相对更加商品化的上游投入（Farole和Pathikonda，

2017；Taglioni和Winkler，2016）。一项关于日本跨国公司对马来西亚熟练劳动力影响的案例研究表明，将该子公司的生产网络整合到全球价值链中，促进了对技能发展的需求（特别是在管理和工程服务方面的技能）。Fernandez Stark等（2010）表明，智利近海服务行业通常雇用的技术工人比其他行业更多，并且受过高等教育，大多数是毕业于职业技校的年轻男性。

5.4.2 全球价值链和复杂的产业组织

Kidder和Dollar（2018）最近的一项研究表明，全球价值链的整合可能偏向于发展中国家更熟练的工人。这是因为全球价值链与更复杂的产业组织有关，更复杂的产业组织与出口全球价值链国家的熟练劳动力有关。

首先，Kidder和Dollar（2018）构建了一个由Wang等人提出的价值链长度的平均值，作为衡量复杂产业组织的尺度。也就是说，价值链较长的行业被认为更为复杂。衡量标准是链内生产过程的加权平均数，从产品到产品的原始投入（例如机械到金属）的加权平均数。外国中间投入企业的采购决策与外国市场价值链长度之间存在正相关关系。也就是说，贸易伙伴更有可能从价值链较长的国家进口中间产品。供应商的国内价值链长度与该供应商的进口份额之间存在明显的正相关关系。此外，这种相关性的强度随经济发展水平的不同而不同；当卖方来自高收入国家时，这种相关性更强。总的来说，买家从价值链较长的合作伙伴那里进口更多的产品，而价值链（供应链）较长的合作伙伴与高收入卖家的关系更为密切。是什么推动了这种联系？买方可能更愿意与价值链较长的供应商建立关系，以此降低国际贸易中的交易成本。在国际贸易中，在产品一级和贸易伙伴一级发生的外部交易成本很高。在贸易伙伴一级，这些交易成本可能包括信息不对称问题、语言障碍、文化差异、陌生的外国合同执行机构等。因此，供应商内部较长的价值链降低了进口商的交易成本。

其次，Kidder和Dollar（2018）通过实证检验了国内价值链长度与劳动力技能构成之间的关系，以确定价值链的延长在多大程度上能够解释技能分配模式。他们对一个国家、一个行业、一年的熟练劳动力占该行业上游全球价值链长度上的份额以及2000—2008年的其他控制变量进行回归，发现较高技能和更长的全球价值链之间存在正相关关系（技能集中在价值链长度更长的行业）。为了确定这种因果关系的方向，作者采用工具变量法，将价值链长度与中国的贸易自由化联系起来，将其视为一种外生的"中国冲击"。

中国受到生产下游贸易伙伴全球价值链长度的外在冲击，中国的进口受到中国进口关税的影响，降低进口关税对伙伴国价值链长度的影响将随行业固有的可交易性以及与中国的距离而变化。Kee和Tang（2015）指出，由于进口焦油量减少，成本降低，因此中国制造商用国内品种替代国外商品。这反过来又增加了中国商品的价值链长度，从而增加了从中国进口中间产品的贸易伙伴的全球价值链长度。因此，降低进口关税对中国国内和全球价值链都有直接影响。Kidder和Dollar（2018）通过将中国关税与贸易能力和距离指标相结合，提出了一种不同行业和贸易伙伴的价值链长度工具，该工具是贸易伙伴从中国进口中间产品的一个很好的预测工具。

Kidder和Dollar（2018）发现，价值链长度本身影响劳动力的技能构成。在发达经济体，高技能劳动力有很强的积极影响，中等技能劳动力也有中等的积极影响。在发展中经济体，高技能和中等技能劳动力都有一定的积极影响。在发达国家和发展中国家，低技能劳动力比例受到价值链长度的负面影响。研究结果与全球价值链的扩张改变了贸易对要素需求的一般影响的观点一致。如上所述，服务是可能发挥作用的机制。第一，在物流和运输等部门，需要用熟练的劳动力来管理价值链。第二，与价值链互补的服务投入，如金融、电信和商业服务，也需要熟练劳动力。

价值链内任务和活动性质的变化也会影响全球价值链参与和技能劳动力相对需求之间的关系。例如，高附加值的活动，如研发、设计、品牌开发、采购和客户支持，构成全球价值链的重要组成部分，也是相对较高的技能密集型活动。

中国提供了一个有趣的案例研究。与其他发展中国家的经验不同，中国的国内出口增加值在21世纪初有所增加。Chen等（2018）分析了中国2002—2012年间出口活动的国内增加值，以了解这一增长是否反映了价值链向高附加值、技能密集型活动的方向移动。作者从2002—2012年中国出口活动的角度分析了中国的国内附加值。作者使用职业数据和跨省投入产出表来区分四种可能的业务活动：研发、制造、营销和其他支持服务。一项活动的贡献是从事该项活动的工人基于其职业的工资收入。数据可用于中国31个省份的42个行业，构建了一个功能性的专业化指数（FS指数），该指数衡量了一个省对每个可能的商业活动的相对专业化程度。如果FS指数高于1，则认为某个省在某项商业活动中具有相对专业性。调查结果显示，中国国内出口增加值的提高是由于广东、江苏和浙江等省份的制造业扩大。此外，制造业的专业化与中国各省的人均GRP（Gross Regional Produc，地区生产总值）之间存在负相关关系。但是，出口活动的国内增值存在明显的次级国家差异。目前有越来越多的省份和城市专注于高附加值的活动，包括研发、销售和营销，特别是北京、天津和上海。因此，经济所执行的全球价值链活动变化的性质具有技术层面的含义。

5.4.3 全球价值链和劳动力市场两极分化

两极分化是指以牺牲中等技能工作为代价的低技能和高技能就业的增加，这普遍存在于许多发达经济体中。贸易可能在其中发挥了作用，因为它可以显著地影响按职业划分的就业构成。贸易在生产效率更高的行业和企业创造的新就业机会不一定与在进口竞争行业或企业中消失的就业机会相同。更确切地说，与技术相比，贸易往往会扩大对高技能工人的需求，而对中低技能工人的需求则会缩小。为了说明这一点，有必要检查贸易对特定任务需求的影响，特别是区分常规任务和非常规任务。

传统和最近的贸易理论都预测，与低技能工人相比，贸易应提高对高技能工人的需求。传统的比较优势要素禀赋理论预测，在技能相对丰富的先进经济体中，贸易将扩大对技能的相对需求。最近的一些理论指出，不仅在发达国家，贸易还可以通过其他几个渠道扩大对技能的需求。例如，对高技能工人的相对需求的增加可能来自由贸易引起的公司组成的变化。当贸易自由化带来新的贸易机会时，生产效率最高的公司试图抓住机会扩大生产，同时国际贸易加剧了国内市场的竞争，导致效率最低的公司销量减少甚至倒闭。高生产率扩张型企业往往比低生产率缩减型企业技能密集，因此，无论行业专业化程度如何，企业构成的这种变化可能会导致对高技能工人的相对需求增加（Helpman等，2010）。此外，贸易可能会增加偏向技术变革的技能的回报，这进一步提高了对高技能工人的需求（Bustos，2011）。

价值链的兴起可能加剧了这一现象，因为它不仅允许完成生产流程，还允许生产阶段离岸外包（Baldwin，2016）。理论表明，随着离岸外包成本的下降，发达经济体的企业可以将更多的生产阶段转移到发展中经济体，这将使前者能够从技术上升级，并专注于与其相对优势对应的相对技能密集型阶段。此外，外国对高质量货物的需求使出口商也要求其供应商进行技术升级，而供应商又从国外获得更便宜但要求更高的技术投入。这就导致了上升效应在价值链（供应链）中的传播。结果表明，近1/3既不进口也不出口的公司的技能强度有所增加。

实证研究支持这样一种观点，即国际贸易刺激了发达国家熟练工人的相对就业。有关法国制造企业内部技能结构的详细信息表明，当企业在法国以外销售其产品时，在市场营销和开发上雇用了相对熟练的工人（Maurin等，2002）。其他研究表明，进口竞争通过对产品和工艺创新的影响而引致技能提升。使用1996—2007年12个欧洲国家的公司级数据，Bloom等（2016）估计2000—2007年间，与中国进行贸易的增加量约占欧洲技术升级的15%。他们还指出，技术升级对熟练工人的相对就业产生了重大影响。支持这一证据的是，1996—2007年对比利时公司的分析表明，来自中国的进口竞争导致了低技术产业的技术升级（Mion和Zhu，2013）。

来自法国的确凿证据表明，离岸外包与对生产工人的相对需求较低有关，尤其是对技术较差的工人。1986—1992年，法国制造企业增加了最终产品的进口，因此很可能在组装阶段进行海外生产，将劳动力构成改为非生产活动，如营销或分销（Biscourp和Krama，2007）。来自同一项研究的证据还表明，所有类型的海外外包，无论是最终产品的国外采购还是中间投入，都与技术工人（如工程师或技术人员）在剩余生产工人中所占比例的增加有关。有趣的是，本研究中的就业变化是由于离岸外包给其他经合组织国家造成的，这表明来自高收入国家的企业内部的技能升级不一定与离岸外包到低工资国家有关。相反，这似乎与一般国外市场的采购增加有关。来自美国的证据进一步表明，与生产工人相比，从中国进口中间投入品的非生产工人的相对就业率略有增加（Wright，2014）。随着中国国内价值链的发展，这种技术提升效应被放大，使得专业化程度更高（Dollar等，2018）。

与职业特征有关的最新数据使研究人员能够更好地描述工作性质的最近变化和每项职业所需完成的任务，而不是高技能和低技能的二分法。工人所执行的任务类型也决定了一份工作是否适合于离岸工作，以及它是否容易受到来自低工资国家的进口竞争的影响：需要重复的、容易编纂的任务的职业很容易被重新定位或实行自动化。需要抽象思维、面对面交流的非常规职业的可交易性和自动化程度要低得多。由于常规任务往往是中等技能、低技能和抽象任务，因此随着贸易自由化和技术逻辑的进步，劳动力市场可能出现两极分化。

企业和工人层面的证据表明，离岸外包和进口竞争对非常规职业的需求有很小的正面影响，从而影响到工作，形成两极分化。例如，德国跨国企业的离岸业务与陆上工厂的非常规和互动任务增加有关，高技能工人的比例更高，约占这些变化的10%~15%（Becker等，2013）。最近另一项研究表明，在丹麦，来自低工资国家的进口竞争导致了常规的中等技能制造业职业的减少，从而促使就业总体转向高技能和低技能职业（Keller和Utar，2016）。来自美国和西欧的证据表明，在职业层面（而不是在行业层面）的进口竞争加剧，以及对低收入国家的离岸外包，导致日常工作中低技能和中等技能职业的实际工资相对下降（Ebenstein等，2014）。进口竞争和离岸外包还发现，与出口公司相比，受影响企业工人的就业率和工资有所下降，从而导致技能群体和公司之间的工资两极分化（Hakkala和Huttunen，2016；Utar，2016；Hummels等，2014）。最后，服务离岸外包也导致对非常规职业的高技能工人的相对需求增加，但在经济上影响很小（Crinò，2010；Crinò，2012）。

然而，考虑到更广泛的潜在两极分化驱动因素的研究发现，技术在推动两极分化方面比价值链中的进口竞争或离岸竞争更为重要（Goos等，2014；Autor等，2015；朱，2017）。最近的两项研究为全球价值链的兴起提供了明确的会计依据。首先建立了全球价值链中基于任务的生产模型，并将所观察到的职业劳动力需求变化分解为自动化和离岸部分。报告发现，虽然这两个因素都促成了发达经济体的两极分化，但自动化的影响占主导地位（Reijnders和De Vries，2018）。第二项研究更进一步将美国劳动力需求的变化分解为加入全球价值链、来自中国最终产品进口的竞争以及自动化。结果表明，来自中国的进口竞争增加了低技能就业的比例，而参与全球价值链则使高技能就业的比例增加。因此，贸易作为两者的结合，助长了两极分化。然而，与对技术作用的估计相比，贸易的结果相形见绌。

与确切的驱动因素无关，相对于低技能或中等技能工人而言，对高技能工人需求的增加可以转化为熟练工人所占比例的上升，技能溢价的上升，或者两者兼而有之。在短期内，拥有特定技能的工人的供应往往是固定的，对技能的需求增加将导致技能溢价的上升，即高技能工人和低技能工人的工资比率。这种较高的技能溢价是工人提高技能水平和获得适当类型技能的信号。当技能供给对市场变化作出反应时，高技能工人的就业率增加，技能溢价趋于下降。因此，技能溢价的上升可以成为提高劳动力技能，进而促进经济发展的重要机制。如果劳动力市场僵化，技能供给对技能溢价上升的反应可能需要几年时间，导致持续的工资两极分化。调整的难易程度主要取决于工人的特点，高技能工人可以比低技能工人更快地适应技能需求的变化，而低技能工人的技能提升或新技能培养需要更多的时间。

来自美国劳动力市场的证据表明，低工资工人主要在制造业部门中流动，在制造业部门中，他们反复暴露在随后的贸易冲击中，而高工资工人更容易在收入损失最小的情况下跨雇主流动，并且更有可能离开。即当他们离开制造业，许多面临进口竞争的工人也被证明在他们找到低技能服务工作时会遭受收入损失（Ebenstein等，2014）。丹麦的证据表明，从事需要认知技能的职业的工人要么继续从事中等收入的工作，要么继续向上发展，因此不会受到影响，也不会受益于进口竞争（Keller和Utar，2016）。研究还表明，以制造业为重点的职业培训，使中等收入工人在工作中不易受到工资下降的影响，但这并不能防止他们被迫从事低工资工作。另外，以信息技术为重点的中等后续教育和职业培训可以防止工人不得不转移到低工资工作岗位，如果他们面临来自低工资国家的进口竞争，则极有可能转移到高工资工作岗位。

第6章 全球价值链变革影响就业的渠道与机制

6.1 全球价值链影响劳动力市场的机制

6.1.1 劳动力需求

一国参与全球价值链分工对本国就业水平的影响有两个途径：(1) 替代效应：中间品或生产要素的进口会对本国的劳动力要素产生替代，从而对本国劳动力需求产生影响；(2) 规模效应：最终品的进口或出口将通过影响企业的产出规模，对劳动力需求产生不同影响。具体传导机制如下。

首先，一国对中间品进口的增加将会通过替代效应影响对本国劳动力的需求。其一是中间品生产中要使用的国外劳动力要素对本国劳动力要素的替代，一国参与全球价值链，替代效应会使得劳动力成本占比较高的企业减少对本国劳动力的需求；其二是中间品进口的增加会加大对本土下游企业的需求，从而带动下游企业就业的增加，但也会影响到与进口国企业直接竞争的本国企业的就业；其三是资本、技术要素密集的中间品对本国劳动力要素的替代，这一替代效应一方面会减少对与原有技术匹配的低技能劳动力的需求，另一方面会增加对与资本、技术密集中间品匹配的高技能劳动力的需求。因此，替代效应对劳动力需求的作用不确定。

其次，一国对最终品进口或出口的增加将通过影响本国企业的产出规模来影响本国劳动力的需求。一方面，本国企业进口最终品将增加本土同行业内的竞争压力，使得本国同行业对劳动力的需求减少。另一方面，本国企业出口最终品代表企业面对的市场规模扩大，本国企业面临的竞争程度上升，这会使得本国企业的规模效应增大，单位劳动力的产出增大；同时由于市场规模的扩大会导致对劳动力的需求增加。两者共同作用影响本国劳动力需求。

综上所述，一国在进口和出口中所面临的替代效应和规模效应将共同作用从而对本国的劳动力需求产生影响。无论是中间品或最终品的替代效应，还是最终品的规模效应，两者综合作用对劳动力的影响不确定。

6.1.2 就业结构

贸易对就业结构的影响主要包括三个方面：劳动力的部门结构变化、技能结构变化和性别结构变化。

贸易不仅会带来产业结构的变化，也会导致劳动力在不同产业部门之间的转移。由于发达国家在商务服务、研发、设计或金融服务等可贸易服务方面具有相对优势，因此贸易会使得发达国家向可贸易服务业方向发展。贸易虽然会减少制造业就业，但也会越来越多地创造服务业的就业机会。服务业作为就业和劳动收入来源的重要性越来越强。对发展中国家而言，因为发展中国家进入外国市场的机会增加，劳动力从农业部门转移到服务业和制造业，从国有企业转向其他部门和外资企业，从家庭流向企业，加速就业结构从初级产业部门向工业和服务业转移。

根据传统的要素禀赋理论和比较优势理论，在技术相对先进的发达经济体，贸易会增加对高技能劳动力的需求；在技能相对稀缺的低收入经济体，贸易可能会增加对低技能劳动力的相对需求。但近期的理论研究显示，无论是发达国家还是发展中国家，贸易都会使高技能工人的需求增加。

随着全球经济深度一体化趋势的不断加强，离岸外包价格下降，跨国公司在全球范围内配置资源，将不是核心竞争力的生产环节转移到发展中国家，而发达国家专注于技术密集型产业，从而对高技能劳动力的需求增加。同时，外包的转移也提高了发展中国家对高技能劳动力的需求。最终，在全球价值链的国际背景下，无论是发达国家还是发展中国家，贸易都刺激了对高技能劳动力的需求。除此之外，因为国际贸易会加剧国内市场竞争，导致企业分化，低生产率的企业会减产甚至倒闭，高生产率的企业则会不断扩展，这种企业结构变化导致对高技能工人的需求增加及技能溢价的提升。高技能劳动力工资的提高，会促使工人提高自身的技能水平，从而使得高技能劳动力就业占比逐渐提高。因此，贸易可能最终会刺激全球就业市场对高技能劳动力的需求。

贸易不仅会影响劳动力部门结构、技能结构，还会影响性别结构，为女性提供更多的就业机会，主要体现在以下四个方面。①贸易开放会促使发展中国家妇女的就业机会增加。由于女性在发展中国家低技能工作中占主体，贸易开放会为女性就业提供更多的机会。②贸易的竞争效应会减少对女性的就业歧视，缩小男女工资差距。③电子商务和全球价值链的发展使女性就业机会增加。信息技术的发展改变了国际贸易方式。由于电子商务和参与全球价值链有利于中小企业冲破进入外国市场的壁垒，促使其直接接触外国消费者和分销网络以实现规模经济，电子商务和全球价值链的发展推动了中小企业发展。在劳动力市场上，男女工资不平等，女性工资只有男性的0~45%不等（ILO，2017）。与男性相比，女性工作参与率更低，面临失业的概率更大（ILO，2018）。在发展中国家，因女企业家通常经营小型企业，女性特别是带小孩的女性就业受到劳动时间和劳动力流动限制，而电子商务等技术发展减少了交易成本，有利于妇女进入全球市场，为女性参与电子商务和全球价值链生产创造了新机遇（WTO，2017）。④贸易激励女性接受教育以获得工作机会。贸易在为熟练工人创造就业机会的同时，也激发了女性接受教育的动机和学习技能的需求，从而为女性提供了掌握更多技能的就业机会。

6.1.3 工资收入

在李嘉图模型中，劳动是唯一的生产要素，劳动生产率差异决定各国的比较优势。当一国开放实行自由贸易时，出口品相对价格上升，进口品相对价格下降，实际工资因贸易开放而提高。在特定要素模型中，特定要素收益的变化主要取决于国际贸易带来的相对价格变化。相对价格提高的部门，其特定要素受益；其他部门，特定要素受损。因劳动夹在两者中间，可以在产业间流动，以一种产品衡量的实际工资提高，而以另一种产品衡量的实际工资则下降，因而很难确定一国贸易开放后工人的工资是提高还是下降。

贸易全球化会提高平均收入水平。研究显示，可贸易部门的工人工资高于不可贸易部门。有研究将开放程度分为低、中、高三种情况，开放措施分为进口竞争、出口机遇、FDI三类。对2003—2008年智利29个部门开放的影响研究结果发现，开放的可贸易部门比不可贸易部门工资提高了18%，2008年工资提高了25%；开放的大部分部门，工资提高幅度都超过了25%（OECD，2012）。

出口企业工人的工资高于国内企业工人的工资。不同行业的工资不同，即使在同一行业，企业间工资水平也存在较大的差异。大量研究表明：与国内企业相比，出口企业规模更大，生产率更高，资本密集程度更高，工资也更高。有学者发现，与规模和技能相同的非出口企业相比，出口企业的平均工资高出5%~7%；其他研究也证实，中国、丹麦、德国、韩国、西班牙、瑞典和英国存在出口商的工资溢价。近期研究也证实，在考虑工人特点（如年龄、性别和受教育程度）的情况下，具有类似特征的工人为出口企业工作比为非出口企业工作会获得更高的工资（WTO，2017）。

进口也有利于工资提高。贸易导致资源的重新分配，使一国就业结构在业务、职业、企业或部门层面上发生变化。在发达经济体，为了应对来自低成本出口商的竞争，企业将非核心业务外包，重新配置资源，专注于技术密集型产品的生产和创新，贸易增加了对高技能工人，特别是非正规职业技能工人的相对需求。在发展中经济体，由于进口资本品、中间投入和技术诀窍促使技术扩散，对高技能的需求增加，贸易也导致发展中国家对高技能工人的需求增加。对高技能需求的增加，不仅意味着熟练工人在就业中的占比增加，而且会导致更高的技能溢价，即与低技能工人相比，高技能工人的名义工资增加了。与此同时，相关实证研究表明，贸易在使熟练工人工资提高的同时，非技术工人的工资也提高了，使低技能的工人和较贫穷的个人获得了收益。此外，贸易使贫困的低技能工人能够购买更便宜的进口品，减少了食品、服装和其他生活必需品的支出，从而在更大程度上提高了他们的购买力，间接扩大了收入（WTO，2017）。

相关研究运用60个高收入国家和发展中国家的面板数据，分析1989—2004年贸易与工资的关系发现，进口通过劳动生产率提高对工资具有很大的积极影响，其影响的路径主要是进口竞争导致产品生产由劳动生产率低的企业转移到劳动生产率高的企业，进口竞争带来的劳动生产率提高对工资产生影响（OECD，2012）。有学者利用1991—2000年印度尼西亚制造业企业数据研究发现，出口商支付的工资比国内高约8%，进口商支付的工资比国内高约15%，同时开展进出口贸易的企业所支付的工资比不从事国际贸易的公司高出约25%。也有学者利用1992—2007年加拿大88个产业（包括制造业、服务业）的数据，分析了贸易和技术变化对加拿大劳动力需求、技能结构、工资溢价和福利的影响，结果表明，加拿大因进口而失业的人数很少，每年大约只有6 000人，进出口增长对工资率没有影响。

6.2 国家层面的经济周期联动渠道

本部分将分析一国参与全球价值链对本国就业产生联动风险影响的路径，综合前面提及的理论基础以及国家间的作用机制，对全球价值链与就业联动风险的传导机制进行进一步梳理。国家与国家之间的作用机制包括需求供给效应、技术溢出效应、贸易条件效应、专业化分工效应、生产链效应（见图6-1），具体如下：

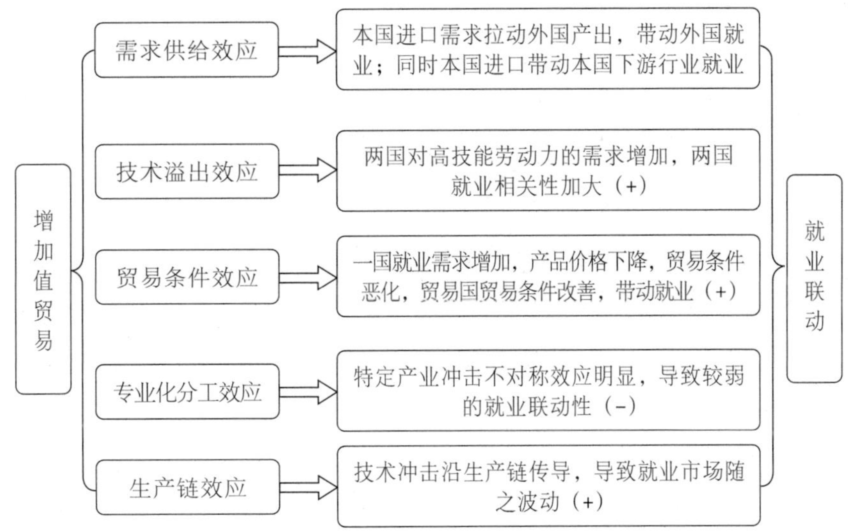

图6-1　国家层面增加值贸易对就业联动风险的影响路径

需求供给效应。贸易可以通过需求供给效应提高两国间的就业相关性。从需求角度来看，本国进口需求拉动外国产出供给。根据凯恩斯的理论，有效需求增加可以促进充分就业。同理，从供给角度看也会促进充分就业。

技术溢出效应。贸易可以通过技术溢出效应提高国家间的就业相关性。贸易会促进贸易伙伴国之间的技术交流，技术的传播会促进两国对高技能劳动力的需求，促进两国就业发生同向变动。相对于出口贸易，进口贸易是较为直接的技术溢出渠道。开放国家通过进口贸易，不仅可以进口国外高质量的最终产品，还可以引进国外先进的中间产品实现本国技术水平的提升，从而增加对高技能劳动力的需求。

贸易条件效应。贸易可以通过贸易条件效应实现两国就业发生同向变动。贸易条件指本国贸易产品与外国贸易产品的相对价格。当一国对就业需求增大时，该国产出增加，产品价格相对下降，贸易条件恶化；相对而言，其贸易伙伴国贸易条件改善，贸易条件改善通过增加要素报酬，增大对就业的需求，从而提高该国就业水平。

专业化分工效应。专业化分工效应不利于国家间的就业同向变动。在传统贸易模式下，贸易以最终产品为主，各国根据比较优势理论进行生产，产业间分工明显，使得两国在面对外部冲击时表现出较弱的联动性，特别是对特定产业的冲击，特定产业冲击不对称效应愈发明显，从而不利于国家间的就业同向变动。

生产链效应。生产链效应是针对中间产品贸易而言的。在全球价值链和经济一体化背景下，技术冲击会沿生产链在上下游国家间发生传导，导致国际经济周期沿生产链传导，最终导致就业市场也会随之波动。

综上所述，贸易通过需求供给效应、技术溢出效应、贸易条件效应和生产链效应增强国家间的就业联动，专业化分工效应会弱化国家间的就业联动。产品形式不同，贸易对就业联动的作用方向也不一致。

6.3 行业层面的上下游渠道

一国参与全球价值链分工对本国就业水平的影响有两个途径：(1) 替代效应：中间品或生产要素的进口会对本国的同行业劳动力要素产生替代，从而对本国劳动力需求产生影响；(2) 规模效应：一国对最终品进口或出口的增加将通过影响本国企业的产出规模从而影响本国劳动力的需求。具体传导机制如下：

第一，一国对中间品进口的增加将会通过替代效应影响对本国劳动力的需求。其一是中间品生产中使用的国外劳动力要素对本国同行业劳动力要素的替代，一国参与全球价值链，替代效应会使得劳动力成本占比较高的企业减少对本国劳动力的需求；其二是资本、技术要素密集的中间品对本国劳动力要素的替代，这种替代效应一方面会减少对与原有技术匹配的低技能劳动力的需求，另一方面会增加与资本、技术密集中间品匹配的高技能劳动力的需求。因此，替代效应对劳动力需求的作用不确定。

第二，一国对最终品进口或出口的增加将通过影响本国企业的产出规模来影响本国对劳动力的需求。一方面，本国企业进口最终品或中间品将增加本土同行业内的竞争压力，使得本国同行业对劳动力的需求减少。另一方面，本国企业出口最终品或中间品代表企业面对的市场规模扩大，本国企业面临的竞争程度上升，由于市场规模的扩大会增大对本国上游企业的需求，因此会带动本国上游企业就业人数增加。两者共同作用影响本国对劳动力的需求（见图6-2）。

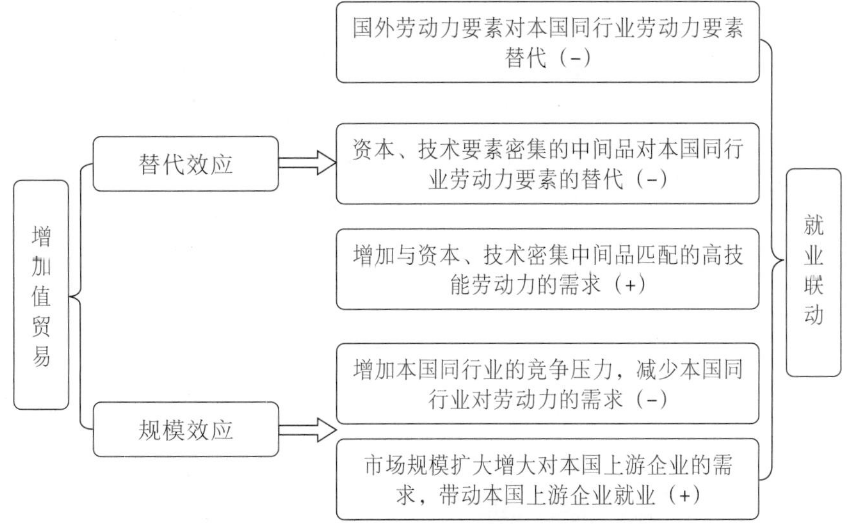

图6-2　行业层面增加值贸易对就业产生联动风险影响的路径

以中国出口到美国中间品为例。美国进口中国中间品，一是会带动美国下游企业扩大生产规模，从而使美国下游企业就业人数增加，同时下游企业需求增大，带动美国上游企业就业人数增加；二是进口的中间品替代了美国上游企业的生产，造成美国上游企业就业人数减少。综上，中国出口中间品到美国，会带动美国下游企业就业人数增加，上游企业就业不确定。

综上所述，一国在进口和出口中所面临的替代效应和规模效应将共同作用从而影响本国对劳动力的需求。无论是中间品或最终品的替代效应，还是最终品的规模效应，两者的综合作用对劳动力的影响不确定。

第7章　全球价值链影响就业的经济周期渠道检验

7.1　文献梳理与理论基础

自20世纪中期以来，世界经济平稳发展，各国开放程度不断提升。近年来，随着生产全球化日益加深，国际分工进一步细化，国家与国家之间的分工不再局限于产业间的分工，而是不断向产业内分工发展。这使得最终产品之前可以由一个国家完成，如今被分解成若干生产模块，不同生产模块对应不同的国家或地区，生产区域化会最大化地发挥本地优势，最小化生产成本。这一分工模式成为全球价值链分工的新模式，也逐步成为新时期经济全球化与国际分工的新常态，世界经济命运共同体状态愈发明显。

根据以往学者的研究发现，双边贸易对两国经济周期联动可能会存在两种相反的效应。一是若双边贸易产品是相互替代关系，会使两国经济周期联动性减弱；二是若双边贸易中间品是垂直或互补关系，会使两国经济周期联动性增强（潘文卿等，2015）。自有学者通过实证检验发现贸易参与国通常会有显著的正向经济联动性以来，研究主要围绕贸易对国际经济周期联动性的影响，但是各类研究结论并未达成共识。例如，Frankel和Rose（1998）通过20个工业国家在1959—1993年的数据发现，贸易会使两国经济周期联动趋向一致；Rana（2011）使用东亚地区的国别贸易数据，还有学者使用G7国家集团的国别层面贸易数据得出类似证据。但Ng（2010）却得出相反结论，认为一般贸易对经济周期联动有影响但不稳健，Ng（2010）甚至发现替代性贸易可能会造成贸易与经济周期联动呈反向关系。学者们大概是从两个角度进行分析的，其一是传统贸易视角，其二是增加值贸易视角。

在传统贸易视角下，相关学者发现垂直专业化对经济周期联动存在较大的正向影响；另有一些学者在国内外生产投入替代弹性较低的假设前提下，考察了垂直专业化生产和国际经济周期联动的关系，发现垂直专业化对经济周期联动存在积极影响；Ng（2010）认为虽然水平贸易对经济联动存在负向影响，但碎片化生产和垂直分工对经济联动有积极作用，甚至超过了水平贸易的影响；Di Giovanni和Levchenko（2010）使用多国制造业之间的行业数据发现，双边贸易不仅增加了与贸易伙伴国在同行业上的周期联动性，也增加了与伙伴国在其他行业间的周期联动性，其中生产的垂直联系是推动全球经济联动的重要力量，即相互使用中间产品越多的两个行业联动性越高；潘文卿等（2015）采用多国别多行业的世界投入产出表的中间品流动数据对价值链贸易与国际经济周期联动的关系进行考察，发现价值链贸易影响双边经济联动，对双边产出联动性具有“放大”作用。此外，经济距离、产业内贸易也是影响价值链贸易发挥作用的两个重要因素。

在增加值贸易视角下，Johnson（2014）考察了中间品投入对于总产出联动的影响，发现外部冲击通过中间品投入的关联对总产出产生影响。Duval等（2016）考察了增加值贸易对国际经济周期联动的影响。他们使用63个发达及发展中经济体1995—2013年增加值贸易数据检验了增加值贸易和经济周期同步性的关系，结果表明在控制了遗漏变量偏差后，双边增加值贸易强度对经济周期同步性具有显著正向的作用，且这一作用随着产业内贸易程度的加深而愈加明显。李南（2017）采用1995—2011年中国与贸易伙伴的国际投入产出表数据，探讨了增加值贸易对经济周期联动的影响，研究发现在不添加控制变量时增加值贸易强度对中国与欧盟、北美经济周期联动有显著正向影响，对中国与东亚经济周期联动保持显著负向影响。

7.2 国际经济周期模型

在生产全球化的背景下，中间品贸易已经逐渐成为贸易的主要形式。Johnson（2014）将中间品贸易引入标准的国际实际经济周期模型，构建了多国多部门的国际实际经济周期模型。

该模型假定世界上有N个国家，每个国家生产一种可以贸易的商品，生产要素为劳动和中间产品，中间产品以CES函数形式进行合计，用柯布－道格拉斯表示的生产函数为：

$$Y_i = A_i L_i^{\theta} (X_i)^{1-\theta}, X_i = \left(\sum_j \omega_{ji}^x X_{ji}^{\rho}\right)^{\frac{1}{\rho}} \tag{7-1}$$

式中，Y_i表示国家i的总产出，A_i表示生产力冲击，L_i和X_i分别表示国家i在生产过程中投入的劳动和中间产品，$1-\theta$表示中间产品所占份额，ω_{ji}^x表示来自国家j的中间产品比重。从用途的角度来看，国家i的产出不是用于中间产品投入就是用于最终消费，因此，总产出又可表示为：

$$Y_i = \sum_j C_{ij} + X_{ii} \tag{7-2}$$

每个国家有大量的相同消费者，存在以下偏好：

$$U_i\left(C_i, L_i\right) = log\left(C_i\right) - \frac{\chi^{\varepsilon}}{1+\varepsilon} L_i^{\frac{1+\varepsilon}{\varepsilon}}, C_i = \left(\sum_j \omega_{ji}^C C_{ji}^{\gamma}\right)^{\frac{1}{\gamma}} \tag{7-3}$$

式中，C_i表示国家i的最终产品消费，χ表示工作的负效用，ε表示劳动供给弹性。这样，最优解可在如下约束条件下求得总福利最大化：

$$Max \sum_i u_i \left[logC_i - \frac{\chi^{\varepsilon}}{1+\varepsilon} L_i^{\frac{1+\varepsilon}{\varepsilon}} \right] \tag{7-4}$$

$Y_i = A_i L_i^{\theta} (X_i)^{1-\theta}$并且$Y_i = \sum_j C_{ij} + X_{ii}$

假设1：假设不存在中间品贸易，则$\theta = 1$且$Y_i = A_i L_i$，那么总福利最大的一阶条件为：

$$L_i = \left(\frac{\lambda_i A_i}{\chi\mu_i}\right)^{\varepsilon} \tag{7-5}$$

$$Y_i = A_i^{1+\varepsilon}\lambda_i^{\varepsilon}(\chi\mu_i)^{-\varepsilon}$$

式中，λ_i表示国际i产出的影子价格，影子价格提高，劳动要素投入也相应增加，当存在生产力冲击时，国家i的产出变化则为：

$$\hat{Y} = (1+\varepsilon)\widehat{A_i} + \varepsilon\widehat{\lambda_i} \tag{7-6}$$

在最终产品贸易的情况下，生产力冲击可以通过改变要素供给和生产率水平使本国产出改变来缓解，同时，本国的产出变化又可通过改变本国的影子价格和国际市场上的产品相对价格使外国产出改变，使得两国产出发生联动变化，联动程度取决于要素供给弹性和影子价格的大小。假如本国出现了一个正向的技术创新冲击，会导致生产率上升和劳动供给增加，从而使本国总产出增加，而本国总产出增加又会导致本国产品相对价格下降和贸易条件恶化，这样，外国要素供给就会增加，从而使得外国总产出增加。

假设2：假设不存在最终产品贸易，且劳动供给是外生变量，则有$\omega_{ji}^{C} = 0 \forall j \neq i$，$\omega_{ji}^{C} = 1$，且$L_i = \overline{L_i}$。因此，国家$i$的总产出应该表示为：

$$Y_i = C_{ii} + \sum\nolimits_j X_{ij} \tag{7-7}$$

当存在生产力冲击时，国家i的产出变化为：

$$\hat{Y} = \Omega'\hat{Y} + \hat{A} \tag{7-8}$$

Ω是一个包含所有国家的双边投入产出矩阵，移项得：

$$\hat{Y} = [I - \Omega']^{-1}\hat{A} \tag{7-9}$$

该式表明即使只有中间品贸易，特定国家生产力冲击依然可以向其他国家传导，传导渠道为里昂惕夫逆矩阵$[I-\Omega']^{-1}$。在此情形下，生产力冲击通过改变中间产品的供给和需求，从而使得两国产出发生联动变化，联动程度依赖于里昂惕夫逆矩阵中的投入产出关联度。假定存在A、B两国，B国需使用A国的产品作为中间品投入。当A国出现正向的生产力冲击时，A国产出会增加，B国由于要使用A国产品，进而B国总产出也会增加；同理，当A国出现负向的生产力冲击时，B国总产出也会减少。

由于里昂惕夫逆矩阵中的国家间投入产出关系不仅包括两国之间的直接贸易往来，还包括与第三国、第四国等多个国家发生的间接贸易往来。因此，直接贸易的伙伴国之间的经济周期联动性不仅会受到两国直接中间产品贸易的影响，还会受到这两国与其他国家发生的间接中间产品贸易的影响。尽管这些间接的中间产品贸易并不是由直接贸易伙伴国生产的，但却是直接贸易伙伴国生产所需的，因此，也会在一定程度上对双边经济周期联动产生影响。

7.3 经济周期联动测算

7.3.1 指标测算

在已有的相关研究中，经济周期联动性的度量通常以两国实际经济活动相关性作为度量方法，计算两国实际GDP增长率或是实际GDP周期因子的相关系数。周期因子的相关系数计算方法认为，经济时间序列可以分解成“趋势”和“周期”两类因子，“周期”因子可以反映经济周期波动。目前，提取“周期”因子的主要方式是滤波技术，使用较多的滤波技术包括BP滤波、CF滤波、HP滤波，其中HP滤波的应用较为广泛。滤波技术通过提出时间序列的低频趋势从而获得周期成分，这几乎成了经济学定量研究中求解趋势成分的标准方法，但实践中各种滤波技术都存在一定缺陷。BP滤波类似于移动平均数的计算，拥有较高的精确性，但会损失样本的头尾观测值。CF滤波具有较大的灵活性，但其前提假设认为“所有非平稳过程都符合随机游走”的理论支持不足，尤其在处理小样本数据时效果不理想。HP滤波具有无限样本、不会造成样本损失、灵活性大且适合分析中国经济波动等特点，缺点是高估时间序列相关性、分析结果准确性不稳定。在获得了经济时间序列的“周期”成分后，就可以计算相应的相关系数来测度两国经济周期的联动程度。

相关系数根据是否考虑时间因素，可以分为静态相关系数和动态相关系数两类。静态相关系数包括Pearson相关系数、交叉相关系数等，尽管计算简便，但只能反映变量间的同期关系，而不能反映变量间的动态关联信息。动态相关系数将时间因素考虑进了相关系数的计算中，包括滚动Pearson相关系数、准相关系数、同步化指数等，但也存在一定缺陷，有的测量方法可能会损失部分样本观测值或者获得的变量高度自相关。

关于经济周期联动的测算，已有的研究中大多采用对该时间段的数据求相关系数，即Pearson相关系数，计算公式为：

$$corr = \frac{\sum_{i=1}^{n}(X_i - \overline{X})(Y_i - \overline{Y})}{\sqrt{\sum_{i=1}^{n}(X_i - \overline{X})^2}\sqrt{\sum_{i=1}^{n}(Y_i - \overline{Y})^2}} \tag{7-10}$$

式中，X_i和Y_i分别表示国家X和国家Y在某一时刻的GDP增长率，$\overline{X}$和$\overline{Y}$分别表示国家X和国家Y在某一段时间内的GDP增长率。$corr$表示国家X和国家Y在某一时间段的经济周期联动性，即国家X和国家Y在某一段时间的经济周期协方差与国家X和国家Y在某一段时间的经济周期标准差之比，是两个样本的协方差和标准差之比，这样便损失了样本的时间性，导致回归样本仅限于截面数据。Duval等（2016）提出了准相关系数，通过计算世界各经济体实际GDP增长率的准相关系数来衡量不同经济体的经济周期联动性。

相关系数的计算公式如下：

名称	计算公式
Pearson相关系数	$corr = \frac{\sum_{i=1}^{n}(X_i - \overline{X})(Y_i - \overline{Y})}{\sqrt{\sum_{i=1}^{n}(X_i - \overline{X})^2}\sqrt{\sum_{i=1}^{n}(Y_i - \overline{Y})^2}}$
交叉相关系数	$corr = \frac{2\sum_{i=1}^{n}((d_{i,t} - \overline{d_i})(d_{j,t} - \overline{d_j}))}{2\sqrt{\sum_{i=1}^{n}(d_{i,t} - \overline{d_i})^2\sum_{t=1}^{T}(d_{j,t} - \overline{d_j})^2}}$
滚动相关系数	$corr = \frac{\sum_{p=t-m+1}^{T}(y_{i,p} - \overline{y_{i,t}})(y_{j,p} - \overline{y_{j,t}})}{\sqrt{\sum_{p=t-m+1}^{T}(y_{i,p} - \overline{y_{i,t}})\sum_{p=t-m+1}^{T}(y_{j,p} - \overline{y_{j,t}})^2}}$ $p = t - m + 1,\cdots,t;\ t = m,\cdots,T;\ \overline{y_{j,t}} = \frac{1}{m}\sum_{p=t-m+1}^{T} y_i$
同步化指数	$corr_{ij,t} = 1 - \frac{1}{2}[\frac{(d_{i,t} - \overline{d_i})}{\sqrt{\frac{1}{T}\sum_{t=1}^{T}(d_{i,t} - \overline{d_i})^2}} - \frac{(d_{j,t} - \overline{d_j})}{\sqrt{\frac{1}{T}\sum_{t=1}^{T}(d_{j,t} - \overline{d_j})^2}}$
准相关系数	$corr_{ij,t} = \frac{(g_{i,t} - \overline{g_i})(g_{j,t} - \overline{g_j})}{\sigma_i \sigma_j}$

由于滤波技术普遍存在一定的缺陷，因此本书参考Duval等（2016）的方法，通过计算各个国家实际GDP增长率的准相关系数来衡量不同经济体之间的经济周期联动性，具体公式如下：

$$g\_corr_{ij,t} = \frac{(g_{i,t} - \overline{g_i})(g_{j,t} - \overline{g_j})}{\sigma_i \sigma_j} \tag{7-11}$$

式中，$g_{i,\ t}$和$g_{j,\ t}$分别表示t时期国家i和国家j的实际GDP增长率，$\overline{g_j}$和σ_i分别表示国家i的实际GDP增长率在样本期间的平均值和标准差。该系数的值越大，表明两国的经济周期联动程度越强。

7.3.2 现状与趋势

自20世纪后半叶以来，经济全球化日益深化，世界经济融为一体，逐渐形成“一荣俱荣，一损俱损”的紧密关联态势。近年来，随着生产全球化不断加深，经济一体化的趋势愈加明显，具体表现则是各个国家和地区的GDP增长率变动趋于一致。本书从欧洲、美洲、亚洲选取了几个具有代表性的世界主要贸易国家，图7-1为这些国家2000—2014年GDP增长率变动趋势图。

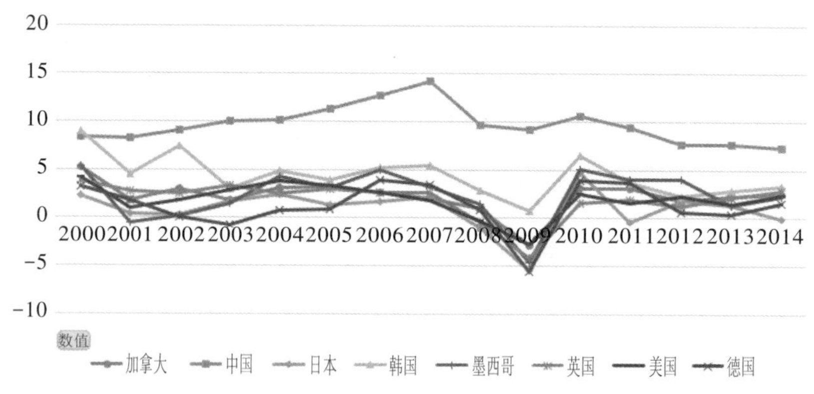

图7-1 世界主要贸易国家经济增长趋势

数据来源：Worldbank数据库。

从图7-1中可以看出，世界主要贸易国家的经济增长率具有一定的相关性，各个国家联系紧密，呈现抱团式增长。2008年美国金融危机，导致所有国家的GDP增长率出现一致下跌，这一地区性的金融危机已然影响到了全球的GDP增长率，体现了当前世界经济命运共同体的特征。

首先，从经济周期联动角度进行分析，各国经济增长率具有一定的相关性。数据显示，2000—2014年，双边经济周期联动相关系数平均值可以达到0.57。尤其是近年来，世界经济联系日益紧密，世界经济命运共同体的特征越来越明显。如图7-2所示，每张直方图代表对应年份的经济周期联动相关系数，共计15张直方图。图中各个直方图的横轴均为实际GDP增长率相关系数，纵轴均表示频数。该图详细描述了2000—2014年15年间，双边国家经济周期联动性的各年分布和变化。经济周期联动相关系数为正的“国家对”数量大于相关系数为负的“国家对”数量，这说明双边国家之间确实存在经济周期联动同步变化的现象。其次，从每年的分布情况来看，双边国家间的经济周期联动程度的分布有越来越集中的趋势，这表明各个国家开始有着相似的GDP增长率。

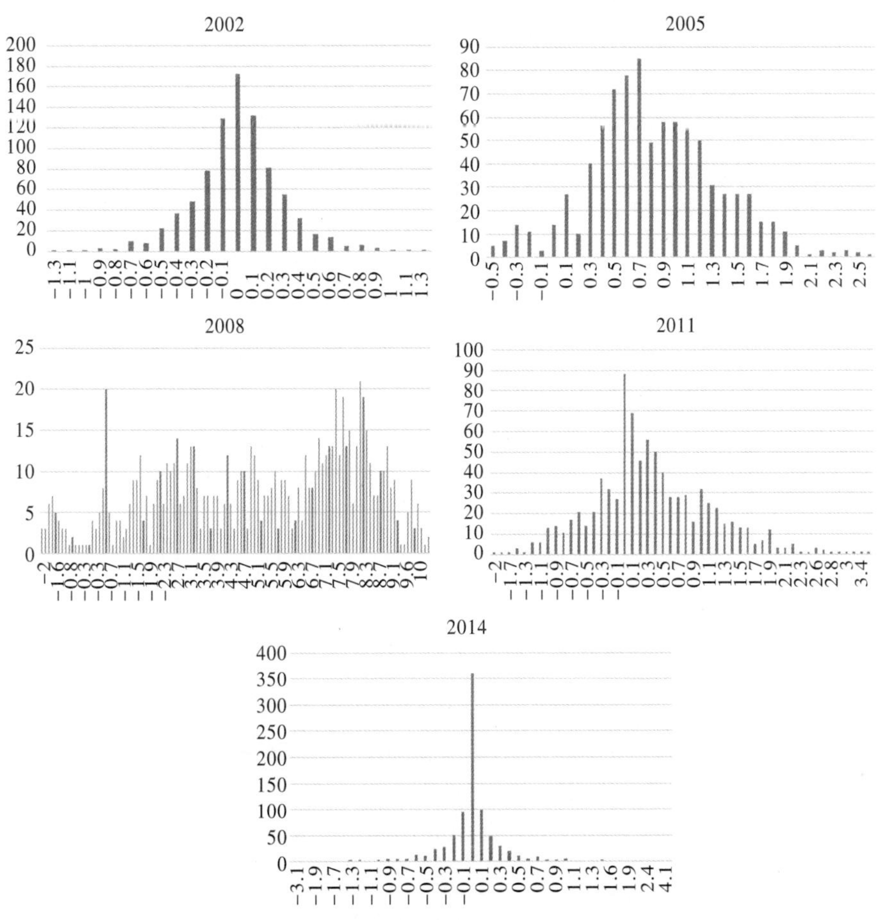

图7-2 双边国家经济周期联动相关系数直方图

数据来源：作者采用Excel绘制。

7.4 全球价值链与经济周期联动检验

7.4.1 模型设定与变量说明

本章将针对“双边价值链嵌入与就业周期联动”是否存在某种关联进行实证检验。本章所选取的数据为WIOD所包含的42个国家，时间跨度为2000—2014年，共计15年数据，将42个国家进行两两组合，样本数为12 915个，参考Ng（2010）、Duval等（2016）的办法，建立回归模型如下：

$$corr_{ij,t} = \beta_0 + \beta_1 gvc_{ij,t} + \beta_2 X_{ij,t} + \alpha_{ij} + u_{ij,t} \tag{7-12}$$

式中，$corr_{ij,t}$为t时刻，i国与j国的经济周期联动指数，$gvc_{ij,t}$为t时刻，i国与j国双边价值链嵌入度，其系数β_1的正负与大小则是本书的关注重点；$X_{ij,t}$为一系列控制变量，目的是减少遗漏变量导致的偏差，包括产业结构相似度、产业内贸易指数、全球价值链参与度指数、全球价值链地位指数；α_{ij}用以刻画国家i与国家j“国家对”固定效应，来控制“国家对”的个体异质性，$u_{ij,t}$为随机扰动项。

由于本书考察的是双边价值链嵌入度对经济周期联动的影响，因此，需要控制对经济周期联动存在影响的其他变量。虽然在模型中已经加入了一些重要的控制变量，但还会存在许多其他对经济周期联动存在影响但未加入模型中的变量。这些遗漏变量可能会影响回归结果的准确性，不利于对回归结果的分析。因此，本书参考Di Giovanni和Levchenko（2010）等通过加入国家、行业固定效应来控制遗漏变量的方法，在回归中，在国别层面上，考虑“国家对”固定效应。通过这一方法，降低遗漏变量的可能性，尽可能减少其他因素对回归结构准确性造成的干扰。并且，在后续回归中加入解释变量的滞后1期作为核心解释变量，以期控制和缓解其他内生性问题，尽可能降低内生性问题对回归结果准确性造成的干扰。

经济周期联动指数$corr_{ij,t}$。经济周期联动指数是回归模型中的被解释变量，关于经济周期联动的测算方法，大多采用将一段时间内某个趋势剔除后，再计算其相关性，这种方法只适用于截面数据，却无法在面板数据上进行应用分析。基于以上问题，Duval（2016）提出了测度国际经济周期联动的新方法，采用两国实际GDP增长率的准相关系数，用以测度两国经济周期联动水平。构建面板模型如下：

$$corr_{ij,t} = \frac{(g_{it} - \overline{g_i})(g_{jt} - \overline{g_j})}{\sigma_i \sigma_j} \tag{7-13}$$

式中，g_{it}表示t时期，国家i的GDP增长率，$\overline{g_i}$表示国家i在时间跨度内的GDP增长率平均值，σ_i表示国家i的GDP增长率在时间跨度内的标准差。

双边价值链嵌入度$gvc_{ij,t}$。双边价值链嵌入度是本书的核心解释变量，是双方国家分别吸收对方国家增加值占本国总产出的占比，并将两个占比数值进行加总。本书首先测度了国家i创造的增加值被国家j吸收的数值，然后计算该数值占国家j产出的比重，反映了国家i价值链嵌入到国家j的程度，同理，在国家i的产出中，国家j创造的增加值被国家i吸收的数值占比反映了国家j价值链嵌入到国家i的程度，两者加总，则是双边的价值链嵌入程度。构建公式如下：

$$gvc_{ij,t} = s\_gvc_{ij,t} + s\_gvc_{ji,t} \tag{7-14}$$

式中，$s_gvc_{ij,t}$表示国家j的产出中，吸收的由国家i创造的增加值的占比，$s_gvc_{ji,t}$表示国家i的产出中，吸收的由国家j创造的增加值的占比。

产业结构相似度$sis_{ij,t}$。产业结构相似度也是影响国际经济周期联动的重要因素，依据在于，具有相似产业结构的国家，在面临冲击时，可能会表现出相似的产出波动，这可能会对经济周期联动造成影响。因此，本书参考Duval（2016）的方法，构建公式如下：

$$sis_{ij,t} = -\sum_{r}^{s} |s_{i,t}^{r} - s_{j,t}^{r}| \tag{7-15}$$

式中，$s_{i,t}^{r}$表示t时期国家i的r行业创造的国内增加值在本国实际GDP中的占比，$s_{j,t}^{r}$表示t时期国家j的r行业创造的增加值在本国实际GDP中的占比。该指标以行业累加，用两国份额离差的绝对值的相反数表示，该指标值越大，表明两国产业结构越相近，在面临冲击时，产出波动也会越相近。

产业内贸易指数 $iit_{ij,\ t}$。产业结构相似度是从国家层面检验其是否对经济周期联动有影响，产业内贸易指数则是从产业角度，检验其是否对经济周期联动有影响。构建公式如下：

$$iit_{ij,t} = 1 - \frac{\sum_k |dva_{ij,t}^k - dva_{ji,t}^k|}{\sum_k (dva_{ij,t}^k + dva_{ji,t}^k)} \tag{7-16}$$

$dva_{ij,\ t}^k$ 表示在时期 t 国家 i 行业 k 创造的增加值被国家 j 行业 k 的吸收量，同理，$dva_{ji,\ t}^k$ 表示在时期 t 国家 j 行业 k 创造的增加值被国家 i 行业 k 的吸收量。该指标值越大，表明两国产业内贸易水平越高。

全球价值链参与度指数 $gvc\_pat_{ij,\ t}$。全球价值链参与度指数表示国家参与全球价值链的程度，程度越高代表国家与全球价值链上下游国家之间的联系越密切，全球价值链对该国生产活动的影响也较明显。将其纳入控制变量，依据在于随着经济全球化，全球范围内各国经济“一荣俱荣，一损俱损”的趋势越来越明显，这很可能会影响双边经济周期联动，因此将其纳入控制变量。$gvc\_pat_{ij,\ t}$ 是国家 i 和国家 j 的全球价值链参与度指数的求和，构建公式如下：

$$gvc_{pat\ ij,t} = s\_gvc\_pat_{it} + s\_gvc\_pat_{jt} \tag{7-17}$$

$$s\_gvc\_pat = gvc\_pat\_f + gvc\_pat\_b$$

式中，s_gvc_pat 代表单个国家全球价值链参与度，单个国家全球价值链参与度是该国家全球价值链前向参与度 gvc_pat_f 与全球价值链后向参与度 gvc_pat_b 的求和，

$$gvc\_pat\_f = \frac{v\_gvc}{va'} = \frac{v\_gcv\_s}{va'} + \frac{v\_gcv\_c}{va'}$$

$$gvc\_pat\_b = \frac{y\_gvc}{y'} = \frac{y\_gcv\_s}{y'} + \frac{y\_gcv\_c}{y'}$$

其中，全球价值链前向参与度 gvc_pat_f 是指国家部门通过下游公司的全球价值链活动产生的国内附加值占该国家部门总的国内增加值的份额，并进一步划分为服务业 $\frac{v\_gcv\_s}{va'}$ 和最终产品 $\frac{v\_gcv\_c}{va'}$ 两项；全球价

值链后向参与度 gvc_pat_b 指国家部门通过上游公司的全球价值链活动产生的国内附加值占该国家部门总的国内增加值的份额，同样也是划分为服务业 $\frac{y\_gcv\_s}{y'}$ 和最终产品 $\frac{y\_gcv\_c}{y'}$ 两项。

全球价值链地位指数 $gvc\_pos_{ij,\ t}$。全球价值链地位指数表示国家在全球价值链中的位置，该指数越大，表示国家处于价值链越上游的位置，数值越小表示国家处于价值链越下游的位置。$gvc\_pos_{ij,\ t}$ 表示国家 i 和国家 j 在 t 时刻的全球价值链地位指数求和，s_gvc_pos 表示单个国家在 t 时刻，全球价值链前向参与度与后向参与度自然对数的差。

$$gvc\_pos_{ij,t} = s\_gvc\_pos_{i,t} + s\_gvc\_pos_{j,t}$$

$$s\_gvc\_pos = ln(gvc\_pat\_f) - ln(gvc\_pat\_b)$$

7.4.2 数据来源与描述性统计

本书所使用数据主要来源于世界投入产出表（2016版）和IMF世界经济展望数据库，以及在此基础上计算的相关数据。世界投入产出表涵盖44个国家和地区（包含43个国家和剩余国家加总），行业数量达到56个，时间跨度为2000—2014年，对比世界投入产出表（2013版），新增国家3个，新增行业21个。

在时间跨度上，本书选取了2000—2014年的数据。在国家层面，选取了IMF世界经济展望数据库与世界投入产出表重叠部分的42个国家和地区。变量数据来源见表7-1，变量描述性统计见表7-2。

表7-1 **变量数据来源**

变量名称	数据来源	作用
国际经济周期联动指数 *corr*	IMF世界经济展望数据库	被解释变量
双边价值链嵌入度 *gvc*	World input and output database	解释变量
产业结构相似度 *iss*	World input and output database	控制变量
产业内贸易指数 *iit*	World input and output database	控制变量
全球价值链参与度 *gvc_pat*	UIBE数据库	控制变量
全球价值链地位指数 *gvc_pos*	UIBE数据库	控制变量

表7-2 变量描述性统计

变量名称	观测值	平均值	标准差	最大值	最小值
国际经济周期联动指数 *corr*	12 915	0.570	1.566	10.825	-3.793
双边价值链嵌入度 *gvc*	12 915	0.005	0.007	0.071	0.000
产业结构相似度 *iss*	12 915	-12.975	54.074	0.860	-331.026
产业内贸易指数 *iit*	12 915	0.484	0.137	0.818	0.049
全球价值链参与度 *gvc_pat*	12 915	9.586	1.205	12.990	5.613
全球价值链地位指数 *gvc_pos*	12 915	0.259	0.228	2.078	0.000
就业周期联动指数 *e_corr*	12 915	0.241	0.048	9.336	-7.927

7.4.3 回归结果分析

加入“国家对”，考虑固定效应作为基础回归，但经济周期联动与双边价值链嵌入度可能还会存在反向因果关系，会带来内生性问题。因此，在个体固定效应回归的基础上，本书加入解释变量的滞后1期作为研究的核心解释变量来控制内生性的问题。在后续回归中，以就业周期联动作为经济周期联动的替代变量，进行稳健检验。其中基础回归均为个体固定效应回归，样本量为12 915个。

表7-3为基础回归结果，均使用了个体固定效应模型。其中列（1）为基准回归，结果显示双边价值链嵌入对经济周期联动存在较为显著且正向的影响。在列（2）至（5）中，依次加入产业结构相似度、产业内贸易指数、全球价值链参与度、全球价值链地位指数控制变量后，结果均显示双边价值链嵌入对经济周期联动存在非常显著的正向影响。第（6）列中，以双边价值链嵌入度的滞后1期作为核心解释变量，以解决内生性问题，结果依然是双边价值链嵌入对经济周期联动存在非常显著的正向影响，且通过1%的显著性水平检验。

表7-3 **基础回归结果**

变量	(1)	(2)	(3)	(4)	(5)	(6)
gvc	7.457*** (1.161)	7.575*** (1.155)	4.299*** (1.147)	5.798*** (1.081)	5.284*** (1.077)	
gvc_lag						5.318*** (1.086)
iss		−0.001*** (0.000)	−0.00*** (0.000)	−0.000 (0.000)	−0.000* (0.000)	−0.000* (0.000)
iit			0.605*** (0.062)	0.501*** (0.059)	0.604*** (0.063)	0.646*** (0.064)
gvc_pat				0.071*** (0.006)	0.073*** (0.006)	0.078*** (0.006)
gvc_pos					0.189*** (0.045)	0.210*** (0.047)
样本量	12 915	12 915	12 915	12 915	12 915	12 054
个体固定效应	是	是	是	是	是	是

注：***、**、*分别表示在1%、5%、10%的水平上显著，括号内为标准差，以下同。gvc_lag表示gvc的滞后1期。

值得注意的是，回归结果中，控制变量产业结构相似度系数显著为负，这表明产业结构相似性与经济周期联动性呈负相关。这与之前做的假设不同。可能的原因是两国的产业结构越相似，则两国越可能以水平贸易为主，贸易的替代效应会大于互补效应，GVC嵌入对经济周期联动的影响可能更多地体现在互补贸易上，因此产业结构相似性与经济周期联动性呈负相关。

7.4.4 不同类型的国家回归结果

本部分在上面基础回归基础上，进行分样本回归。根据每个国家的收入水平，将样本分为发达国家间、发展中国家间、发达与发展中国家间的双边嵌入，依据是对于发达和发展中国家而言，在生产全球化中担任的角色可能不同，一般而言，发达国家掌握较多核心技术，多承担研发等角色，位于GVC中高端位置；发展中国家较多承担加工组装等角色，位于GVC中低端位置。Di Giovanni和Lecvhenko（2010）发现，发达国家之间、发展中国家之间、发达国家与发展中国家之间的贸易均对两国之间的垂直关联有贡献。我们参照IMF标准划分发达国家与发展中国家，发达国家包括：澳大利亚、奥地利、比利时、加拿大、德国、丹麦、西班牙、芬兰、法国、英国、希腊、匈牙利、爱尔兰、意大利、日本、卢森堡、荷兰、葡萄牙、瑞典和美国等20个国家，发展中国家包括保加利亚、巴西、中国、塞浦路斯、捷克、爱沙尼亚、印度、印度尼西亚、韩国[①]、立陶宛、拉脱维亚、墨西哥、马耳他、波兰、罗马尼亚、俄罗斯、斯洛伐克、斯洛文尼亚、土耳其等19个国家和地区。

如表7-4所示，列（1）为发达国家与发达国家的回归结果；列（2）为发展中国家与发展中国家的回归结果；列（3）为发展中国家与发达国家的回归结果；列（1）至（3）回归结果表明，发展中国家之间、发达与发展中国家之间，双边价值链嵌入均对经济周期联动存在显著且正向的影响，结果也印证了Di Giovanni和Levchenko（2010）的结论。

表7-4 **不同类型的国家回归结果**

变量	（1）发达国家间	（2）发展中国家间	（3）发达与发展中国家间
gvc	0.73 （1.028）	20.069*** （7.253）	7.290*** （2.265）
iss	−0.000 （0.000）	−0.015 （0.239）	−0.000 （0.000）
iit	0.528*** （0.063）	−0.063 （0.358）	0.596*** （0.127）
gvc_pat	0.050*** （0.008）	0.040 （0.029）	0.050*** （0.011）
gvc_pos	−0.044 （0.064）	0.069 （0.159）	0.387*** （0.067）
个体固定效应	是	是	是
样本量	6 975	825	5 115

注：同表7-3。

① 2021年韩国被联合国认定为发达国家——编辑注。

近年来，全球范围内自由贸易区蓬勃发展。由于自由贸易区内的成员国彻底取消商品贸易中的关税和数量限制，使商品在各成员国之间可以自由流动，因此在一定程度上可能会对增加值贸易产生影响，从而对经济周期联动产生影响。因此，本书在基础回归的基础上，将样本按照自由贸易区进行划分。目前，全球范围内具有较大影响力的区域价值链包括欧盟价值链、北美价值链和亚太价值链。因此，我们将样本划分为欧盟、北美自贸区、亚太自贸区和其他地区，从区域角度考察双边价值链嵌入对经济周期联动的影响（见表7-5）。

表7-5 **不同区域内的国家回归结果**

变量	（1）欧盟	（2）北美自贸区	（3）亚太自贸区	（4）其他地区
gvc	49.781***	-223.916	-1.459	334.110***
	（16.657）	（0.233）	（49.739）	（102.082）
iss	-0.008***	-12.821	-2.347	6.426*
	（0.001）	（19.303）	（4.243）	（3.270）
iit	-0.763*	37.605*	-2.321	4.091*
	（0.467）	（21.525）	（3.778）	（2.266）
gvc_pat	0.233***	0.836	0.435	0.254
	（0.051）	（1.240）	（0.275）	（0.437）
gvc_pos	-0.771***	4.214	-0.587	0.446
	（0.135）	（3.552）	（1.436）	（0.853）
个体固定效应	是	是	是	是
样本量	5 265	45	90	150

注：同表7-3。

表7-5中列（1）至（3）分别为欧盟、北美自贸区、亚太自贸区，列（4）为其他地区。回归结果表明，只有欧盟和其他区域内，双边价值链的相互嵌入对经济周期联动存在较为显著且正向的影响，亚太和北

美自贸区域内双边价值链嵌入对经济周期联动影响的回归，系数不显著，说明从增加值视角进行考察，亚太区域内和北美区域内的国家，价值链双边嵌入对经济周期联动的影响不显著。近些年来，尽管亚太自贸区贸易增长迅速，然而该区域内的贸易多以加工贸易为主，以中间品贸易来衡量总体贸易水平，往往会导致大量的重复计算，从而高估亚太区域内的实际贸易水平，亚太自贸区的蓬勃发展可能更多地体现在亚太与其他地区的价值链嵌入，而非自贸区内的价值链嵌入。北美自贸区包括美国、加拿大、墨西哥，回归结果表明，以增加值来衡量的三国之间的价值链嵌入程度并不高。

本部分中的欧盟区域国家包括世界投入产出数据库中所包含的欧盟27国。北美区域国家包括美国、加拿大、墨西哥3国；亚太区域国家包括中国、日本、韩国、印度尼西亚。除三个区域外的其他国家包括澳大利亚、印度、巴西、俄罗斯、土耳其5个国家。

近年来，生产全球化趋势日益明显，全球范围内价值链嵌入程度不断深化，这意味着双边价值链嵌入可能也会体现在区域间。因此，本部分将考察区域间的双边国家价值链嵌入度对经济周期联动的影响。

表7-6列（1）至（3）为欧盟与亚太区域、欧盟与北美区域、北美与亚太区域间的回归结果。结果表明，欧盟与北美的双边价值链嵌入度对经济周期联动的影响较为显著。美国和欧盟贸易合作一直较为密切，两个区域间存在大量的中间品贸易，彼此都是对方重要的贸易合作伙伴，使得欧盟与北美之间的双边价值链嵌入程度较高，对经济周期联动影响显著；列（4）至（6）为欧盟、北美、亚太与其他区域的回归结果，表明欧盟与其他区域的双边价值链嵌入度对经济周期联动的影响显著且正向，北美、亚太与其他区域的价值链嵌入对经济周期联动的影响均不显著。北美、亚太与其他区域之间较低程度的贸易规模，可能是双边价值链嵌入不显著的原因。

表7-6 不同区域间的回归结果

变量	（1）欧盟与亚太区域	（2）欧盟与北美区域	（3）北美与亚太区域	（4）欧盟与其他区域	（5）北美与其他区域	（6）亚太与其他区域
gvc	−22.789	21.358**	43.228	61.053***	55.837	51.852
	（20.746）	（43.191）	（76.734）	（17.334）	（115.681）	（37.794）
iss	−0.005**	−0.009**	−10.381**	−0.006***	−1.246	−0.691
	（0.002）	（0.004）	（5.049）	（0.002）	（4.769）	（2.450）
iit	−0.499	3.028**	1.820	0.380	2.263	4.704***
	（0.668）	（1.259）	（3.313）	（0.535）	（1.871）	（1.675）
gvc_pat	0.495***	0.308**	0.587**	0.103	−0.180***	0.528**
	（0.070）	（0.148）	（0.271）	（0.089）	（0.384）	（0.206）
gvc_pos	−0.186	−0.183	0.702	−0.074	−0.455***	−0.690**
	（0.230）	（0.402）	（1.287）	（0.190）	（1.065）	（0.839）
个体固定效应	是	是	是	是	是	是
样本量	1 800	1 350	180	2 250	225	300

注：同表7-3。

7.4.5 金融危机前后回归结果对比

本节还考虑了金融危机前后双边价值链嵌入度对就业联动性的影响效果。表7-7中的模型（1）为2001—2007年双边价值链嵌入度对就业联动性的回归结果。模型（2）为2008—2014年双边价值链嵌入度对就业联动性的回归结果。其中模型（1）和模型（2）中又分别考虑内生性采用双边价值链嵌入度滞后1期作为核心解释变量与就业联动指数进行回归。模型（1）的回归结果表明：无论是否采用核心解释变量滞后1期进行回归，2001—2007年间，双边价值链嵌入度对就业联动性均呈现出显著正向影响关系，即两国双边价值链嵌入度越强，两国间就业联动性也就越强。模型（2）的回归结果中，核心解释变量gvc并不显著。可能原因在于金融危机之后，受金融危机牵连的贸易保护主义逐渐抬头，各国产业部分开始回流本国国内，为避免因一国经济波动导致价值链上各经济体遭受经济损失，国内失业率上升，国家之间在开展贸易往来时提高了风险防范意识，就业联动性的影响也进一步降低。

表7-7 **金融危机前后回归结果**

变量	（1）金融危机之前		（2）金融危机之后	
gvc	4.685*** （1.528）		2.616 （2.531）	
lag-gvc		4.779*** （1.699）		1.588 （2.838）
iss	−0.0005*** （0.0002）	−0.0006*** （0.0002）	−0.0004 （0.0003）	−0.0002 （0.0003）
iit	0.455*** （0.0842）	0.478*** （0.0943）	0.911*** （0.126）	0.948*** （0.142）
gvc_pos	−0.440*** （0.132）	−0.391*** （0.138）	−0.142 （0.183）	−0.0714 （0.196）
gvc_pat	0.118*** （0.0243）	0.127*** （0.0249）	0.203*** （0.0328）	0.216*** （0.0338）
个体固定效应	是	是	是	是
样本量	6 026	5 166	6 027	5 166

注：同表7-3。

7.5 政策建议

我国是世界第一大货物贸易国，货物贸易在我国对外贸易总额占比超过85%，因此“稳就业”应该首先确保货物贸易的平稳发展，通过贸易政策、财政政策、金融政策综合发力，稳定货物贸易对经济增长的拉动作用，积极发挥中国在构建开放型世界经济中的引领作用。

第一，国际社会应该以命运共同体为理念，共同努力打造开放、良好的国际环境，构建开放型世界经济。中国应当继续积极发挥在构建开放型世界经济中的引领作用，构建创新、开放、联动、包容、平等的开放型世界经济，帮助稳定国际市场和社会，扭转逆全球化趋势。

第二，以建设“一带一路”为突破口。2018年，我国与“一带一路”国家贸易增速达16.3%，对比同期中国与其他国家外贸增速高约3.7%。因此，贸易政策应该向“一带一路”沿线国家倾斜，实现市场多元化战略，从而减少对美国等发达国家的过度依赖，降低贸易冲突风险，减少中美贸易战对中国就业市场的冲击。

第三，推行贸易便利化，减少贸易壁垒和贸易成本，提升产品的出口竞争力。中国目前没有形成新的竞争优势，且劳动力成本不断提高，因此应该着力推行贸易便利化，如加快推广自贸区试点，继续创新试点，减少不必要的贸易壁垒和贸易成本，保持产品的出口竞争力。

第四，充分吸取国外先进技术，以进口扩大带动国内技术创新、品牌建设等，增大我国出口竞争力优势。进口作为价值链的重要一环，是先进技术传导的直接渠道，可以带动高技能劳动力的就业。因此，我国探索稳就业的思路应该从稳定和扩大出口向统筹扩大进出口转型，从而创造我国出口竞争的新优势。

第五，扩大服务业对外开放，释放服务业和服务贸易对扩大新增就业的作用。2016年全球服务业在GDP中的占比达65.08%，而2018年我国服务业在GDP中的占比仅为52.2%，低于世界服务业的平均发展水平，对世界服务业发展的贡献不足，服务业发展和就业的市场潜力巨大。我国应以发展服务业为突破口，以供给侧结构性改革为主线，扩大生产性服务开放，提升制造业的国际竞争力。同时扩大养老、医疗、教育、文化等生活性服务开放，以开放促进服务业与服务贸易跨越式发展，创造新的就业机会。

第六，教育先行，全面深化教育改革、劳动力市场改革、金融体制改革等。目前全球就业市场发生的新变化是对高技能工人需求增加，就业模式由标准就业向非标准就业转变。这意味着良好的教育有利于增加就业机会，例如通过自主创业实现就业。为此，应完善我国扩大就业的长效机制，将教育置于改革的优先地位，扩大教育市场开放，在完善有效监管的前提下，鼓励各种不同所有制机构从事职业教育和培训、网络教育、继续教育，培养大学生、退伍军人创新创业能力，促使其进入“互联网+”、人工智能、大数据等新产业就业；深化劳动力市场改革，放宽对国际自然人流动的限制，消除阻碍劳动力、人才流动的体制机制；深化金融体制改革，增强金融服务实体经济的能力，为从事进出口贸易的民营经济和中小企业提供融资服务。

第七，在新一轮服务贸易自由化中，积极参与服务贸易规则的制定和全球贸易治理，以开放促创新，提升服务业国际竞争力，促进女性就业机会。世界贸易组织最新研究显示：物联网、人工智能和区块链有可能深刻改变国际贸易方式、贸易对象和贸易内容；数字技术可能会促进贸易，特别是促进服务贸易和发展中国家的贸易（WTO，2018）。贸易对劳动力性别结构影响的研究也显示，电子商务和全球价值链提升了女性就业机会，拓展了中小企业进入国际市场的机会。目前世界贸易已经进入第三个阶段，即以最终产品贸易为主到以中间产品贸易为主再到以数字贸易为主。作为全球规模最大的电子商务市场之一，我国已加入了电子商务规则谈判。为适应全球服务贸易规则最新变化，我国应加快推动建立法治化、市场化、国际化、便利化的营商环境，以开放促创新，提高制度创新的质量，大力促进数字贸易发展，为中小企业融入全球价值链和女性就业创造更多的机会。

第三篇
中国嵌入全球价值链的就业效应

第8章　中国嵌入GVC对双边就业联动的影响

8.1　研究背景与文献综述

8.1.1　研究背景

自20世纪后半叶以来，经济全球化日益深化，世界经济融为一体，逐渐形成“一荣俱荣，一损俱损”的紧密关联状态。近年来，随着生产全球化不断加深，经济一体化的趋势愈加明显，其中经济一体化的突出表现则是各个国家和地区的就业增长率变动趋于一致。本书从欧洲、美洲、亚洲选取了几个具有代表性的世界主要贸易国家，图8-1为这些国家2000—2014年就业增长率变动趋势图。

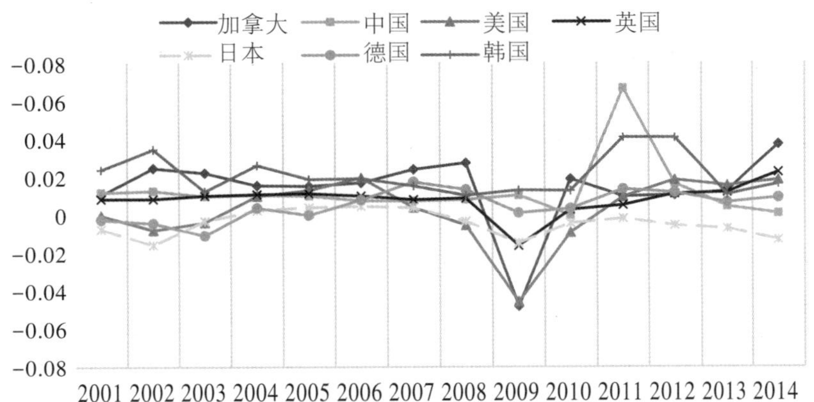

图8-1 世界主要贸易国家经济增长趋势

数据来源：WIOD数据库。

从图8-1可以看出，世界主要贸易国家的就业增长率具有一定的相关性，各个国家就业表现密切相关，呈现抱团式增长或下跌。2008年的美国金融危机，导致所有国家的就业增长率出现一致下跌，这一地区性的金融危机已然影响到了全球的整体就业增长率，体现了当前世界经济全球化共同体的特征。

各国就业增长率具有一定的相关性，尤其是近年来，世界经济联系日益紧密，世界经济命运共同体的特征越来越明显。图8-2是2001—2014年各国就业增长率直方图。图中横轴为每年就业增长率，纵轴表示频数。该图详细描述了2001—2014年14年间，就业增长率的每年分布和变化。从每年的分布情况来看，各个国家就业增长率的分布有越来越集中的趋势，这表明各个国家开始有着相似的就业增长率。

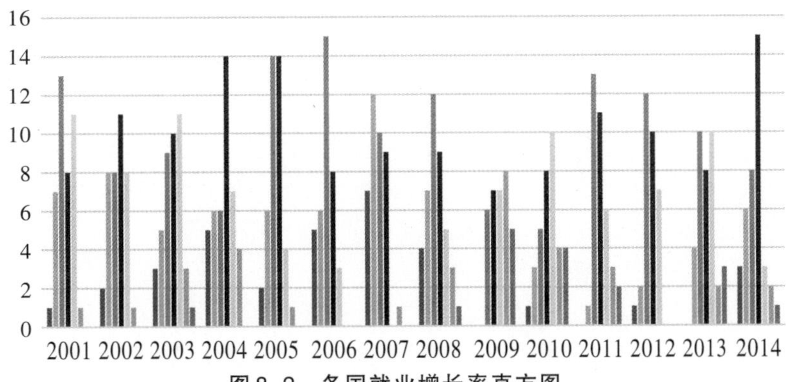

图8-2 各国就业增长率直方图

数据来源：WIOD数据库。

8.1.2 文献综述

关于研究双边贸易对两国间经济联动影响的文献中，Frankel和Rose（1998）基于1959—1993年20个工业国家的数据研究发现，双边贸易量越大，则越会促使两国间经济周期呈现趋同现象（此现象被称为FR效应）。Di Giovanni等（2010）从行业层面，利用来自55个国家28个制造业的数据进行研究发现，不同国家产业间价值链贸易强度对产业部门联动系数的影响呈现正向变化趋势。Johnson（2014）考察了中间品投入对于总产出联动的影响，发现外部冲击通过中间品投入的关联对总产出产生影响。潘文卿、娄莹和李宏彬（2015）采用多国别多行业的世界投入产出表的中间品流动数据对价值链贸易与国际经济周期联动关系进行考察，发现价值链贸易对双边经济联动呈现正向影响。Duval等（2016）考察了增加值贸易对国际经济周期联动的影响。他们使用63个发达及发展中经济体1995—2013年增加值贸易数据的研究发现，增加值贸易强度对经济联动存在正向影响，产业内贸易在促进增加值贸易影响经济周期联动中起着重要作用。唐宜红、张鹏杨和梅冬州（2018）利用行业层面双边出口的增加值分解数据，从增加值贸易视角研究全球价值链嵌入对国际经济周期联动的积极影响。杨继军（2019）在增加值核算框架下，依据价值来源地和吸收地原则对产品增加值进行分解，解释“贸易—经济联动之谜”。经研究发现，增加值贸易对经济联动存在显著的正向推动作用，但在轮轴国家与辐条国家中表现出非对称性，轮轴国家发挥着“枢纽作用”。邵宇佳和刘文革（2020）结合生产异质性理论在国际经济周期模型框架下构建了一个三国动态理论模型并对理论模拟结果进行经验检验。结果表明，无论是否存在传统意义上的贸易，增加值贸易始终可以延长经济周期，且随着双边贸易成本下降，两国经济周期联动性也会显著增强。

关于贸易对就业的影响，Hamermesh（1993）的研究发现，贸易对就业需求的影响有两种效应：（1）替代效应：在产出不变的条件下，其他中间投入品对本国劳动力的替代；（2）规模效应：由于最终产品的需求变动引发劳动力需求的变动。随后的研究大多以此为基础，分析贸易自由化对劳动力需求的影响，并对比替代效应和规模效应的作用。本部分将已有的文献研究大致分为三个视角，分别是进口视角下、出口视角下和其他视角下。

在进口视角下，部分学者关注的是贸易自由化带来的进口增加所引发的对本国劳动力需求减少的替代效应。Slaughter（2001）研究发现中间品进口会因为替代效应减少对本国劳动力的需求，最终产品的进口也会因为替代效应减少对本国劳动力的需求，然而其实证分析并不稳健。Krishna等（2001）基于土耳其的研究表明，进口贸易对企业的劳动力需求弹性的影响并不显著。

在出口视角下，区别于上述文献研究，一些学者将规模效应归因于出口规模扩大所引发的劳动力需求变化，此时出口引发的规模效应影响较为复杂，一方面，出口规模扩大代表着市场扩大，将会因规模效应导致对劳动力的需求增多；但另一方面，出口规模的扩大将使企业面临的竞争压力增大，企业也有可能因此减产甚至破产倒闭，从而减少对劳动力的需求。因此出口的规模效应对就业的影响不确定。盛斌和牛蕊等（2009）基于中国行业层面数据研究发现，出口比例的上升可以带动就业的增加，但贸易对就业的影响在不同行业间和不同技能水平的劳动力之间存在差异性。

在其他视角下，可以分为三个方面。

第一，区域贸易协定对就业的影响。相关学者研究发现，美国和加拿大自由贸易协定生效期间，加拿大贸易部门的39万人失业并非由美加贸易协定引发的，而是因为美国和加拿大两国自身经济萧条，且自身的经济萧条也并非由美加贸易协定引发的。降低关税会减少就业并显著提高生产率，在加拿大失业率提高的影响因素中，关税下降仅占15%，其他因素例如反通货膨胀的影响占85%；而在美国失业人口数量增加的影响因素中，技术的影响高达80%，进口竞争的影响仅占20%。没有确凿的证据表明，进口竞争会导致全国范围内的就业机会减少，就业岗位流失，贸易对就业的总体影响是正向的。

第二，关于开放对发展中国家劳动力市场的影响。Kluge研究了一国贸易模式或贸易战略如何影响就业，其研究的基础是要素禀赋模型，将原有的两个国家、两种商品和两种生产要素的模型扩展为m个国家、$n+1$种商品和三种生产要素的贸易模型。各国的专业化分工是由一国的土地、劳动和资本的资源禀赋决定的。由于发展中国家劳动力资源较丰富，因而生产劳动力占比高而资本占比低的商品可以显著提高本国就业率。其研究发现，贸易对就业的影响，有两种因素：一是取决于产品进口或出口产业的劳动密集度。如果出口产品比进口替代产品劳动密集型特点更明显，则产业出口的增加会扩大对劳动力的需求，从而提高本国的就业水平。二是取决于发展中国家生产要素市场的扭曲度。一般实行进口替代的国家会高估汇率，对进口资本品的补贴会促使本国企业提高资本的投入使用而非提高对劳动力的需求。实行开放的贸易政策，可以改变国内生产要素的扭曲程度，使得资本品的价格接近国际市场价格，劳动力价格相对更便宜，促使企业更多地使用劳动力，从而提高本国的就业水平。

第三，关于贸易改革前，国内的充分就业实现与否。Jansen和Lee（2017）研究发现，如果贸易改革前，国内经济没有实现充分就业或者国内经济政策、劳动力市场阻碍了调整的进程，贸易改革则会影响国内就业水平。例如，改革前，如果国内劳动力需求弹性大，农村拥有巨大的潜在劳动力供给，在现有的工资条件下，通过吸引农村劳动力，会使得出口商扩大产品出口。在此情形下，贸易全球化会促进发展中国家的经济，并非改变工资，并且贸易改革会促进工人工作条件的改善，从长远来看，贸易开放有利于提高本国就业水平。

综上所述，以往学者关于经济全球化与就业联动风险的研究，大多使用进出口规模或是中间品和最终品规模来度量全球价值链嵌入程度，或是使用区域贸易协定生效前后对比、贸易改革前后对比等作为衡量标准，使用就业需求弹性、就业率来度量就业联动风险，尽管研究背景是经济全球化与贸易自由化，但以往的研究并未深入到增加值层面，而仅仅停留在传统贸易下的进出口贸易规模，虽然有部分学者深入到中间品和最终品层面，但并未考虑贸易自由化背景下中间品多次跨越国境导致的重复计算问题。因此，针对传统贸易的重复计算问题引起的贸易数据偏差问题，非常有必要探究在增加值视角下就业联动风险的影响因素。

8.2 计量模型设定与变量说明

8.2.1 模型设定

本章将针对“双边价值链嵌入与就业联动风险”是否存在某种关联，进行实证检验分析。本章所选取的数据为WIOD所包含的42个国家，时间跨度为2000—2014年，共计15年数据，将42个国家进行两两组合，样本数为12 054个，参考Ng（2010）、Duval等（2016）的办法，建立回归模型如下：

$$corr_{ij,t} = \beta_0 + \beta_1 gvc_{ij,t} + \beta_2 X_{ij,t} + \alpha_{ij} + u_{ij,t} \quad (8\text{-}1)$$

$corr_{ij,t}$为t时刻i国与j国的就业联动风险，$gvc_{ij,t}$为t时刻i国与j国双边价值链嵌入度，其系数β_1的正负与大小则是本书的关注重点；$X_{ij,t}$为一系列控制变量，目的是减少遗漏变量导致的偏差，包括产业结构相似度、产业内贸易指数、全球价值链参与度指数、全球价值链地位指数；α_{ij}用以刻画国家i与国家j“国家对”的固定效应，来控制“国家对”的个体异质性，$u_{ij,t}$为随机扰动项。

由于本书考察的是双边价值链嵌入度对就业联动风险的影响，而Liu和Lee在2005年提出国际经济周期与就业联动存在较强的一致性，就业联动可以在一定程度上反映经济周期的变动，因此需要控制对就业联动或经济周期联动存在影响的其他变量。虽然在模型中已经加入了一些重要的控制变量，但还会存在许多其他对就业联动风险或经济周期联动存在影响但未加入模型中的变量。这些遗漏变量可能会影响回归结果的准确性，不利于对回归结果进行分析。因此，本书参考Di Giovanni和Levchenko（2010）等通过加入国家、行业固定效应来控制遗漏变量的方法，在回归中，在国别层面上，考虑“国家对”固定效应；在行业层面，考虑“行业”固定效应。通过这一方法，降低遗漏变量的可能性，尽可能减少其他因素对回归结构准确性造成的干扰，并且在后续回归中加入解释变量的滞后1期作为核心解释变量，以期控制并缓解其他内生性问题，尽可能降低内生性问题对回归结果准确性造成的干扰。

8.2.2 变量说明

就业联动风险指数$corr_{ij,\ t}$。就业联动风险是回归模型中的被解释变量，在有关经济指标联动的测算方法中，大多采用将一段时间内某个趋势剔除后，再计算其相关性，这种方法只适用于截面数据，无法在面板数据上进行应用分析。基于以上问题，Duval（2016）提出了测度国际经济周期联动的新方法，采用两国实际GDP增长率的准相关系数，用以测度两国经济周期联动水平。本书参考该方法，关于就业联动风险的测算，构建面板模型如下：

$$corr_{ij,t} = \frac{(g_{it} - \overline{g_i})(g_{jt} - \overline{g_j})}{\sigma_i \sigma_j} \tag{8-2}$$

式中，g_{it}表示t时期国家i的就业增长率，$\overline{g_i}$表示国家i在时间跨度内的就业增长率平均值，σ_i表示国家i的就业增长率在时间跨度内的标准差。

双边价值链嵌入度指数$gvc_{ij,\ t}$。双边价值链嵌入度是本书的核心解释变量，计算双方国家分别吸收对方国家增加值占本国总产出的比例，并将双方国家彼此的占比数值进行加总。本书采用Johnson和Noguera（2012）提出的增加值出口的测算方法。他们提出将增加值的吸收作为衡量两国贸易水平的方法，这一方法可以避免因中间品的多次贸易导致进出口贸易的重复计算，从而减少贸易统计误差。因此，本书将增加值贸易界定为国家i创造的增加值通过出口最终被国家j吸收的数值。测算方法如下：

假设世界上有n个国家，每个国家均有s个行业，在全球投入产出框架下，满足以下关系式：

$$
\begin{bmatrix} y_1^1 \\ \vdots \\ y_1^s \\ \vdots \\ y_n^1 \\ \vdots \\ y_n^s \end{bmatrix} = \begin{bmatrix} a_{11}^{11} & \cdots & a_{11}^{1s} & \cdots & a_{1n}^{11} & \cdots & a_{1n}^{1s} \\ \vdots & \ddots & \vdots & & \vdots & \ddots & \vdots \\ a_{11}^{s1} & \cdots & a_{11}^{ss} & \cdots & a_{1n}^{s1} & \cdots & a_{1n}^{ss} \\ \vdots & \vdots & \vdots & & \vdots & \vdots & \vdots \\ a_{n1}^{11} & \cdots & a_{n1}^{1s} & \cdots & a_{11}^{11} & \cdots & a_{11}^{1s} \\ \vdots & \ddots & \vdots & & \vdots & \ddots & \vdots \\ a_{n1}^{s1} & \cdots & a_{n1}^{ss} & \cdots & a_{nn}^{s1} & \cdots & a_{nn}^{ss} \end{bmatrix} \begin{bmatrix} y_1^1 \\ \vdots \\ y_1^s \\ \vdots \\ y_n^1 \\ \vdots \\ y_n^s \end{bmatrix} + \begin{bmatrix} \sum_r^n f_{1r}^1 \\ \vdots \\ \sum_r^n f_{1r}^s \\ \vdots \\ \sum_r^n f_{nr}^1 \\ \vdots \\ \sum_r^n f_{nr}^s \end{bmatrix} \tag{8-3}
$$

式中，y_i^m表示i国m行业的总产出，a_{ij}^{mn}表示j国n行业生产一单位总产出所需要的i国m行业生产的中间品数量，即直接投入产出系数，$\sum_r^n f_{ir}^m$表示i国m行业的总产出中被全世界最终消耗的量。

对上式进行移项整理可得：

$$
\begin{bmatrix} y_1^1 \\ \vdots \\ y_1^s \\ \vdots \\ y_n^1 \\ \vdots \\ y_n^s \end{bmatrix} = \begin{bmatrix} 1-a_{11}^{11} & \cdots & -a_{11}^{1s} & \cdots & -a_{1n}^{11} & \cdots & -a_{1n}^{1s} \\ \vdots & \ddots & \vdots & & \vdots & \ddots & \vdots \\ -a_{11}^{s1} & \cdots & 1-a_{11}^{ss} & \cdots & -a_{1n}^{s1} & \cdots & -a_{1n}^{ss} \\ \vdots & \vdots & \vdots & & \vdots & \vdots & \vdots \\ -a_{n1}^{11} & \cdots & -a_{n1}^{1s} & \cdots & 1-a_{11}^{11} & \cdots & -a_{11}^{1s} \\ \vdots & \ddots & \vdots & & \vdots & \ddots & \vdots \\ -a_{n1}^{s1} & \cdots & -a_{n1}^{ss} & \cdots & -a_{nn}^{s1} & \cdots & 1-a_{nn}^{ss} \end{bmatrix} \begin{bmatrix} \sum_r^n \mathrm{f}_{1r}^1 \\ \vdots \\ \sum_r^n f_{1r}^s \\ \vdots \\ \sum_r^n f_{nr}^1 \\ \vdots \\ \sum_r^n f_{nr}^s \end{bmatrix} =
$$

$$
\begin{bmatrix} b_{11}^{11} & \cdots & b_{11}^{1s} & \cdots & b_{1n}^{11} & \cdots & b_{1n}^{1s} \\ \vdots & \ddots & \vdots & & \vdots & \ddots & \vdots \\ b_{11}^{s1} & \cdots & b_{11}^{ss} & \cdots & b_{1n}^{s1} & \cdots & b_{1n}^{ss} \\ \vdots & \vdots & \vdots & & \vdots & \vdots & \vdots \\ b_{n1}^{11} & \cdots & b_{n1}^{1s} & \cdots & b_{11}^{11} & \cdots & b_{11}^{1s} \\ \vdots & \ddots & \vdots & & \vdots & \ddots & \vdots \\ b_{n1}^{s1} & \cdots & b_{n1}^{ss} & \cdots & \mathrm{b}_{nn}^{s1} & \cdots & b_{nn}^{ss} \end{bmatrix} \begin{bmatrix} \sum_r^n f_{1r}^1 \\ \vdots \\ \sum_r^n f_{1r}^s \\ \vdots \\ \sum_r^n f_{nr}^1 \\ \vdots \\ \sum_r^n f_{nr}^s \end{bmatrix} \tag{8-4}
$$

式中，矩阵B为里昂惕夫逆矩阵，每一个元素b_{ij}^{mn}代表j国n行业额外生产一单位最终消费品所导致的i国m行业总产出的量。

每个国家每个行业的直接增加值系数为：

$$V=\begin{bmatrix} v_1^1 \\ \vdots \\ v_1^s \\ \vdots \\ v_n^1 \\ \vdots \\ v_n^s \end{bmatrix} \tag{8-5}$$

式中，$v_n^m=\frac{va_i^m}{y_i^m}$，表示$i$国$m$行业的增加值占总产出的比例。

最终，将上述两式整理合并可得世界增加值出口至j国的表达式为：

$$\begin{bmatrix} va\_ex_{1j}^1 \\ \vdots \\ va\_ex_{1j}^s \\ \vdots \\ va\_ex_{nj}^1 \\ \vdots \\ va\_ex_{nj}^s \end{bmatrix}=diag(V)\cdot B\cdot\begin{bmatrix} f_{1j}^1 \\ \vdots \\ f_{1j}^s \\ \vdots \\ f_{nj}^1 \\ \vdots \\ f_{nj}^s \end{bmatrix} \tag{8-6}$$

式中，元素va_ex表示i国m行业出口至j国的增加值总量，则$\sum_c^s va_ex_{ij}^m$表示i国出口至j国的增加值总量。

然后，计算价值链嵌入度：

$$s\_gvc_{ij,t}=\frac{\sum_m va\_ex_{ij}^m}{gross\_output_{j,t}} \tag{8-7}$$

式中，$gross_output_{j,t}$表示t时期j国的总产出；$s_gvc_{ij,t}$表示t时期j国总产出中吸收的i国创造的增加值的比值。最终，i国与j国的双边价值链嵌入度表示为：

$$gvc_{ij,t}=s\_gvc_{ij,t}+s\_gvc_{ji,t} \tag{8-8}$$

产业结构相似度指数$sis_{ij,t}$。产业结构相似度也是影响就业联动风险的重要因素，依据在于，具有相似产业结构的国家，在面临冲击时，可能会表现出相似的产出波动，这可能会对就业联动造成影响。因此，本书参考Duval（2016）的方法，公式如下：

$$sis_{ij,t}=-\sum_r^s |s_{i,t}^r-s_{j,t}^r| \tag{8-9}$$

式中，$s_{i,t}^r$表示t时期国家i的r行业创造的国内增加值在本国实际

GDP中的占比，$s_{j,t}^{r}$表示t时期国家j的r行业创造的国内增加值在本国实际GDP中的占比，该指标以行业累加，用两国份额离差的绝对值的相反数表示，该指标值越大，表明两国产业结构越相近，在面临冲击时，产出波动会越相近，就业联动也会越相近。

产业内贸易指数$iit_{ij,t}$。产业结构相似度是从国家层面检验其是否对就业联动存在影响，产业内贸易指数则是从产业角度，检验其是否对就业联动产生影响。构建公式如下：

$$iit_{ij,t} = 1 - \frac{\sum_k |dva_{ij,t}^k - dva_{ji,t}^k|}{\sum_k (dva_{ij,t}^k + dva_{ji,t}^k)} \tag{8-10}$$

式中，$dva_{ij,t}^{k}$表示在时期t国家i行业k创造的增加值被国家j行业k的吸收量，同理，$dva_{ji,t}^{k}$表示在时期t国家j行业k创造的增加值被国家i行业k的吸收量。该指标值越大，表明两国产业内贸易水平越高。

全球价值链参与度指数$gvc_pat_{ij,t}$。全球价值链参与度指数表示国家参与全球价值链的程度，程度越高代表国家与全球价值链上下游国家之间的联系越密切，全球价值链对该国生产活动的影响也较明显。随着经济全球化，全球范围内各国经济“一荣俱荣，一损俱损”的趋势越来越明显，这很可能会影响到双边国家就业联动。$gvc_pat_{ij,t}$是国家i和国家j的全球价值链参与度指数的求和，构建公式如下：

$$gvc_{pat\,ij,t} = s\_gvc\_pat_{it} + s\_gvc\_pat_{jt} \tag{8-11}$$

$$s\_gvc\_pat = gvc\_pat\_f + gvc\_pat\_b$$

式中，s_gvc_pat代表单个国家全球价值链参与度，单个国家全球价值链参与度是该国全球价值链前向参与度gvc_pat_f与全球价值链后向参与度gvc_pat_b的求和，

$$gvc\_pat\_f = \frac{v\_gvc}{va'} = \frac{v\_gcv\_s}{va'} + \frac{v\_gcv\_c}{va'} \tag{8-12}$$

$$gvc\_pat\_b = \frac{y\_gvc}{y'} = \frac{y\_gcv\_s}{y'} + \frac{y\_gcv\_c}{y'}$$

式中，全球价值链前向参与度gvc_pat_f是指国家部门通过下游公司的全球价值链活动产生的国内附加值占该国家部门总的国内增加值的

份额，并进一步划分为服务业$\frac{v_gcv_s}{va'}$和最终产品$\frac{v_gcv_c}{va'}$两项；全球价值链后向参与度gvc_pat_b指国家部门通过上游公司的全球价值链活动产生的国内附加值占该国家部门总的国内增加值的份额，同样也划分为服务业$\frac{y_gcv_s}{y'}$和最终产品$\frac{y_gcv_c}{y'}$两项。

全球价值链地位指数$gvc_pos_{ij,\ t}$。全球价值链地位指数表示国家在全球价值链中的位置，该指数越大表示国家处于价值链越上游的位置，数值越小表示国家处于价值链越下游的位置。$gvc_pos_{ij,\ t}$表示国家i和国家j在t时刻的全球价值链地位指数求和，s_gvc_pos表示单个国家在t时刻全球价值链前向参与度与后向参与度自然对数的差。

$$gvc\_pos_{ij,t} = s\_gvc\_pos_{i,t} + s\_gvc\_pos_{j,t} \tag{8-13}$$
$$s\_gvc\_pos = ln(gvc\_pat\_f) - ln(gvc\_pat\_b)$$

8.2.3 数据来源

本书所使用的数据主要来源于世界投入产出表（2016版）和WIOD社会经济账户，以及在此基础上计算的相关数据。世界投入产出表涵盖44个国家和地区，行业数量达到56个，时间跨度为2000—2014年。变量数据来源见表8-1。表8-2是变量描述性统计。

表8-1 **变量数据来源**

变量名称	数据来源	作用
就业联动风险指数*corr*	WIOD社会经济账户	被解释变量
双边价值链嵌入度*gvc*	World input and output database	解释变量
产业结构相似度*iss*	World input and output database	控制变量
产业内贸易指数*iit*	World input and output database	控制变量
全球价值链参与度*gvc_pat*	UIBE数据库	控制变量
全球价值链地位指数*gvc_pos*	UIBE数据库	控制变量

表8-2　　变量描述性统计

变量名称	观测值	平均值	标准差	最大值	最小值
就业联动风险指数*corr*	12 054	0.241	1.048	9.336	-7.927
双边价值链嵌入度*gvc*	12 054	0.005	0.007	0.071	0.000
产业结构相似度*iss*	12 054	-12.975	54.074	0.860	-331.026
产业内贸易指数*iit*	12 054	0.484	0.137	0.818	0.049
全球价值链参与度*gvc_pat*	12 054	9.586	1.205	12.990	5.613
全球价值链地位指数*gvc_pos*	12 054	0.259	0.228	2.078	0.000

8.3 双边价值链嵌入与就业联动的实证分析

8.3.1 基础回归结果

本部分以国家对为样本单元，考虑将固定效应作为基础回归，但双边价值链嵌入度与就业联动可能还会存在反向因果关系，带来内生性问题。因此，本书在个体固定效应回归的基础上，加入解释变量的滞后1期作为研究的核心解释变量来控制内生性的问题。其中基础回归均为个体固定效应回归，样本量为12 054个。

表8-3为基础回归结果，均使用了个体固定效应模型。其中列（1）为基准回归，结果显示双边价值链嵌入对就业联动风险指数存在非常显著且正向的影响。在列（2）至（5）中，依次加入产业结构相似度、产业内贸易指数、全球价值链参与度、全球价值链地位指数等控制变量后，结果均显示双边价值链嵌入对就业联动风险指数存在非常显著的正向影响。第（6）列中，以双边价值链嵌入度的滞后1期作为核心解释变量解决内生性问题，结果依然是双边价值链嵌入对就业联动风险指数存在非常显著的正向影响，且通过1%的显著性水平检验。

值得注意的是，在回归结果中，控制变量产业结构相似度系数显著为负，这表明产业结构相似度与就业联动风险指数呈负相关。这与之前做的假设不同。可能的原因是两国产业结构越相似，两国越有可能以水平贸易为主，贸易的替代效应会大于互补效应，价值链嵌入对就业联动的影响可能更多地体现在互补贸易上，因此产业结构相似性与就业联动风险指数呈负相关（见表8-3）。

表8-3 **基础回归结果**

变量	（1）	（2）	（3）	（4）	（5）	（6）
gvc	7.032***	7.161***	3.520*	4.678**	4.321**	
	（1.554）	（1.547）	（1.563）	（1.546）	（1.552）	
gvc_lag						4.491***
						（1.638）
iss		−0.001***	−0.000**	−0.000*	−0.000*	−0.000*
		（0.000）	（0.000）	（0.000）	（0.000）	（0.000）
iit			0.665***	0.586***	0.656***	0.677***
			（0.084）	（0.084）	（0.090）	（0.095）
gvc_pat				0.053***	0.054***	0.056***
				（0.009）	（0.009）	（0.010）
gvc_pos					0.136**	0.131*
					（0.066）	（0.071）
样本量	12 054	12054	12 054	12 054	12 054	11 193
个体固定效应	是	是	是	是	是	是

注：***、**、*分别表示在1%、5%、10%的水平上显著，括号内为标准差，以下同。gvc_lag表示gvc的滞后1期。

8.3.2 不同类型国家嵌入的回归结果

为进一步分析不同类型国家之间价值链嵌入程度对就业联动系数的影响，我们依据收入水平将世界投入产出表所覆盖的44个国家和地区划分为发达国家（地区）和发展中国家（地区），并分别针对发达国家间、发展中国家间以及发达国家与发展中国家间的价值链嵌入度对就业联动系数进行回归分析。

表8-4中列（1）为发达国家间的回归结果；列（2）为发展中国家间的回归结果；列（3）为发达国家与发展中国家间的回归结果。其中，在列（1）和列（2）的回归结果中，核心解释变量全球价值链嵌入度的结果并不显著，与我们的预期不符，可能原因在于同一类型的国家之间往往处于全球价值链相似位置上，两国之间的贸易往来所带来的替代效应大于互补效应，因此双边价值链嵌入度对就业联动性的影响效应并不明显。列（3）是发达国家与发展中国家间的回归结果，结果显著为正，表明发达与发展中国家间的双边价值链嵌入度对就业联动性存在显著且正向的影响。

表8-4　**不同类型的国家回归结果**

变量	（1）发达国家间	（2）发展中国家间	（3）发达与发展中国家间
gvc	-0.915 （1.892）	4.871 （4.262）	5.491* （3.096）
iss	-0.0002 （0.0002）	0.302 （0.189）	-0.0003 （0.003）
iit	0.695*** （0.110）	0.399 （0.264）	0.355** （0.150）
gvc_pat	-0.254 （0.250）	-1.241** （0.480）	0.176*** （0.0515）
gvc_pos	0.227*** （0.0410）	0.260*** （0.0920）	-0.589** （0.272）
个体固定效应	是	是	是
样本量	4 549	1 680	5 824

注：同表8-3。

8.3.3 中国与贸易伙伴国的就业联动检验

本部分将基于中国视角，从行业层面探讨双边价值链嵌入度与经济周期联动的关系。表8-5列（1）为中国各行业与其他国家各行业双边嵌入的回归结果，结果表明从行业层面看，中国与其他国家双边价值链嵌入度对经济周期联动影响显著。在增加值贸易视角下，应当追溯到不同行业创造的增加值。例如，以苹果手机为例，不同零件生产可能来自不同国家，虽都属于制造业，但在增加值视角下，其来源可能是各个行业，如铁矿石行业、玻璃行业等。因此，在增加值视角下，跨行业间的价值链相互嵌入可能更为明显。

表8-5 **中国与其他国家双边价值链嵌入与就业联动**

变量	（1）	（2）	（3）	（4）	（5）	（6）
gvc	30.410***	−0.268	50.132***	41.978***	91.454***	−16.192
	（4.552）	（7.271）	（5.834）	（5.147）	（12.565）	（15.780）
个体固定效应	是	是	是	是	是	是
样本量	1 462 734	27 062	1 435 672	1 111 362	105 280	99 358

注：第（1）列为中国各行业与其他国家各行业双边嵌入的回归结果，列（2）、列（3）为中国各行业与其他国家同行业、跨行业双边嵌入的回归结果，列（4）至（6）为中国各行业与欧盟区域、北美自由贸易区、亚太自贸区的各国家（地区）各行业双边嵌入的回归结果。

列（2）、列（3）为中国各行业与其他国家同行业、跨行业的回归结果，结果表明，中国各行业与其他国家跨行业回归结果显著，同行业回归结果不显著，说明跨行业的增加值贸易对经济周期联动影响明显，印证前文猜想；列（4）至（6）为中国各行业与欧盟区域、北美自由贸易区、亚太自贸区的各国家（地区）各行业回归结果，表明中国与欧盟区域、北美区域的双边价值链嵌入对经济周期联动影响显著，这意味着在增加值视角下，中国产出中吸收的欧美国家创造的增加值的占比和欧美国家产出中吸收的中国创造的增加值占比较高，双边价值链嵌入程度较高，对经济周期联动影响显著，双边共享经济繁荣，也共同面对经济衰退。回归结果中，中国与亚太地区的GVC嵌入对经济周期联动影响不显著，这一结论与潘文卿等（2015）的结论不同，主要原因在于研究视角不同，后者是从贸易视角而非增加值视角研究。

8.4 中美双边嵌入的再对比

8.4.1 中美附加值贸易的现状

中美两国分别作为全球最大的发展中国家和发达国家，彼此互为最重要的贸易伙伴国，在全球生产网络中发挥着关键作用。中美贸易是推动两国产业发展和促进就业的重要动力引擎。然而，两国之间贸易不平衡问题一直是影响双边经贸关系的基础性问题。2018年，美国以中美贸易不平衡为理由启动“301”条款调查，开始对中国实施加征关税、高筑贸易壁垒等举措，挑起中美贸易争端。其中，美国加大了对中国高新技术产品出口的限制，这些产品的中间品投入较高，高额的关税水平遏制了国内的出口贸易，继而通过产业链条影响了其他产业的中间品需求，导致生产链条的转移和重组，引发国内其他产业部门的就业水平变化。同时，这种冲击也会沿着全球产业链反馈到美国的产业部门，进而导致美国的就业市场产生波动。尤其当中国采取反制措施时，产业链条的传导机制对两国就业所产生的间接影响进一步放大。有学者基于国际产业关联的角度，研究中美贸易的就业创造效应，发现中美贸易所创造的就业岗位除了中美两国之外，主要分布在亚洲和拉美国家（戴枫等，2020）。因此，基于中美两国行业层面的视角理解增加值贸易对就业联动性的影响，对于减少中美贸易摩擦，助力中美劳动力市场稳定发展具有重要意义。

随着我国产业链布局的日趋完善和经济竞争力的不断提升，我国对美国出口的产品所包含的国内增加值比例不断上升，我国对美出口的国内增加值贸易额占国内增加值贸易出口总额的比例变化趋势由76.61%增长至88.06%，总体增长11.45个百分点。反言之，在增加值贸易出口中，国外增加值贸易的比例就从23.39%逐步下降到12.94%。表明国内增加值贸易额在出口产品中占据的份额越来越大。从变化趋势图来看，2005—2015年间中国出口至美国的国内增加值贸易份额的增长速度自2009年起逐渐变得平缓一些，主要由于金融危机给国际贸易带来的冲击，使得我国对美出口的国内增加值贸易出现短暂的下滑趋势。我国政府为了追求本国经济的稳定和就业减少了国外价值的投入，增加了稳定本国的实体经济投入，使得2010年后，国内增加值贸易份额又呈稳步上升趋势。

中国出口至美国的国内增加值贸易中，制造业占据近90%的份额，其次是信息产业，占据25%左右的份额，商业服务业紧随其后，农业和采矿业占比份额较少。从变化趋势来看，各行业的国内增加值贸易份额出口变化基本处于平稳状态。制造业由于行业本身的特性，在全球贸易分工的大背景下，制造业的出口贸易增加值体现了一国在全球价值链中所处的地位与分工，贸易增加值高表明本国对该产品和行业具有较高的贡献率并在该行业拥有技术、资源、资本等比较优势。在我国对美出口贸易中，制造业出口所创造的国内贸易增加值占据90%左右的份额，表明我国对外开放的政策取得了积极的成效，企业积极参与到全球贸易中来，并充分发挥自身的比较优势，在全球价值链生产流程中找到自己的定位，从而获得了制造大国的称号。但与此同时，我们也成为全球最大的贸易加工厂，主要原因在于，虽然巨大的贸易体量提升了总体的贸易增加值，但我们在机械制造、交通设备制造业以及电子光学制造业的出口中，国内增加值份额占比很低，即高新技术产品在我国只是完成生产过程中附加值最低的组装过程。

信息产业作为我国第三产业的重要发展领域，国家政府一直在加大投资力度，促进产业发展，同时国内也拥有以华为、中兴为代表的信息产业技术型公司。政府企业共同驱动使得我国信息技术产业快速发展。信息技术产业属于高新技术行业，在我国对美出口贸易中，其产生的国内增加值较高，从而国内增加值贸易份额占比较高。

我国商业服务业的发展一直呈稳定向好的趋势。服务产业的发展为国内带来大量的就业机会，同时在对美出口贸易中，我国商业服务业的国内增加值出口份额仍占有一席之地，表明我国商业服务业未来仍有很大的发展空间，但是目前与发达国家相比，仍然存在一定的差距。我国需要继续加大资金投入力度，提升服务业的专业性和技术水平，提高产品的国际竞争力。

美国作为中国的最大贸易伙伴国，一直以来都与中国进行巨量的贸易往来。两国发展对全球经济的发展至关重要，彼此之间的经贸往来也备受国际社会的关注。在经济全球化浪潮下，中美两国的合作与日俱增，贸易规模不断扩大。美国出口至中国的国内增加值贸易额占国内增加值出口总额的份额从2005年的88.85%上升至2015年的90.19%。上升1.34个百分点，整体上升幅度较小。反言之，美国出口至中国的国外增加值份额下降了1.34个百分点。从变化趋势来看，2005—2008年间，美国出口至中国的国内增加值占比处于缓慢下降趋势；在2008年，出现了拐点，美国出口至中国的国内增加值贸易出现短暂上升，2008—2009年间，国内增加值贸易占比上升了3.3个百分点。2009—2011年又呈下降趋势，2011年之后，美国出口至中国的国内增加值占比开始缓慢上升。

从行业层面来看，美国各行业出口至中国的国内增加值占美国出口至中国的国内增加值贸易总额的变化趋势如图8-3所示。从变化趋势上来看，美国出口至中国的制造业国内增加值贸易额占比从2005年的54.66%下降至2015年的46.78%，下降幅度达7.88个百分点。出口的商业服务业的国内增加值份额从2005年的36.58%上升至2015年的42.34%，上升幅度达5.76个百分点。信息产业的国内增加值贸易份额占比从2005年的14.41%下降至2015年的11.85%，下降幅度为2.56个百分点。美国出口至中国的农林渔业国内增加值贸易额占比呈现先升后降的趋势，2005年占比为6.83%，2012年，上升3.84个百分点达到10.67%，到2015年，又回落至6.57%，整体下降了0.26个百分点。美国出口至中国的国内增加值贸易结构中，制造业和商业服务业占比较大，且目前变化趋势为美国商业服务业国内增加值出口呈上升状态，制造业国内增加值出口在缓慢下降，未来出口结构会进一步优化，国内增加值比重较高的服务业会成为美国出口至中国的首要贸易产业。该变化趋势表明美国作为资本要素密集的国家，出口贸易中，国内增加值贸易占比较高。

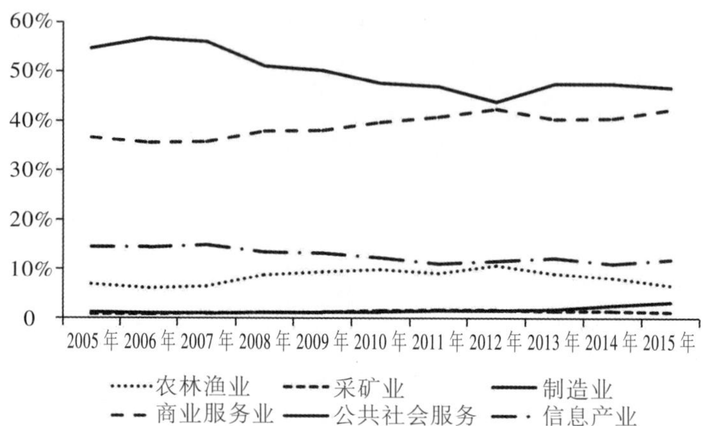

图 8-3 美国各行业出口至中国的国内增加值贸易占比变化趋势

资料来源：笔者根据OECD-TIVA数据库（https://stats.oecd.org/）整理得到。

为直观对比中美两国就业率与两国国内增加值贸易往来变化情况，图8-4呈现了2005—2015年间，中美两国就业率变化趋势图以及中国出口至美国和美国出口至中国的国内增加值贸易额变化趋势图。首先，对比中国对美国进出口的国内增加值贸易总额与中国的就业率变化趋势图。2005—2015年间，中美两国国内增加值贸易往来整体呈上升趋势，除2008年因金融危机的影响，两国贸易往来受到一定冲击，双方出口的国内增加值贸易额减少。中国的就业率变化幅度也并不大，整体保持稳定，未出现与中美两国国内增加值贸易往来变化趋势相差甚远的情况。再者，对比中国对美国进出口的国内增加值贸易总额与美国的就业率变化趋势图。2005—2007年间，中美两国国内增加值贸易往来整体呈上升趋势，美国就业率也平稳上升。2007—2009年间，受金融危机的冲击，中美两国国内增加值贸易往来受到影响，美国就业率也骤然下降近5个百分点。2009—2015年间，伴随金融危机后的经济复苏，中美两国国内增加值贸易往来又开始呈上升趋势，美国就业率也开始回升。中美国内增加值贸易往来与美国就业率整体变化趋势保持一致，未出现反向变化情况。

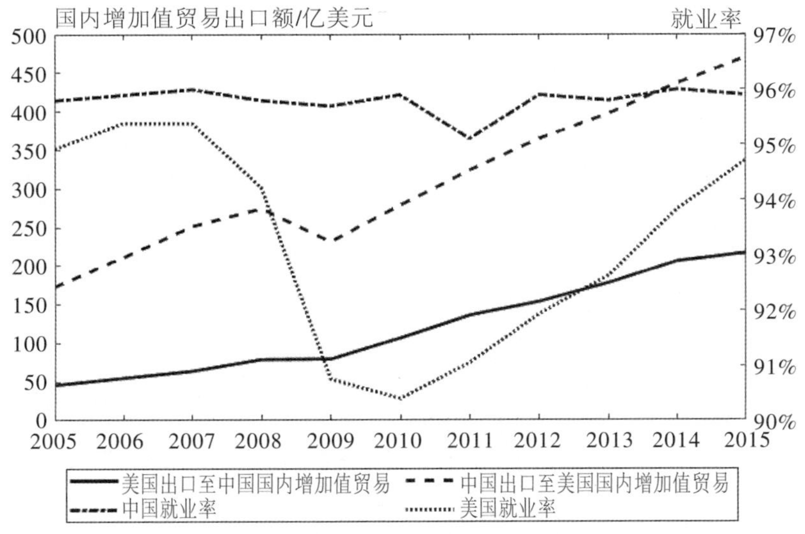

图8-4 中美两国出口国内增加值贸易及就业率变化趋势

资料来源：笔者根据OECD-TIVA数据库、《中国统计年鉴》、美国经济门户网站整理并计算所得。

8.4.2 文献梳理

随着越来越多的发展中国家参与到国际分工中，贸易对发达国家就业岗位的冲击成为国内外研究的热点。而分别作为世界最大的发展中国家和发达国家，中美两国之间的贸易对就业的影响更是引起学者们的关注。David和Hanson（2013）从一般均衡模型出发，研究中美贸易对美国的就业影响，发现从中国进口不仅减少美国制造业就业人数，并且对美国部分制造业劳动就业工资具有降低效应。Autor（2015）将贸易与技术进步同时纳入模型中，估算其对各部门及部门之间职业转变的就业效应，发现来自中国的进口竞争造成了美国就业率下降并导致了劳动力的重新分配，而技术进步对各部门的就业及其职业转变具有中性影响。Pierce和Schott（2016）使用双重差分法得出结论，自2001年以来，美国制造业就业损失的很大一部分与中国加入世贸组织有关。Acemoglu和Autor（2016）将David等的2013年的研究模型扩展至非制造业部门，并使用国家投入产出表估算上下游关联对就业的影响，发现从1999—2011年，从中国进口的产品在美国造成了240万人失业，但是需要着重强调的是，他们只考虑国家内的产业关联效应，没有考虑国家间产业的投入产出关联效应。Feenstra（2017）将美国出口纳入回归模型，发现1991—2007年，美国总出口创造的就业岗位可以抵消从中国进口造成的大部分就业岗位损失。Lin和Wang（2018）基于Wang等将总贸易分解为16个部分的增加值核算框架，从全球价值链的角度使用MRIO模型测算了中美贸易的就业效应，研究发现中国对美国的出口为美国创造的就业岗位主要是在服务部门，而美国对中国的出口为中国创造的就业岗位主要是在制造业部门。Wang（2018）使用与Autor等 2013年的研究基本相同的模型重新审视中美贸易对美国本地劳动力市场的影响，但他们添加了产业链的上下游效应，发现2000—2014年与中国的贸易每年可为美国带来0.69%的净就业增长。Dai和Liu（2019）采用结构分解分析方法分别追踪了美国从中国进口和对中国出口对就业的影响，指出2000—2014年，美国就业的减少只有2%归因于从中国的进口，并且认为从中国进口有助于带动美国服务业的就业。

国内文献普遍认为中美贸易对美国就业减少的影响被夸大，且负面影响不大。刘遵义等（2007）从产业关联的角度分析了中美贸易的就业效应，通过编制中美两国的非竞争型投入产出表，测算了中美两国出口对各自国内增加值和就业的影响，得出中国对美国的出口带动中国国内就业大于美国对中国出口带动美国的就业效应。项松林和赵曙东（2010）通过建立国际贸易对就业影响的理论模型，利用美国制造业面板数据分析中美贸易对美国就业的影响问题。实证结论表明，美国进口中国制成品对美国就业没有显著影响，也不是美国失业的格兰杰（Granger）因果关系；美国制成品出口对增加美国就业虽有影响，但影响不大；影响美国国内就业的主要因素是实际工资、企业发展状况等实际因素。陈心颖（2012）对中美贸易与美国就业数量的关系做了长期动态分析，指出当前中美贸易的逆差局势不仅为美国加快产业升级提供了外部条件，而且对美国总体就业稳定增长也起到积极的促进作用。王孝松等（2014）基于中国制成品中“美国含量”随制成品技术含量的增加而增加，且随时间呈递减趋势的结论，利用美国就业需求矩阵中的就业－产出比率，计算出同期中国出口制成品从美国进口的中间产品为美国创造了170多万个就业岗位。隆国强和王伶俐（2018）指出中美贸易失衡对美国就业影响被夸大，指出与贸易失衡带来的潜在就业损失相比，中美贸易给美国带来更多的就业机会。戴枫和陈百助（2016）依据世界投入产出表的数据对美国2000—2003年和2007—2011年的就业下降进行了结构性分解分析，结果表明造成美国失业率升高的主要原因是劳动生产率的提高，而不是来自中国进口。张亚斌、熊雅澜和杨翔宇（2019）基于全球价值链视角，利用出口增加值分解，运用WIOD数据库2000—2014年间投入产出数据和SEA就业数据，重新度量中美贸易对美国就业的带动和挤出效应，指出中美贸易对美国就业的整体效应为正值，中美贸易对美国制造业和总就业具有一定的促进作用。刘志中、吴墨馨（2020）引入柯布－道格拉斯生产函数理论作为变量选取依据，选取2001—2018年中国31个省（市）的面板数据进行实证分析，结果显示，对美贸易顺差对各省的就业具有正向效应，对中部地区效果最为显著，西部地区次之，东部地区和东北地区的效果并不明显，对美贸易顺差对低技能人员起到促进就业作用，对高技能人员却起到负向效应。王秋红和李雅（2020）利用2001—2018年中国对美国制造业进出口面板数据，建立中介效应模型，对中美贸易对中国就业的影响进行实证分析，研究表明：制造业出口显著提高了中国制造业就业水平，制造业出口通过扩大行业规模、提高出口导向率和降低进口渗透率间接促进就业增长。

8.4.3 模型构建及变量说明

本书采用世界投入产出数据库（World Input Output Database，WIOD）、UIBE数据库等相关数据检验中美两国行业层面增加值贸易强度对行业就业联动性的影响。因此，我们基于中美行业层面数据设定如下基准面板数据模型：

$$Emp_{ijt}^{uv} = \lambda_0 + \lambda_1 DVA\_Trade_{ijt}^{uv} \lambda_3 Control_{ijt}^{uv} + \varepsilon_{ijt}^{uv} \tag{8-14}$$

式中，Emp_{ijt}^{uv}表示t时期i国u行业与j国v行业就业增长率联动系数及双边就业联动指标；$DVA_Trade_{ijt}^{uv}$表示t时期i国u行业与j国v行业的双边增加值贸易强度指数；$Control_{ijt}^{uv}$表示t期i国u行业与j国v行业的相关控制向量，包括总贸易强度指数（Total Trade Intensity，$To\_Tradeuv_{ijt}$），产业结构相似度指数（Industry Similarity Index，ISI_{ijt}^{uv}），行业间价值链相对位置指数（Position similarity index，PSI_{ijt}^{uv}），行业相对工资水平（$COMP_{ijt}^{uv}$）；ε_{ijt}^{uv}则为随机扰动项。

8.4.3.1　被解释变量：双边就业联动系数

关于测算中美行业双边就业联动系数（Employment Synchronization）Emp_{ijt}^{uv}的方法，本书参考Cerqueira和Martins（2009）计算行业经济周期联动性时提出的瞬时相关系数计算方法，纳入时间因素，能够识别出单一年份各国行业间就业增长率的相关关系，有利于本书的面板数据分析。具体计算公式为：

$$Emp_{ijt}^{uv}=1-\frac{1}{2}\left[\left(d_{jt}^{v}-\overline{d_{j}^{v}}\right)/\sqrt{\frac{1}{T}\sum_{t=1}^{T}\left(d_{jt}^{v}-\overline{d_{j}^{v}}\right)^{2}}-\left(d_{it}^{u}-\overline{d_{i}^{u}}\right)/\sqrt{\frac{1}{T}\sum_{t=1}^{T}\left(d_{it}^{v}-\overline{d_{j}^{v}}\right)^{2}}\right] \tag{8-15}$$

式中，Emp_{ijt}^{uv}表示t时期i国u行业和j国v行业的实际就业增长率联动系数，d_{jt}^{v}和d_{it}^{u}分别表示t时期j国v行业和i国u行业的就业增长率（本书选取中美两国的行业就业增长率）；$\overline{d_{j}^{v}}$和$\overline{d_{i}^{u}}$分别表示j国v行业和i国u行业在2010—2017年的行业就业增长率均值。

8.4.3.2　解释变量：增加值贸易强度

增加值贸易将出口产品中各个生产环节的增值部分归入不同的国家，扣除进口的中间产品价值，出口产品只反映本国的增值部分，避免了海关统计中的重复核算。根据Koopman等（2014）提出的核算方法，i国向j国出口中隐含的被外国吸收的国内增加值包括：① 最终产品出口被国外吸收的国内增加值；② 以中间产品出口到对方国家的国内增加值；③ 中间产品被转口到第三方国家的出口国内增加值，如图8-5所示。

参考Di Giovanni和Levchenko（2010）与潘文卿等（2015）的方法，本书构建增加值贸易强度指标为：

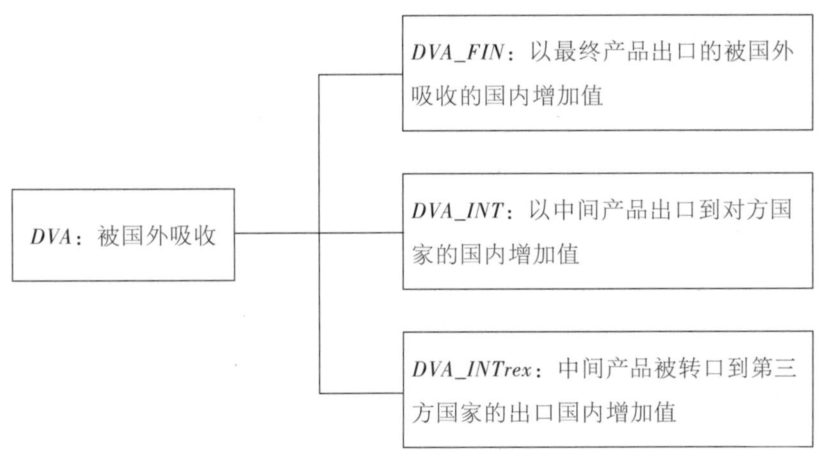

图8-5　国内增加值来源图

$$DVA\_Trade_{ijt}^{uv}=\ln[(dva\_ex_{ijt}^{u}+dva\_ex_{ijt}^{u})/W_t] \tag{8-16}$$

式中，$DVA_Trade_{ijt}^{uv}$表示t期i国u行业和j国v行业的双边增加值贸易强度；$dva_ex_{ijt}^{u}$和$dva_ex_{jit}^{v}$分别表示t期i国u行业出口至j国的国内增加值和j国v行业出口至i国的国内增加值；W_t表示t期标准化处理所用的权重，采用两国GDP之和表示。

8.4.3.3　其他控制变量

总贸易强度（Total Trade Intensity，$To\_Trade_{ijt}^{uv}$）。本书参考Frankel和Rose（1988）的方法，构建双边行业总贸易强度指标：

$$To\_Trade_{ijt}^{uv}=\ln[(trade\_ex_{ijt}^{u}+trade\_ex_{jit}^{v})/W_t] \tag{8-17}$$

式中，$To_Trade_{ijt}^{uv}$表示t期i国u行业和j国v行业的双边行业总贸易强度；$trade_ex_{ijt}^{u}$和$trade_ex_{jit}^{v}$分别表示t期i国u行业出口至j国的总贸易额和j国v行业出口至i国的总贸易额；W_t取两国GDP之和。

产业结构相似度指数（Industry Similarity Index，ISI_{ijt}^{uv}）。理论研究表明，外部冲击可能通过产业间的关联传递至总产出进而影响就业活动，因此产业结构相似度是影响就业联动的因素之一。本书参照Duval等（2016）的做法，构建如下产业结构相似度指数：

$$ISI_{jt}^{v}=-|S_{it}^{u}-S_{jt}^{v}| \tag{8-18}$$

式中，S_{it}^{u}和S_{jt}^{v}分别表示t期i国u行业价值增加值占该国GDP的份额和j国v行业价值增加值占该国GDP的份额。

行业间价值链相对位置（Position Similarity Index，PSI_{ijt}^{uv}）。行业的全球生产链位置是指某行业在其所在的生产链中的相对位置，Antràs等（2012）对这一相对位置提出了测度方法，称为上游度指数（Upstream Index）。本书依据测算的各国各行业生产链上游度指数，构建了两国行业间在生产链位置的相似度指数：

$$PSI_{ijt}^{uv}=-\left|upstream_{it}^{u}-upstream_{jt}^{v}\right| \quad (8-5)$$

式中，$upstream_{it}^{u}$和$upstream_{jt}^{v}$分别是指第t时期i国u行业和j国v行业的上游度位置指数，生产链位置相似度就等于第t时期s国在g行业的上游度指数与j国在v行业的上游度指数的离差绝对值的相反数，数值越大表示相似度越高。

行业相对工资水平（$COMP_{ijt}^{uv}$）。工资水平一定程度上影响就业增长率，相对工资水平反映就业增长率双边联动。采用WIOD（2016）数据库社会经济核算账户里中美两国双边行业工资水平比值表示行业相对工资水平。

8.4.4 中美两国双边价值链嵌入与就业联动的实证分析

8.4.4.1 基准回归分析

为检验中美两国增加值贸易强度对就业联动性的影响作用，本书以就业增长率联动系数作为被解释变量，以增加值贸易强度指数作为核心解释变量的回归结果见表8-6。表8-6所有列均引入了行业固定效应。为了避免内生性，核心解释变量增加值贸易强度均采取滞后一期进行回归。根据Hausman检验结果，面板回归模型选择固定效应模型进行回归。

表8-6 **增加值贸易强度对就业联动性的影响**

变量	两国行业就业增长率联动为被解释变量				
	（1）	（2）	（3）	（4）	（5）
$LDVA\_Trade_{ijt}^{uv}$	0.3410***	0.2640***	0.2360***	1.2180***	0.2370***
	（0.0646）	（0.0656）	（0.0677）	（0.0872）	（0.0681）
$LTrade_{ijt}^{uv}$		0.1710***	0.1500***	-0.0124	0.1500***
		（0.0209）	（0.0208）	（0.0298）	（0.0207）

续表

变量	两国行业就业增长率联动为被解释变量				
	(1)	(2)	(3)	(4)	(5)
ISI_{ijt}^{uv}			−0.223***	−0.1930***	−0.2240***
			(0.0322)	(0.0522)	(0.0324)
PSI_{ijt}^{uv}				0.2930***	−0.0206
				(0.0705)	(0.0632)
$COMP_{ijt}^{uv}$				−0.0004***	−0.0002***
				(0.0001)	(7.03e−05)
时间固定效应	是	是	是	否	是
行业固定效应	是	是	是	是	是
样本量	8 575	8 575	8 575	8 575	8 575
R^2	0.452	0.453	0.454	0.013	0.454

注：*、**以及***分别表示在10%、5%以及1%的水平上显著；括号中的值为标准误。

综合表8-6回归结果可以看出，首先，从核心解释变量增加值贸易强度指数的回归显著性看，无论是控制行业固定效应，还是控制时间固定效应以及是否引入控制变量，增加值贸易强度指数的回归结果均显著，表明增加值贸易的确会对中美两国行业就业联动产生影响。继而证明增加值贸易的确能够产生就业联动传导。其次，从核心解释变量增加值贸易强度指数的回归系数符号来看，同样，无论是控制行业固定效应，还是控制时间固定效应以及是否引入控制变量，增加值贸易强度指数的回归系数均为正，表明中美两国行业双边增加值贸易强度越大，两国就业联动性越强。

此外，考虑可能存在内生性问题，本书一直选用了增加值贸易强度指数滞后1期作为核心解释变量进行回归。在控制变量中，总贸易强度指数与就业联动系数之间同样也存在一定的内生性，也选择其滞后1期进行回归。结果显著为正表明增加值贸易强度对中美两国行业就业联动具有显著的正向影响。增加值贸易强度越大，中美两国行业就业联动性就越强。通过以上计量模型的经验检验，我们可以认为中美两国增加值贸易强度对行业双边就业联动性存在显著正向的影响，即行业间增加值贸易强度越大，双边就业联动性就越强。

8.4.4.2 模型的稳健性检验

为确保经验研究结论的可靠性，本书选取WIOD（2016）数据库2000—2014年35个行业的数据，测算中美两国行业双边增加值贸易强度与就业联动指数，再次进行回归分析，对中美两国行业层面的增加值贸易强度对双边就业联动性的影响结果进行稳健性检验，并在此基础上进行金融危机前后短样本分类回归，分析金融危机前后中美两国增加值贸易强度对双边就业联动的影响。

第一，基于WIOD数据库数据进行稳健性检验。表8-7是根据WIOD数据库2016版的2000—2014年中美两国56个行业的增加值贸易数据和就业数据，测算中美两国行业层面的增加值贸易强度指标和就业联动指标，并进行回归分析的结果。结果显示，2000—2014年间，中美两国双边行业增加值贸易强度对就业联动性的影响显著为正，结果与表8-6的结果基本一致，表明增加值贸易强度对就业联动性产生正向影响的结果稳健性较强。此外，为控制内生性，回归中引入增加值贸易强度滞后1期作为核心解释变量进行回归，发现回归结果未曾变化，则增加值贸易强度对中美行业就业联动性的正向影响存在且稳健。

第二，金融危机前后短样本稳健性检验。本书还考虑到金融危机前后中美两国增加值贸易强度对两国行业就业联动性的影响可能会有所不同。中国入世后快速融入全球价值链生产过程中来，对外贸易取得了飞速的发展，中国对美国的贸易顺差也不断扩大。自2006年以来，中国就成为美国的第一大进口来源国，两国贸易往来越来越密切。金融危机之后，美国实体经济的衰退引发了进口需求的全面下降，中美两国的双边贸易总额下降，表明金融危机对中美贸易产生了负面影响。与此同时，中美两国出口贸易结构也发生了变化。出口商品逐渐由第一产业转向第二产业，两国的就业联动性也随之出现变化。在上文的回归基础上，本书根据金融危机前后时间进行分样本回归。

表8-7　　增加值贸易强度对就业联动影响的稳健性检验

变量	两国行业就业增长率联动为被解释变量				
	(1)	(2)	(3)	(4)	(5)
$DVA\_Trade_{ijt}^{uv}$	0.1980*** (0.0090)	0.0585*** (0.015)	0.1810*** (0.010)	0.0522*** (0.0150)	
$LDVA\_Trade_{ijt}^{uv}$					0.2580*** (0.0110)
ISI_{ijt}^{uv}			0.0443*** (0.012)	−0.1080*** (0.0110)	0.0555*** (0.0120)
PSI_{ijt}^{uv}			−0.0522*** (0.0180)	0.0276 (0.0180)	−0.0190 (0.020)
$COMP_{ijt}^{uv}$			−0.0003*** (0.0001)	−0.0004*** (0.0001)	−0.0002*** (7.03e−05)
时间固定效应	否	是	否	是	否
行业固定效应	是	是	是	是	是
样本量	43 848	43 848	43 848	43 848	40 595
R^2	0.015	0.241	0.017	0.244	0.101

注：同表8-6。

表8-8中的模型（1）为2001—2007年中美双边增加值贸易强度与两国行业就业联动性的回归结果。模型（3）为2008—2014年中美双边增加值贸易强度与两国行业就业联动性回归结果。模型（2）和模型（4）分别是考虑内生性采用2001—2007年增加值贸易强度滞后1期与两国双边就业联动指数进行回归的结果和2008—2014年增加值贸易强度滞后1期与两国双边就业联动指数进行回归的结果。回归结果表明：无论是否采用核心解释变量滞后1期进行回归，2001—2007年间，中美双边增加值贸易强度与两国双边就业联动性呈现显著正向影响关系，即两国双边增加值贸易强度越大，两国行业就业联动性也就越显著。2008—2014年间，中美双边增加值贸易强度对两国双边就业联动性呈现正向积极影响。且从回归系数结果来看，2001—2007年间，双边增加值贸易强度对双边就业联动性的影响系数为0.2570；2008—2014年间，双边增加值贸易强度对双边就业联动性的影响系数为1.3670。这表明金融危

机之后，中美双边增加值贸易强度对两国双边就业联动性的正向影响作用更强。可能原因在于，金融危机后，中国注重国内经济结构和产业结构的调整，出口贸易商品结构也逐渐从第一产业向第二、三产业转移。虽然金融危机导致中美两国贸易总量出现短暂下降趋势，但是由于中美贸易互补性显著大于竞争性，危机过后中美两国增加值贸易额呈上升趋势。在2013年，美国成为中国最大的出口市场，占中国总出口的16.7%；2014年，中国成为美国货物贸易出口第二、进口第一的伙伴国。事实上，自危机之后，中美两国贸易联系更加紧密，继而增加值贸易强度对两国双边就业联动性影响更显著。

表8-8 **金融危机前后中美双边行业增加值贸易强度对就业联动性的影响**

变量	金融危机前后中美双边行业增加值贸易强度回归结果			
	(1)	(2)	(3)	(4)
DVA_Trade^{uv}	0.2570*** (0.0176)		1.3670*** (0.0433)	
$LDVA$		0.4930*** (0.0199)		1.3330*** (0.0472)
ISI_{ijt}^{uv}	−0.1880*** (0.0143)	−0.244*** (0.0147)	0.2550*** (0.0168)	0.3600*** (0.0187)
PSI_{ijt}^{uv}	−0.2030*** (0.0351)	−0.121*** (0.0386)	−0.2400*** (0.0568)	−0.5890*** (0.0875)
$COMP_{ijt}^{uv}$	0.0003*** (8.54e−05)	0.0003*** (7.08e−05)	−0.0063** (0.0027)	−0.0188*** (0.0050)
行业固定效应	是	是	是	是
样本量	21 834	18 762	21 889	18 762
R^2	0.043	0.099	0.107	0.117

注：同表8-6。

第三，以替换指标法进行稳健性检验。此外，本节还采用以下两种方法进行进一步稳健性检验：其一，替换指标法。一般而言，经济增长与就业存在着极强的相关性，两国行业间经济周期的联动紧密度一定程度上可以反映就业联动性。就业创造了经济增长，经济增长影响了就业。事实上，各行业之间的行业产出增加值联动与就业联动性具有较强的一致性，因此我们使用行业产出增加值联动指数作为就业联动指数的替代变量做稳健性检验，同时对增加值贸易强度采用两国总产出之和进行标准化。其二，工具变量法。为核心解释变量“增加值贸易强度指数”构建工具变量进行面板Ⅳ估计（见表8-9）。

表8-9模型（1）是更换了核心被解释变量的稳健性检验结果，即将就业联动系数更换为行业产出增加值联动系数，其结果与表8-6的结果基本一致。表明增加值贸易强度正向影响中美行业就业联动性的结果稳健性。此外，为控制内生性，本书引入增加值贸易强度滞后1期作为核心解释变量再次进行回归，发现回归结果未变化，增加值贸易强度对中美行业就业联动性有正向影响且稳健。

表8-9　**增加值贸易强度对就业联动性的影响稳健性检验**

变量	替换指标法				工具变量法
	(1)		(2)		(3)
$DVA\_Trade_{ijt}^{uv}$	0.1120*** (0.0097)		0.0981*** (0.0308)	0.4160*** (0.0246)	0.6390*** (0.0741)
$LDVA$		0.2190*** (0.0176)			
ISI_{ijt}^{uv}	0.0111 (0.0132)	0.0110*** (0.0147)	−0.1110*** (0.0110)	0.0410*** (0.0114)	−0.1250*** (0.0110)
PSI_{ijt}^{uv}	0.0111 (0.0200)	0.0849*** (0.0211)	0.0374*** (0.0180)	−0.0518*** (0.0184)	0.0807*** (0.0189)
$COMP_{ijt}^{uv}$	0.0002*** (5.46e−05)	0.0002*** (8.53e−05)	0.0003*** (6.76e−05)	0.0002*** (4.94e−05)	−0.0007*** (0.0002)
时间固定效应	否	是	是	否	是
行业固定效应	是	是	是	是	是
Hansen检验					0.0365 (0.8485)
样本量	43 778	40 651	43 723	43 723	37 524
R^2	0.005	0.008	0.244	0.019	0.269

注：同表8-6。

模型（2）是对中美两国总产出标准化计算的增加值贸易强度，用中美两国GDP标准化计算的增加值贸易强度替换，作为核心解释变量。表8-9表明无论是控制行业固定效应还是时间固定效应，核心解释变量回归结果都显著为正。这表明增加值贸易强度正向影响中美行业就业联动性的结果稳健性。

模型（3）是采取工具变量法为核心解释变量“增加值贸易强度”构建工具变量进行面板Ⅳ估计，以基准回归中核心解释变量滞后1期当作解释变量，作为解决内生性问题方法的补充，确保实证结果不受内生性问题影响。由于“增加值贸易强度”变量与被解释变量“就业联动性”可能存在“经济周期”这个遗漏变量，为解决这一问题，表8-9模型（3）中，首先计算两国间行业总产出之和，并将其按照年度以10年为间隔分成十组，再计算每个分组内两国行业间“平均增加值贸易强度”以及其滞后2期值，同时作为该组内所有行业间当期“增加值贸易强度”变量的“工具变量”。上述构建的工具变量的优势在于，一方面，其与两国间的“增加值贸易强度”必然高度相关；另一方面，其作为同一分组不同行业的增加值贸易强度均值，均值指标不会直接影响单一的两两行业之间的就业相关性。面板Ⅳ估计中增加值贸易强度的系数仍然显著为正，回归结果表明本书的研究结论，中美两国行业间增加值贸易强度对就业联动性产生正向影响具有较高的稳健性，进一步支撑本书的结论。

8.4.4.3 分行业的进一步研究

为了进一步分析中美增加值贸易强度对双边就业联动性的影响，下一步研究了同行业相互联动和跨行业相互联动的影响。本书参考樊茂清和黄薇（2014）的产业分类方法，将WIOD（2014）世界投入产出表中的35个行业分为初级产品及资源产品、制造业和服务业。因为制造业和服务业行业数量占比较高，所以本部分专门针对中美两国制造业和服务业的增加值贸易强度与就业联动性进行回归检验。为控制内生性，以下回归中均用增加值贸易强度指数的滞后1期作为核心解释变量进行回归。列（1）为中美制造业增加值贸易强度回归结果；列（2）为中美服务业增加值贸易强度的回归结果；列（3）为中国制造业与美国服务业增加值贸易强度的回归结果；列（4）为中国服务业与美国制造业增加值贸易强度的回归结果。

表8-10的模型（1）显示，中美制造业行业增加值贸易强度回归结果的系数显著为正，与全行业增加值贸易强度回归结果一致，但是总贸易强度的回归结果并不显著，可能的原因有：①中国作为制造业大国，与美国在制造业领域中当属竞争关系，因此当中国行业出口增加值提高时会促进中国行业就业水平，但与此同时会对美国相对行业就业造成一定压力。②本书回归基于增加值贸易的视角，制造业总体产量大，但是增加值占比较小，因此中美两国制造业行业总值贸易往来较分行业回归结果出现与全行业贸易回归结果不一致的情况。

表8-10　**中美两国分行业类别增加值贸易强度对就业联动性的影响**

变量	中美两国分行业类别增加值贸易强度回归结果			
	（1）	（2）	（3）	（4）
$LDVA\_Trade_{ijt}^{uv}$	0.754^{***} （0.1600）	0.6930^{***} （0.1600）	1.0340^{**} （0.2300）	1.1410^{***} （0.0959）
$LTrade_{ijt}^{uv}$	0.0783 （0.0966）	0.2410^{***} （0.0303）	0.3490^{*} （0.1920）	-0.1110^{***} （0.0360）
ISI_{ijt}^{uv}	1.3910^{***} （0.2220）	-0.2610^{***} （0.0561）	-0.9180^{***} （0.1340）	0.5700^{***} （0.0939）
PSI_{ijt}^{uv}	0.0149 （0.0797）	0.153 （0.1570）	0.4970^{*} （0.2570）	0.280^{***} （0.0730）
$COMP_{ijt}^{uv}$	-0.0230^{***} （0.0075）	0.0004^{***} （9.25e-05）	-0.0074^{***} （0.0010）	-0.0002^{***} （0.0005）
时间固定效应	否	是	否	否
行业固定效应	是	是	是	是
样本量	1 183	2 527	1 729	1 729
R^2	0.062	0.494	0.043	0.026

注：同表8-6。

模型（2）显示，中美服务业行业增加值贸易强度与双边就业联动指数回归结果的系数显著为正，表明中美服务行业间的就业联动因为增加值贸易强度联系的紧密而显著。其原因主要在于中国制造业对美国大量出口时会在一定程度上改变美国地区的就业结构，即美国多数就业人员会从制造业逐渐转移到服务业。

模型（3）显示中国制造业和美国服务业之间的增加值贸易强度与行业就业联动性的回归结果的系数都显著为正。主要原因可能在于中国出口至美国的制造业产品会促使美国国内就业结构发生变化，挤压部分制造行业工人转向服务行业就业，因此中国制造业就业水平与美国服务业就业水平出现互补结果。这表明中国制造业与美国服务业之间的就业联动性随着行业间的增加值贸易强度增强而显著。

模型（4）显示中国服务业与美国制造业之间增加值贸易强度与就业联动指数回归结果显著为正。这表明中国服务业与美国制造业之间的就业联动指数随着增加值贸易强度增强而显著。

为控制内生性，以下回归中均采用增加值贸易强度指数的滞后1期作为核心解释变量进行回归。表8-11呈现了分产业类别的中美行业增加值贸易强度指数与就业联动指数间的回归结果。模型（1）为中美劳动密集型行业间增加值贸易强度与双边就业联动性回归结果；模型（2）为中美资本密集型行业间增加值贸易强度的回归结果；模型（3）为中美知识密集型行业间增加值贸易强度的回归结果；模型（4）为中国劳动密集型与美国资本密集型行业增加值贸易强度的回归结果；模型（5）为中国劳动密集型与美国知识密集型行业增加值贸易强度回归结果；模型（6）为中国资本密集型与美国知识密集型行业增加值贸易强度回归结果；模型（7）为中国资本密集型与美国劳动密集型行业增加值贸易强度回归结果；模型（8）为中国知识密集型行业与美国劳动密集型行业增加值贸易强度回归结果；模型（9）为中国知识密集型行业与美国资本密集型行业增加值贸易强度回归结果。

回归结果表明，在进行同产业类别行业间增加值贸易往来中，无论是中美劳动密集型行业、资本密集型行业还是知识密集型行业，还是交叉产业类别开展增加值贸易，中美两国劳动密集型行业、资本密集型行业与知识密集型行业三大产业类别行业之间的增加值贸易强度对两国三大产业间双边就业联动性的影响均呈现出显著正向的趋势。表明中美两国不同产业间增加值贸易往来越密切，两国产业间的就业联动性也越强。

表8-11 **中美两国分产业类别增加值贸易强度对双边就业联动性的影响**

	中美双边就业联动指数为被解释变量								
变量	(1)	(2)	(3)	(4)	(5)	(6)	(7)	(8)	(9)
$LDVA\_Trade_{ijt}^{uv}$	0.2530***	2.1280***	1.7860***	2.5320***	0.5360***	0.4150***	0.4390***	0.3170***	0.4800***
	(0.0871)	(0.306)	(0.342)	(0.3900)	(0.0925)	(0.1020)	(0.0909)	(0.1150)	(0.2140)
$LTrade_{ijt}^{uv}$	0.117**	0.0674	-0.1270	-0.0255	-0.2270***	-0.1450***	0.2240***	0.2920***	0.1260
	(0.0501)	(0.1870)	(0.1910)	(0.1670)	(0.0679)	(0.0632)	(0.0741)	(0.0875)	(0.1260)
ISI_{ijt}^{uv}	-0.3460***	-0.7400*	0.0871	-0.2990	-0.0291	-0.0626	-0.5760***	-0.3220***	-0.3710
	(0.0647)	(0.3970)	(0.0783)	(0.3000)	(0.0331)	(0.0437)	(0.0751)	(0.0958)	(0.3310)
PSI_{ijt}^{uv}	0.4410***	-0.6210	0.0686	0.4010	-0.0700	-0.2780***	0.7800***	-0.3220***	0.2940
	(0.1910)	(0.3850)	(0.149)	(0.3900)	(0.0729)	(0.1120)	(0.2210)	(0.0958)	(0.3570)
$COMP_{ijt}^{uv}$	0.0040	-0.0049*	0.0038*	-0.0495***	0.0008	0.0007	-0.0008	0.0450	-0.0283***
	(0.0047)	(0.0026)	(0.0022)	(0.0188)	(0.0063)	(0.0015)	(0.0010)	(0.1270)	(0.0054)
时间固定效应	否	否	否	否	是	是	否	否	是
行业固定效应	是	是	是	是	是	是	是	是	是
样本量	847	847	252	847	62	462	47	62	462
R^2	0.0080	0.029	0.0640	0.0290	0.768	0.7700	0.0160	0.011	0.4820

注：同表8-6。

8.5 政策建议

本书利用UIBE数据库2010—2017年间35个行业的增加值贸易数据测算中美两国双边行业层面的增加值贸易强度指数，利用《中国统计年鉴》、美国劳动统计局的中美两国就业数据测算双边就业联动系数，对二者进行回归分析，探究增加值贸易强度对行业就业联动性的影响。再利用WIOD（2016）数据库中2000—2014年间的SEA就业数据，测算中美两国行业就业增长率联动系数；利用UIBE数据库根据WIOD（2016）测算的中美两国增加值贸易数据对中美行业增加值贸易强度指数的回归结论进行稳健性检验，得出以下结论：

第一，中美两国增加值贸易强度对两国行业就业联动性的影响系数为正，即增加值贸易强度越强，两国行业就业联动越紧密。第二，中美两国制造业增加值贸易强度对两国行业就业联动性的影响系数为负，表明制造业行业的增加值贸易强度越强，两国行业就业联动性越呈反向变化；中美两国服务业增加值贸易强度对两国行业就业联动性影响为正，制造业与服务业双边增加值贸易强度对两国就业联动性影响为正。第三，金融危机后，中美行业间增加值贸易强度对就业联动性影响强于金融危机前中美行业间增加值贸易强度对就业联动性的影响。第四，中美劳动密集型产业、资本密集型产业、知识密集型产业三大产业间的增加值贸易强度对就业联动性的影响显著为正。

基于以上研究结果，针对中美两国行业就业发展情况提出以下发展建议：

第一，面对中美贸易摩擦，仍要诉诸WTO多边贸易体制，对话与磋商才是解决贸易摩擦的正确选项。全球增加值贸易的发展，本质上是国际分工细化的产物，这是比任何单边主义更强大的历史法则，是贸易摩擦的“润滑剂”和贸易关系的“压舱石”。中美经济互补性高、互惠性强，美国发动贸易战，对来自中国的产品提高进口关税，在全球生产网络下，额外的生产成本会通过增加值贸易链条累积放大，对中美两国的行业就业形势产生不容忽视的负面影响，就业压力也会扩散至生产链上的他国企业，最终殃及欧美的企业与消费者。在全球价值链生产背景下，“以邻为壑”必然陷入“以己为壑”。

第二，调整出口商品结构，一方面扩大对其他国家的中间品出口，通过第三国实现国内增加值输出，转移因巨额贸易顺差产生的贸易争端，缓解当前中国面临的贸易保护主义困境；另一方面优化最终品出口市场结构，摆脱和欧美发达国家之间的“三角贸易”模式，避免因中间品出口市场过于集中而受到单一国家的经济波动牵连继而给国内就业市场造成波动性影响。

第三，深化供给侧结构性改革，提高供给体系的整体质量，促进中间品高质量生产。加强对企业创新生产技术的鼓励，提高中间品的附加值，提高中间品中包含的国内先进技术，应合理配置投资资金的用途，加快产业结构的调整，提高技术与研发能力，培育国内制造业在中高端价值链环节的竞争力。在继续扶植制造业发展的同时也应当大力发展高技术产业，从而提升中国在全球价值链中的分工地位，拉近中美两国之间的地位差距，加快科技创新能力发展还可以减轻价值链中经济冲击的传导幅度。同时可以延伸增加值贸易的间接出口路径，扩大中间品贸易的间接出口伙伴国范畴，从而减少经济冲击的传导链影响，降低经济冲击对就业产生的负面影响，放缓经济波动的传导速度，弱化不利经济波动对国内就业市场造成的负面影响。

第四，优化调整生产链网络体系，增强防范机制。对未来经济发展强劲的国家可以适当增加中间品和最终品出口，若对方具有贸易保护主义倾向，可以选择对其主要贸易伙伴增加中间品出口，由此享受该国经济增长带来的利益；对未来经济发展危机重重的国家调整出口结构，增加对其主要贸易伙伴的中间品出口，以缓冲该国经济衰退带来的不利影响。在加强对外合作的同时，应该设计合理的机制来防范系统性经济风险，加强风险防范措施的制定，在中美两国就业联动性增强的当今时代，国家间往往要面临相同的经济冲击，加强区域间就业政策的协调有利于对外部冲击进行及时预警。

第9章 中国嵌入GVC对城市就业的影响

9.1 研究背景

9.1.1 文献综述

对于全球价值链的分析和研究，多数学者集中于依据投入产出法测算价值链参与程度衡量与价值链位置。Koopman（2010）将出口贸易进一步分解国外附加值、国内附加值直接出口、国内附加值出口再加工后转口到第三国和加工后再出口回母国，并进一步提出了计算前向参与度、后向参与度和地位指数方法。Koopman（2014）建立了一个更为统一的框架，能够将不同的衡量指标统一到国内附加值和国外附加值体系中来。Antras等（2012）则基于供应商距离最终需求的位置提出了上游度指标来反映其在全球价值链中的位置。Johnson & Noguera（2012）计算了1970—2009年42个国家附加值贸易占总出口的比例，并分析了生产分割与地理邻近的关系。Fally（2012）通过对生产环节的计算来反映全球价值链。Baldwin & Lopoz-Gonzalez（2013）从供应链贸易及贸易增加值角度对价值链动态演进进行了研究。近几年，国内学者也开始对附加值贸易和全球价值链问题进行研究。在企业层面，如吕越等（2015）采用四种不同的方法对中国企业的全球价值链嵌入程度进行了测算，在行业层面，王玉燕等（2014）基于投入产出表对中国工业全球价值链嵌入程度进行了测算。但值得注意的是，在城市层面，尚没有学者对全球价值链嵌入程度进行测算。

劳动就业问题是任何一个国家所必须面临的突出问题，有关全球价值链嵌入与就业的研究日益增多。全球价值链的不断延伸促使参加全球价值链的产品种类和国家越来越多，也对参与国劳动力市场产生了显著影响。发达国家把劳动密集型产业转移到国外造成某些岗位流失，并拉开了熟练劳动力与非熟练劳动力工资的差距。根据日本经济产业省的调查数据，到2006年日本因向中国和印度进行服务外包分别导致10 700个和1 400个工作岗位的减少。2009，埃森哲（Accenture）在全球裁员300人，却于2010年在印度招募8 000人。发达国家在获得参与全球价值链的规模效应的同时，也面临着劳动力市场部分人员失业的短期压力。而对于发展中国家（地区）而言，基尼系数不断扩大，巴西、智利、阿根廷、墨西哥、中国香港和印度的工资差距螺旋螺旋式上升。但现有研究主要关注了微观企业、行业以及新兴经济体层面的全球价值链嵌入程度，对于区域层面参与全球价值链的研究文献较少，尤其缺少城市层面全球价值链嵌入对就业的研究。不少学者对企业、行业以及新兴经济体的全球价值链嵌入进行了测算。因此，我们借鉴何冰和周申（2019）的方法，根据地区的行业结构构成加权计算城市GVC，并考察其对城市就业的影响。

9.1.2 影响机制分析

1.就业创造效应

全球价值链重构引起的就业创造效应是指在参与全球价值链重构的过程中一国创造出前所未有的就业机会，可将这种就业创造效应细分为直接效应和间接效应。直接效应表现为一国企业在参与全球价值链的过程中直接产生的新的岗位需求，如通过利用外商直接投资建立生产企业以及因为本土企业参与全球价值链分工带来生产规模扩大而直接创造的就业机会。就业的间接创造效应则主要表现为参与价值链分工的企业又通过带动关联企业的生产和服务，如当地企业为外资企业提供原材料、零部件以及产品分销、维修代理等从而带来关联产业或服务规模的扩大引起的间接就业机会。

对发展中国家而言，直接效应主要表现为在全球价值链重构的过程中，随着产业的不断升级以及移动互联网、物联网、人工智能等新一代信息技术与数字基础设施的发展，发展中国家不再仅仅局限于最低端的加工装配生产环节，还努力提高自身的生产技术水平和创新能力，从而催生了一些新兴职业和就业岗位。从2019年4月起，人社部联合市场监管总局、国家统计局正式向社会发布多个新职业，包括区块链工程技术人员、城市管理网格员、互联网营销师等，其中不少行业人才缺口巨大。根据人社部中国就业培训技术指导中心2020年发布的《新职业在线学习平台发展报告》[①]发布的数据，未来5年新职业人才需求规模庞大，人才缺口超过千万。其中，预计云计算工程技术人员缺口近150万、物联网安装调试员缺口近500万、无人机驾驶员缺口近100万、电子竞技员缺口近200万、电子竞技运营师缺口近150万、农业经理人缺口近150万、人工智能人才缺口近500万、建筑信息模型技术员缺口近130万、工业机器人系统操作员和运维员缺口均达到125万、数字化管理师从业人员缺口已超过200万。

对发达国家而言，全球价值链重构的就业创造效应也同样存在。近年来发达国家为吸引制造业投资、降低制造业成本，大都出台了一系列关于土地、财税、人才、水电、基础设施等优惠政策。尤其是美国计划实施的减免税等一系列优惠政策降低制造业成本，有效吸引了跨国公司回流和全球制造业投资，使美国制造业优势得到重构。德、英等欧洲发达国家也相继出台了相关优惠政策。因此，发达国家制造业的综合要素成本与发展中国家的差距正越来越小，再加上人工智能等技术的广泛应

① http://chinajob.mohrss.gov.cn/c/2020-07-23/225240.shtml。

用，有效地解决了发达国家劳动力短缺和劳动力成本高的问题，使发达国家在制造业生产中重新取得优势。总之，多种原因促使发达国家在未来的发展中重振制造业，这无疑会产生直接的新的岗位需求，相关产业的发展也会创造出大量的间接岗位。

2.就业转移效应

全球价值链重构的就业转移效应是指全球价值链重构使得该国就业结构发生变化，劳动者从某一部门、企业或区域转移到其他部门、企业或区域进行就业。

全球价值链重构引起就业部门转移。根据赫克歇尔—俄林—萨缪尔森理论（H-O-S），国际贸易使一国出口部门规模扩张，进口竞争部门萎缩，从而引起国内劳动力的产业转移。价值链分工与产品分工一样，由于发展中国家的出口部门——劳动密集型的价值链环节生产规模扩大，进口部门——资本密集型生产规模缩小，导致熟练劳动力从贸易部门退出，转向非贸易部门，从而导致熟练劳动力失业人数增加，而非熟练劳动力就业人数增加。因此我们看到，发展中国家出口加工业的发展为吸纳农村剩余劳动力和手工业者起到了很大的作用，而对熟练劳动力和知识、技术人才的吸纳力相比之下较弱。但是生产技术水平的提高和国家对高端产业的大力支持，发展中国家的资本密集部门逐渐发展，也会逐渐从劳动密集部门吸纳一部分劳动力。

就业转移不仅包括部门转移，还包括区域的转移。价值链分工要充分考虑交易成本，所以在发展中国家，从事加工组装的生产基地一般都建立在交通便利、物流成本低的地区。这些生产基地的发展壮大，必然带来就业的区域转移。以中国为例，近年来随着劳动力和土地等要素成本的上升以及资源环境约束趋紧，中国的生产成本不断上升，部分产业已呈现向外转移的趋势。不少跨国企业正将生产基地转向东南亚地区，并将在中国的生产环节涓滴式地向这些地区转移，其中越南、孟加拉国等国家越来越受到外商的青睐。跨国企业转移到东南亚地区相应地使中国就业减少而促进东南亚地区就业增加，就业区域从中国转移到东南亚地区。

9.2 城市GVC的测度方法

9.2.1 测算方法

1.行业GVC测算

Koopman（2010）介绍了两种描述GVC的指标。一个指标是全球价值链参与度，指一国j行业t年出口的在进口国继续加工使用的中间产品占总出口的份额，与一国从其他国家进口的j行业t年的中间产品占总出口的份额。计算公式见（9-1）式：

$$GVC\_pa_{jt} = \frac{IV_{jt}}{E_{jt}} + \frac{FV_{jt}}{E_{jt}} \tag{9-1}$$

式中，GVC_pa_{jt}代表中国j行业t年的全球价值链参与度，IV_{jt}代表中国j行业t年间接附加值出口，FV_{jt}代表中国j行业t年出口包含的国外价值增值，E_{jt}代表中国j行业t年总出口。GVC_pa_{jt}的值越大，代表中国j行业t年参与全球价值链的程度越高。另一个指标用来衡量各国参与全球价值链的位置，其计算公式见（9-2）式：

$$GVC\_po_{jt} = ln(1 + \frac{IV_{jt}}{E_{jt}}) - \ln(1 + \frac{FV_{jt}}{E_{jt}}) \tag{9-2}$$

GVC_po_{jt}代表中国j行业t年的全球价值链位置。该指标越大，代表中国参与全球价值链的位置越接近上游。进一步，本书使用WIOD数据库提供的投入产出表根据（9-1）式和（9-2）式计算得出2005—2014年中国的全球价值链参与度和全球价值链参与位置。

2.城市GVC测算

为探究中国嵌入GVC对城市就业的影响，借鉴何冰和周申（2019）的测算方法，本书将测算出来的中国GVC指标与各个地级市的就业数据相结合，构建出地级市层面的全球价值链参与度（GVC_pa_{ct}）和全球价值链参与位置（GVC_po_{ct}）：

$$GVC\_pa_{ct} = \sum_{j} a_{cj} \times GVC\_pa_{jt} \tag{9-3}$$

$$GVC\_po_{ct} = \sum_{j} a_{cj} \times GVC\_po_{jt} \tag{9-4}$$

式中，c代表城市、j代表行业、t代表年份，GVC_pa_{ct}和GVC_po_{ct}分别代表c市t年的全球价值链参与度和c市t年的全球价值链参与位置，a_{cj}为c市j行业就业人数占c市所有行业就业人数的比重，a_{cj}是根据第五次人口普查的抽样调查微观数据计算得出的。GVC_pa_{jt}和GVC_po_{jt}分别为中国j行业t年的全球价值链参与度和全球价值链参与位置，该指标是使用WIOD数据库中的投入产出表根据（9-1）式和（9-2）式测算得来的。GVC_pa_{ct}的值越大，代表c市的全球价值链参与度越高；GVC_po_{ct}的值越大，代表c市的全球价值链所处的位置越接近上游。

9.2.2 城市GVC特征

根据测算出来的地级市价值链参与度和地级市价值链参与位置，根据各个地级市所处位置的不同，本书将整体样本分为东部地区、中部地区和西部地区三部分[①]，以各个地级市的人口占比为权重，分别计算了全国以及各个地区2005—2014年全球价值链参与度和全球价值链参与位置的加权平均值，见表9-1。一方面，中国的全球价值链参与度整体呈现下降的趋势，2005—2014年间中国在全球的价值链参与度在逐步下降，说明中国嵌入全球价值链的进程有所放缓。对比东部地区、中部地区和西部地区的全球价值链参与指数可以看出，东部地区的全球价值链参与度最高，中部地区次之，西部地区的全球价值链参与度最低。相对其他地区，东部地区的经济和贸易水平更高，因而有着更高的价值链参与程度。另一方面，中国的全球价值链参与位置整体呈现向上游攀升的趋势，随着国际生产分工的不断深化，中国在全球价值链中的位置逐渐由价值链的低端向中高端转移。此外，中部、西部地区资源丰富，矿产资源优势明显，全球价值链参与位置偏上游，而东部地区通过生产加工等方式嵌入全球价值链，其全球价值链参与位置偏下游。

① 参照中华人民共和国中央人民政府的定义，东部地区包括北京、天津、河北、辽宁、上海、江苏、浙江、福建、山东、广东、海南11个省（直辖市）；中部地区包括山西、吉林、黑龙江、安徽、江西、河南、湖北、湖南8个省；西部地区包括内蒙古、广西、重庆、四川、贵州、云南、西藏、陕西、甘肃、青海、宁夏、新疆12个省（自治区、直辖市）。

表9-1 分地区全球价值链参与度和参与位置

年份	全球价值链参与度				全球价值链参与位置			
	全国	东部地区	中部地区	西部地区	全国	东部地区	中部地区	西部地区
2005	0.8941	0.9040	0.8833	0.8798	-0.2982	-0.3067	-0.2897	-0.2855
2006	0.8670	0.8754	0.8581	0.8538	-0.2595	-0.2680	-0.2476	-0.2495
2007	0.8541	0.8654	0.8431	0.8367	-0.2305	-0.2399	-0.2181	-0.2199
2008	0.8285	0.8359	0.8194	0.8189	-0.1761	-0.1844	-0.1650	-0.1666
2009	0.7100	0.7174	0.6976	0.6999	-0.1075	-0.1170	-0.0943	-0.0909
2010	0.7810	0.7949	0.7672	0.7605	-0.1493	-0.1573	-0.1402	-0.1390
2011	0.7993	0.8123	0.7883	0.7775	-0.1205	-0.1272	-0.1129	-0.1118
2012	0.7283	0.7379	0.7163	0.7159	-0.0900	-0.0964	-0.0804	-0.0842
2013	0.7172	0.7255	0.7055	0.7051	-0.0708	-0.0769	-0.0616	-0.0627
2014	0.6731	0.6829	0.6598	0.6595	-0.0149	-0.0197	-0.0068	-0.0107

9.3 GVC对我国城市就业影响的实证检验

9.3.1 样本选择和数据来源

本书使用2005—2014年间WIOD数据库中投入产出表的数据以及第五次人口普查地级市的抽样调查数据，基于（9-1）至（9-4）式测算了地级市层面的全球价值链参与度以及全球价值链参与位置，以各个地级市的就业作为被解释变量，实证检验了GVC对我国城市就业的影响。本书的就业数据源自CNRDS数据库，GVC数据为结合WIOD数据库和第五次人口普查数据测算而来，地级市人均GRP、人均工资、中学数量、金融机构贷款余额、实际利用外资额、一般公共预算支出和第二产业增加值占比数据均源自中经网统计数据库。此外，本书剔除了数据缺失的样本，最终得到274个地级市2 313个观测值。

9.3.2 模型和变量定义

为检验GVC对我国城市就业的影响，本书构建了如下实证模型：

$$Labor_{ct} = \alpha + \beta GVC_{ct} + \delta X_{ct} + \varepsilon_{ct} \tag{9-5}$$

$Labor_{ct}$为被解释变量，代表c市t年的就业人数。具体而言，本书使用地级市单位从业人员与私营和个体从业人员之和的对数值表示地级市的就业。GVC_{ct}为核心解释变量，代表c市t年的GVC指标。基于前文对全球价值链相关指数的测算，本书分别以全球价值链参与度（GVC_pa_{ct}）和全球价值链参与位置（GVC_po_{ct}）来代表c市t年的GVC指标。

X_{ct}为一组地级市层面的控制变量。地级市的经济发展水平、工资水平、教育水平、金融发展水平、外资水平、政府干预度和产业结构等因素均有可能会对当地的就业产生影响，为了更加准确地估计GVC对我国城市就业的影响，本书的控制变量选取如下：

（1）经济发展水平（*pgrp*）。经济发展水平是影响就业的最直接的因素，经济发展水平越高的地区往往有着更高的就业水平。本书使用地级市人均GRP的对数值作为地级市经济发展的代理变量。

（2）工资水平（*wage*）。工资水平是影响就业的另一重要因素，一方面，高的工资水平往往代表该地区的就业形势更好，对城市就业起到促进作用；另一方面，高工资意味着更高的用人成本，从而抑制了就业。本书使用城镇单位在岗职工平均工资的对数值来代表地级市的工资水平。

（3）教育水平（*school*）。一般而言，一个地区教育水平的提高会使当地的劳动力与工作更加匹配，使得当地的就业率上升。本书使用地级市普通中学的学校数作为教育水平的代理变量。

（4）金融发展水平（*finance*）。金融机构为企业的发展提供了保障，降低了企业经营的风险，提高了企业的风险承受能力，促进了就业。本书使用地级市金融机构贷款余额占当地生产总值的比重代表当地的金融发展水平。

（5）外资水平（*FDI*）。外资进入往往会建立新的企业，创造新的就业岗位，促进就业。本书使用地级市实际利用外资额作为外资水平的代理变量。

（6）政府干预（*invest*）。政府干预是影响就业的重要手段，本书使用地级市一般公共预算支出占GRP的比重代表当地政府的干预力度。

（7）产业结构（*ind*）。相对于其他产业，第二产业往往能吸收更多的劳动力，促进就业水平的提高。本书使用地级市第二产业增加值占GRP的比重作为产业结构的代理变量。

ε_{ct}为随机扰动项，为避免时间变动和地域变动对回归结果产生影响，本书还控制了年份固定效应和省份固定效应。

9.3.3 实证结果分析

1.基准回归

为检验GVC对我国城市就业的影响，本书使用地级市就业总人数的对数值作为被解释变量，使用测算出来的全球价值链参与度和价值链参与位置作为解释变量，在加入控制变量后，使用LSDV法进行了回归，见表9-2。表9-2的（1）列和（2）列汇总了地级市全球价值链参与度对其就业的影响。可以看出，无论是否加入控制变量，地级市价值链参与度的提高均会对地级市的就业产生正向的影响，第（2）列*GVC_pa*的系数表示价值链参与度指数增加1单位会使得地级市的就业增加约149.7%，表明地级市价值链参与度的提高可能会为当地创造新的岗位需求，进而促进当地就业。表9-2的（3）列和（4）列汇总了地级市价值链参与位置对其就业的影响。从（3）列和（4）列的回归结果可以看出，地级市的全球价值链参与位置与其就业呈正相关，第（4）列*GVC_po*的系数表示价值链参与位置指数增加1单位会使得地级市的就业增加约53.1%，表明地级市价值链参与位置向上游发展和提升会促进地级市就业。

从控制变量来看，地级市经济发展水平的提升会提供更多的就业岗位，促进地级市就业率的提升；地级市教育水平的提升会使得地级市的人才和就业需求更加匹配，促进就业率的提升；地级市金融发展水平的提升为地级市企业提供了资金保证，降低了经营风险，促进地级市就业水平的提升；地级市外资水平的提升创造了更多的就业岗位，提高了就业水平。此外，地级市的工资水平、政府干预和产业结构的提升均对就业产生正向的影响，但显著性较弱。

表9-2 **基准回归**

	全样本			
	(1)	(2)	(3)	(4)
GVC_pa	6.133*** (0.291)	1.497*** (0.147)		
GVC_po			2.305*** (0.366)	0.531*** (0.167)
pgdp		0.591*** (0.023)		0.627*** (0.024)
wage		0.001 (0.050)		0.015 (0.052)
school		0.899*** (0.014)		0.919*** (0.014)
finance		0.237*** (0.047)		0.246*** (0.049)
FDI		1.814*** (0.382)		1.911*** (0.390)
invest		0.318* (0.182)		0.278 (0.184)
ind		0.119 (0.135)		0.236* (0.137)
常数项	9.920*** (0.275)	1.271** (0.493)	16.271*** (0.123)	2.081*** (0.518)
i.Year	是	是	是	是
i.Place	是	是	是	是
N	2 313	2 313	2 313	2 313
R^2	0.440	0.891	0.339	0.886

注：*、**、***分别代表在10%、5%、1%的水平上显著，括号中报告的为稳健标准误。

2.异质性分析

为验证地区异质性和就业方式异质性对GVC影响城市就业的调节作用，本书基于地级市地理位置异质性、城市规模异质性、就业行业异质性和就业方式异质性分别进行了回归（见表9-3）。

表9-3 地理位置异质性

	东部地区		中部地区		西部地区	
	(1)	(2)	(3)	(4)	(5)	(6)
GVC_pa	1.364*** (0.312)		1.231*** (0.202)		1.987*** (0.252)	
GVC_po		−0.935*** (0.297)		1.514*** (0.273)		0.978*** (0.334)
常数项	3.004*** (0.797)	2.858*** (0.793)	1.093* (0.648)	2.708*** (0.697)	−0.572 (0.873)	0.590 (0.878)
控制变量	Yes	Yes	Yes	Yes	Yes	Yes
i.Year	Yes	Yes	Yes	Yes	Yes	Yes
i.Place	Yes	Yes	Yes	Yes	Yes	Yes
N	877	877	905	905	531	531
R^2	0.910	0.909	0.839	0.838	0.869	0.858

注：*、**、***分别代表在10%、5%、1%的水平上显著，括号中报告的为稳健标准误。

首先，我们根据地级市所处地理位置的不同，将整体样本分为东部地区、中部地区和西部地区三个子样本，分别进行了回归，回归结果见表9-3。从全球价值链参与度来看，东部地区、中部地区和西部地区GVC_pa的系数均显著为正，表明地级市全球价值链参与度的提升会促进东、中、西部地区地级市的就业。进一步，通过对比东、中、西部地区GVC_pa的系数可以看出，全球价值链参与度的提升更能促进西部地区地级市的就业，这可能是因为西部地区相对于其他地区的经济发展水平较低，就业结构完善度较低，因此参与全球价值链后会创造更多新的就业岗位。由全球价值链参与位置来看，全球价值链参与位置的提高会对东部地区地级市的就业产生负向影响，对中部和西部地区地级市的就业产生正向影响。东部地区地级市全球价值链参与位置的提高之所以会降低地级市就业率，可能是因为就业转移效应，随着东部地区价值链参与位置的提升以及生产技术的进步，东部地区就业需求结构发生了转变，机器生产替代了手工生产，进而导致就业水平的降低。

其次，我们根据城市人口数量的不同，将整体样本分为大城市（人口≥100万）、中等城市（100万＞人口≥50万）和小城市（人口<50万）分别进行了回归，见表9-4。从价值链参与度的角度来看，价值链参与度的提升最能促进大城市的就业，其次是小城市，最后是中等城市。这表明价值链参与度的提高会在大规模的地级市创造更多的就业岗位。从全球价值链参与位置的角度来看，全球价值链参与位置的提高仅能促进小城市就业规模的提高，表明小城市在全球价值链中所处的位置越高，其就业水平就越高。

表9-4 **城市规模异质性**

	大城市		中等城市		小城市	
	(1)	(2)	(3)	(4)	(5)	(6)
GVC_pa	1.322*** (0.292)		0.568*** (0.185)		0.779*** (0.239)	
GVC_po		−0.228 (0.291)		0.288 (0.207)		0.921** (0.374)
常数项	1.844** (0.831)	1.854** (0.907)	5.429*** (0.500)	5.844*** (0.515)	11.838*** (1.079)	12.894*** (1.044)
控制变量	是	是	是	是	是	是
i.Year	是	是	是	是	是	是
i.Place	是	是	是	是	是	是
N	838	838	967	967	508	508
R^2	0.923	0.920	0.647	0.645	0.689	0.687

注：*、**、***分别代表在10%、5%、1%的水平上显著，括号中报告的为稳健标准误。

再次，我们根据就业产业的不同，将整体就业分为第一产业就业、第二产业就业和第三产业就业并进行了回归，见表9-5。表9-5的回归结果表明，地级市全球价值链参与度的提高会降低第一产业的就业，提高第二产业和第三产业的就业，最能提升第二产业的就业。这也与中国参与全球价值链的特征相符，相比于其他产业，中国更多的是通过第二产业参与到全球价值链中的，基于此全球价值链参与度的提高更能促进第二产业就业人数的增加。进一步，*GVC_po*的系数表明地级市全球价值链参与位置的提高更能促进第一产业的就业，其次为第二产业，最后为第三产业。全球价值链参与位置的提高意味着中国嵌入价值链的水平更加高端，在第二产业和第三产业产生了更多的就业转移效应，使得地级市全球价值链嵌入位置提升对于第二、三产业就业的促进作用差于第一产业。

表9-5 **就业产业异质性**

	第一产业		第二产业		第三产业	
	(1)	(2)	(3)	(4)	(5)	(6)
GVC_pa	-1.499*** (0.536)		2.395*** (0.244)		0.701*** (0.141)	
GVC_po		1.458** (0.676)		0.926*** (0.285)		0.453*** (0.150)
常数项	9.942*** (1.652)	10.381*** (1.768)	-0.155 (0.703)	1.194 (0.726)	1.091** (0.473)	1.613*** (0.482)
控制变量	是	是	是	是	是	是
i.Year	是	是	是	是	是	是
i.Place	是	是	是	是	是	是
N	2 099	2 099	2 311	2 311	2 311	2 311
R^2	0.410	0.410	0.815	0.807	0.897	0.896

注：*、**、***分别代表在10%、5%、1%的水平上显著，括号中报告的为稳健标准误。

最后，我们根据就业方式的不同，本书将整体就业分为单位从业人员与私营及个体从业人员两种进行了回归，见表9-6。表9-6的回归结果表明地级市全球价值链参与度和全球价值链参与位置的提高均能促进单位从业人员与私营及个体从业人员的增加。进一步，通过对比单位从业人员与私营及个体从业人员GVC指标的系数可以看出，地级市全球价值链参与度和全球价值链参与位置的提高更能促进私营和个体从业人员的增加。这可能是因为近年来国家政策更加倾向于扶植私营和个体企业，增强了地级市全球价值链参与度和全球价值链参与位置对私营及个体从业人员就业的影响。

表9-6 **就业方式异质性**

	单位从业人员		私营和个体从业人员	
	(1)	(2)	(3)	(4)
GVC_pa	1.436*** (0.156)		1.653*** (0.224)	
GVC_po		0.563*** (0.179)		0.740*** (0.249)
常数项	1.813*** (0.514)	2.628*** (0.527)	-1.016 (0.695)	-0.014 (0.727)
控制变量	是	是	是	是
i.Year	是	是	是	是
i.Place	是s	是	是	是
N	2 313	2 313	2 313	2 313
R^2	0.881	0.877	0.794	0.790

注：*、**、***分别代表在10%、5%、1%的水平上显著，括号中报告的为稳健标准误。

9.4 总结与建议

本书在测算地级市全球价值链参与度和全球价值链参与位置的基础上，以地级市就业作为被解释变量，在控制了地级市经济发展水平、工资水平、教育水平、金融发展水平、外资水平、政府干预度和产业结构的基础上，使用LSDV模型实证检验了中国嵌入GVC对城市就业的影响。本书主要得出以下结论：

首先，基于对地级市GVC指标的测算，本书发现中国的全球价值链参与度在逐年下降，而中国的全球价值链参与位置在不断提高。本书还将整体样本分为东、中、西地区分别对GVC指标进行了描述，发现东部地区的全球价值链参与度更高，中部地区的全球价值链嵌入位置更高。

其次，基准回归的结果表明地级市全球价值链参与度和全球价值链参与位置的提高会对地级市的就业产生正向的促进作用，地级市经济发展水平、教育水平、金融发展水平和外资水平的提升均会促进地级市的就业。

最后，一方面，地区异质性回归结果表明，地级市全球价值链参与度的提高能促进西部地区以及大城市的就业，地级市全球价值链参与位置的提高同样也能促进中部地区以及小城市的就业。另一方面，就业方式异质性回归的结果表明，地级市全球价值链参与度的提升能促进第二产业与私营及个体从业人员的就业，地级市全球价值链参与位置的提高同样也能促进第一产业与私营及个体从业人员的就业。

综合上述结论可以看出，中国嵌入GVC会对城市就业起到正向的促进作用。因此，中国应该以更加积极的态度融入全球价值链中去，大力推进中国全球价值链参与度和全球价值链参与水平的提升，创造更多的就业岗位；政府应加大对西部地区参与国际贸易的扶植力度，促进东、中、西地区均衡发展，加强对第一产业与私营和个体企业的扶植力度，使得中国的就业结构更加均衡稳定；企业应积极参与到全球价值链中去，以为企业所在地创造新的就业岗位。

第10章　中国嵌入GVC对企业就业的影响

10.1　我国的就业现状与增长

中国作为全球人口最多的国家，就业问题一直是政府重点关注的社会问题。2000—2019年20年以来，中国就业人数已从72 085万人增长至77 471万人，整体就业增长率为7.47%；不同行业就业人数占比变化也比较明显。图10-1呈现了2000—2019年间，中国三大产业就业人数占总就业人数的比例变化趋势图。在2000年时，三大产业就业占比中，第一产业就业人数占比最高，达50%；其次是第三产业，就业人数占比为27.5%；第二产业就业人数占比为22.5%。从变化趋势来看，第一产业就业人数占比在2000—2019年之间一直处于缓慢下降的趋势，到2019年，第一产业就业人数占比已降至25.1%，下降幅度为24.9%。第二产业就业人数在2000—2019年间呈现出先升后降的趋势。在2000年，第二产业就业人数占比为22.5%，2012年就业占比达到最高，为30.3%，上升幅度为7.8个百分点；2012—2019年期间第二产业就业人数占比开始回落，降至27.5%。2000—2019年间，第二产业就业人数占比整体变化趋势上升了5个百分点。第三产业就业人数占比在2000—2019年间一直呈上升趋势，其中2012年后，就业人数占比上升速度加快，到2019年，第三产业就业人数占比已上升到47.4%，整体上升幅度为19.9个百分点。

随着改革开放的程度不断深入，2000—2019年20年间中国就业结构发生了巨大变化，第一产业就业人数占比下降幅度超过24个百分点，第三产业就业人数占比上升19.9个百分点，成为我国就业人数最多的产业。第一产业主要包括农业、畜牧业等行业，就业人数下降可能源于过去20年间，农业机械化进程的加速，解放了农民生产力。同时伴随着改革开放速度的加快，越来越多的农民选择外出就业，投身于第二产业和第三产业的发展建设中，从而使第二、第三产业就业人数增加。第二产业主要是制造产业，就业人数占比在2000—2019年间上升5个百分点，变化不大。第三产业主要是综合服务业，是目前国内就业人数最多的产业，也是我国吸纳就业的主力军产业，未来将依旧为促进国内就业发挥最重要的作用和（见图10-1）。

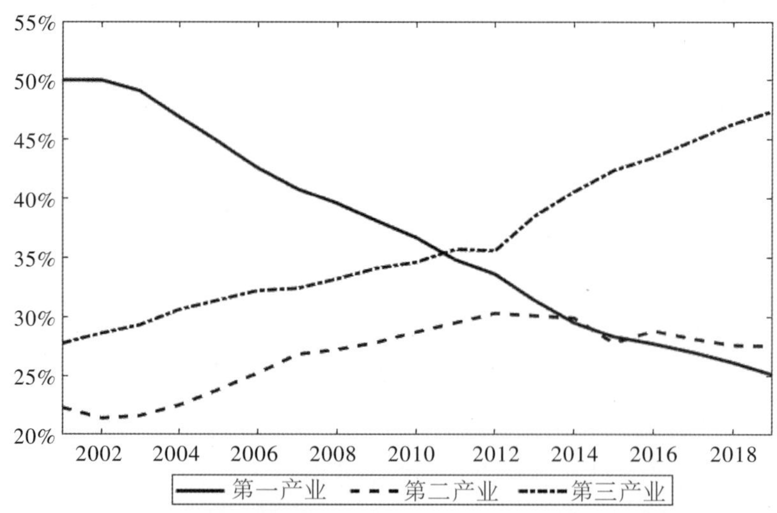

图10-1 中国三大产业占总就业人数比例变化趋势图

资料来源：笔者根据《中国统计年鉴》整理并测算所得。

图10-2呈现了我国2001—2019年间的总体就业增长率以及三大产

业就业增长率变化趋势情况。2001—2019年间，我国总体就业增长率基本持平，变化趋势平缓。2001—2017年整体就业增长率保持正值，2018—2019年，整体就业增长率为负值，主要源于中美贸易战对国内就业带来一定的冲击，使得第三产业未能充分发挥就业吸纳能力，导致就业率下降。第一产业的就业增长率在2003年已降至负值，就业人数不断向第二、第三产业转移。第二产业就业增长率在2001—2019年间波动幅度最大，2003—2012年十年间就业增长率保持正值，对国内劳动力的吸纳数量一直在上升。但在2013—2019年间，第二产业的就业增长率除2016年为正值外，其余年份均为负值，表明第二产业的就业人数正逐渐趋于饱和状态。第三产业就业增长率在2001—2019年间一直保持正值，且2013年达到顶峰，就业增长率达到8.60%，但2013—2019年间，第三产业就业增长率开始缓慢回落，表明第三产业的就业吸纳能力逐渐下降。

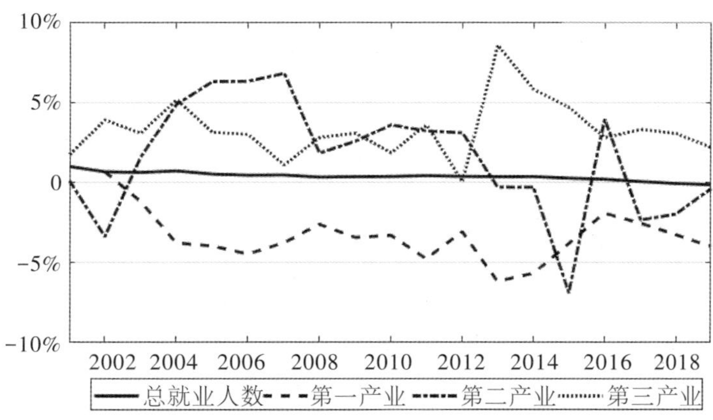

图10-2 中国三大产业就业增长率变化趋势

资料来源：笔者根据《中国统计年鉴》整理并计算所得。

从三大产业的就业增长率趋势图可以看出，在2003—2013年间，第一产业的就业增长率为负时，第三产业与第二产业的就业增长率均为正，表明第一产业的就业人员正逐渐向第二、第三产业进行转移；2003—2019年间，第二产业的就业增长率也基本为负值，尤其2013—2015年间，第二产业就业增长率骤然下降，与此同时第三产业的就业增长率达到峰值，表明国内的第一、第二产业的就业人员均开始向第三产业进行转移。

10.2 全球价值链重构对我国企业就业的实证检验

10.2.1 模型设定

为了验证全球价值链重构对我国劳动力市场的影响，本书以制造业为例，设立以下回归方程：

$$employ_{it} = \alpha_0 + \alpha_1 dva_{it} + \alpha_2 profit_{it} + \alpha_3 own_{it} + \alpha_4 fass_{it} + \alpha_5 n + \theta_i + \gamma_t + \delta_j + \varepsilon_{it} \tag{10-1}$$

$$salary_{it} = \beta_0 + \beta_1 dva_{it} + \beta_2 profit_{it} + \beta_3 own_{it} + \beta_4 employ_{it} + \beta_5 n + \theta_i + \gamma_t + \delta_j + \varepsilon_{it}$$

式中，i代表企业，t代表年份；被解释变量$employ_{it}$和$salary_{it}$分别代表企业年平均雇用的劳动力数量和企业年度应付职工薪酬，dva_{it}为核心解释变量——企业出口国内附加值；$profit_{it}$代表企业i在t年的利润总额，$fass_{it}$代表企业i在t年的固定资产，own_{it}代表企业i在t年的所有者权益，θ_i代表个体固定效应，γ_t代表时间固定效应，δ_j代表行业固定效应，ε_{it}为随机扰动项。为防止异方差问题，上述变量均取对数形式。

10.2.2 主要指标说明

出口国内附加值率。在早期，大多数研究都依赖于贸易总值数据来衡量国际贸易，但是随着各国对全球价值链的不断参与和产业内贸易在全球贸易中所占份额的不断增加，按照贸易总值数据的统计方法，一些商品被重复计算，以贸易总值数据不再能够恰当地衡量和反映国际贸易的真实性质以及一国参与全球价值链所获得的真实利益。学者们重新寻找能够准确反映在全球价值链分工背景下参与国际贸易的真实利益的指标——出口国内附加值率。Upward等（2012）首次从微观企业层面对出口国内附加值率进行了测算，采用广义经济分类标准（BEC）对一般贸易企业的进口商品种类进行了识别。张杰等（2013）和Kee、Tang（2016）等对出口国内附加值率又进行了一系列改进。

本书具体测算过程如下：（1）识别企业在各类贸易方式下进口的中间品。现有文献认为，加工贸易进口的产品全部被作为中间品使用，而

一般贸易方式的进口产品既可能被作为中间品使用，也可能作为最终产品直接用于国内销售，因此需要对一般贸易方式的进口产品类型进行识别。通过将广义经济分类标准（BEC）与海关贸易数据库的HS产品编码进行关联，识别出企业的进口产品究竟属于中间品、资本品还是消费品。将完成识别之后一般贸易方式的中间品进口额表示为$IM_{it}^{O}\big|_{BEC}$。(2) 处理贸易代理商引致的间接进出口问题。中国企业的进口和出口贸易很多是通过贸易代理商间接实现的，这种现象会导致对企业中间品进口额和出口贸易总额的低估。但是，现有文献仅考虑了贸易代理商引致的间接进口中间品问题，而忽视了贸易代理商引致的间接出口问题。为此，首先根据Ahn等（2011）的做法对海关贸易数据库中的贸易代理商进行了识别；然后，分别计算各二位数行业通过贸易代理商渠道所进口的中间品金额占行业总进口中间品金额的比重，最后根据$IM_{it}^{adj-O}\big|_{BEC}=IM_{it}^{O}\big|_{BEC}/(1-imshare_t)$计算一般贸易方式经过调整之后的实际中间品进口额$IM_{it}^{adj-O}\big|_{BEC}$。具体的测算式为：

$$dva_{it}=\begin{cases} E-IM_{it}^{adj-O}\big|_{BEC},k=O \\ E-IM_{it}^{adj-P},k=P \\ w_p*(E-IM_{it}^{adj-P})+w_o*(E-IM_{it}^{adj-O}\big|_{BEC}),k=M \end{cases} \tag{10-2}$$

式中，O、P、M分别表示纯一般贸易企业、纯加工贸易企业和混合贸易企业①，w_o和w_p分别表示混合贸易企业以一般贸易方式和加工贸易方式进行出口的比例，E代表企业出口额。

控制变量。(1) 利润总额是“亏损总额”的对称，是指企业在一定时期内通过生产经营活动所实现的最终财务成果，是企业纯收入构成内容之一。(2) 工业企业的利润总额，主要由销售利润和营业外净收入（营业外支出抵减利润） 两部分构成。(3) 企业总资产是指某企业拥有或控制的、能够带来经济利益的全部资产，金额等于其资产负债表中的“资产总计” 金额。(4) 所有者权益是指企业资产扣除负债后，由所有者享有的剩余权益。所有者权益是所有者对企业资产的剩余索取权，它

① 其中纯一般贸易企业为加工出口份额为0的企业，纯加工贸易企业为加工出口份额等于1的企业，混合贸易企业为加工出口份额介于0与1之间的企业。

是企业的资产扣除债权人权益后应由所有者享有的部分。所有者权益的来源包括所有者投入的资本、其他综合收益、留存收益等，通常由股本（或实收资本）、资本公积（含股本溢价或资本溢价、其他资本公积）、盈余公积和未分配利润等构成。

10.2.3 数据来源及描述性统计

本书以2000—2013年中国企业的数据为样本，探讨全球价值链重构对我国劳动力市场的影响，所需数据主要来自工业企业数据库和海关数据库，如表10-1所示。对上述变量进行描述性统计，如表10-2所示。企业年平均雇佣的劳动力数量最大值为188 151人，最小值仅为8人，应付职工薪酬企业最小为0元，最大值为14 673 630千元，企业之间存在较大差异。因此，后面对企业间存在较大差异进行进一步研究是必要的。

表10-1 **数据来源**

变量名称	单位	数据来源
雇用劳动力数量	人	工业企业数据库
应付职工薪酬	千元	工业企业数据库
出口国内附加值		工业企业数据库、海关数据库
利润总额	千元	工业企业数据库
固定资产	千元	工业企业数据库
所有者权益	千元	工业企业数据库
成立年限	年	工业企业数据库

表10-2 **变量描述性统计**

变量名称	观测值	均值	标准差	最小值	最大值
雇用劳动力数量	140 588	611.784	1 815.633	9	188 151
应付职工薪酬	144 077	20 538.161	114 853.48	−116	14 673 630
出口国内附加值	160 419	20 726 110	2.313e+08	1	2.267e+10
利润总额	160 385	16 650.782	153 114.24	−3 506 303	24 990 130
固定资产	160 419	76 166.299	439 041.91	1	52 632 560
所有者权益	160 417	108 967.06	573 031.14	−1 812 016.4	63 003 811
成立年限	160 414	21.565	9.826	1	1 821

10.3 实证结果分析

表10-3报告了基准回归结果，第（1）列的被解释变量为企业年度应付职工薪酬，对个体效应、时间效应和行业效应固定后，主要的解释变量——企业出口附加值显著为正，企业出口附加值提高1%，带动企业年度职工薪酬增长0.024%，与预期结果一致。同样，将被解释变量替换成企业雇用劳动力数量，进行与第（1）列相似的回归，回归系数依然显著为正，企业出口附加值的提升同样促进了企业雇用劳动力数量的增加。具体而言，企业出口附加值每提升1%，企业雇用劳动力数量增加0.037%。

表10-3 **回归结果**

	劳动力数量				职工薪酬			
	总样本	大型	中型	小型	总样本	大型	中型	小型
企业出口附加值	0.037***	0.017***	0.021***	0.026***	0.024***	0.004	0.001	0.007***
	(0.002)	(0.004)	(0.002)	(0.002)	(0.002)	(0.006)	(0.003)	(0.002)
利润总额	0.045***	0.009	0.037***	0.042***	0.050***	0.040***	0.031***	0.033***
	(0.002)	(0.008)	(0.003)	(0.002)	(0.002)	(0.011)	(0.004)	(0.003)
所有者权益	0.078***	0.206***	0.093***	0.046***	0.149***	0.121***	0.066***	0.072***
	(0.004)	(0.022)	(0.007)	(0.005)	(0.004)	(0.029)	(0.011)	(0.007)
就业人数		0.249***	0.156***	0.132***	0.451***			
		(0.022)	(0.007)	(0.005)	(0.004)			
成立年限	0.004***				-0.001	0.605***	0.680***	0.693***
	(0.001)				(0.001)	(0.033)	(0.016)	(0.009)
固定资产	0.157***	0.004***	0.002**	0.002		0.001	-0.000	-0.004**
	(0.004)	(0.001)	(0.001)	(0.001)		(0.002)	(-0.001)	(0.002)
常数项	2.355***	0.832*	2.628***	2.644***	3.550***	3.416***	3.644***	3.502***
	(0.105)	(0.378)	(0.398)	(0.121)	(0.108)	(0.449)	(0.198)	(0.153)

续表

	劳动力数量				职工薪酬			
个体固定效应	是	是	是	是	是	是	是	是
时间固定效应	是	是	是	是	是	是	是	是
行业固定效应	是	是	是	是	是	是	是	是
观测值	108 652	3 733	23 214	47 887	96 375	3 268	19 050	40 561
R^2	0.150	0.369	0.184	0.113	0.574	0.640	0.540	0.495

注：括号内为t值；*、**、*** 分别代表在10%、5%、1%的水平上显著。

工业企业数据库将企业按照规模的大小划分为大型企业、中型企业和小型企业。为了比较不同规模企业的出口附加值对企业雇用劳动力数量和年度应付职工薪酬的异质性影响，本书按照工业企业数据库的划分方法，对大型、中型和小型企业分别进行回归，回归结果如表10-3所示。在企业雇用劳动力数量方面，三种规模的企业出口附加值提升对企业雇用的劳动力数量均有显著的提升作用。就具体数值而言，在这三种规模中，小型企业对雇用劳动力数量作用最大，其次是中型企业，大型企业对劳动力数量的影响最小，与现实中小型企业吸纳更多劳动力就业的状况相符。在职工薪酬方面，根据回归结果显示，大型企业和中型企业的出口附加值系数并不显著，只有小型企业的系数在5%的水平上显著为正，小型企业出口附加值每增加1%，其年度应付职工薪酬增加0.007%。

不同性质的企业对雇用劳动力数量和应付职工薪酬会产生不同的影响，因此本书按照工业企业数据库对企业性质的划分，将样本中的企业按照登记注册类型划分为国有企业[①]和私营企业，对两种类型的企业分别进行回归，结果如表10-4所示。在企业雇用的劳动力数量方面，国有企业出口附加值对雇用劳动力数量作用不显著，但是私营企业出口附加值的提升对雇用劳动力数量有显著的促进作用。在年度应付职工薪酬方面，国有企业的出口附加值系数并不显著。私营企业的出口附加值系数显著为正，私营企业出口附加值提升1%，私营企业年度应付职工薪酬增加0.028%。贸易方式对劳动力数量和职工薪酬影响的异质性见表10-5。

① 将“国有、国有联营、国有与集体联营、国有独资”这几类企业定义为国有企业。

表10-4　**企业性质对劳动力数量和职工薪酬影响的异质性**

	劳动力数量		职工薪酬	
	国有企业	私营企业	国有企业	私营企业
企业出口附加值	0.018 (0.014)	0.038*** (0.005)	0.014 (0.010)	0.028*** (0.006)
利润总额	0.035* (0.020)	0.053*** (0.005)	-0.003 (0.015)	0.075*** (0.006)
所有者权益	0.134** (0.058)	0.026* (0.023)	0.374*** (0.041)	0.086*** (0.011)
固定资产总额	0.200*** (0.057)	0.130*** (0.010)		
就业人数			0.118*** (0.032)	0.494*** (0.014)
成立年限	0.003 (0.002)	-0.002 (0.002)	0.001 (0.002)	-0.001 (0.002)
常数项	2.722*** (0.808)	2.775*** (0.378)	4.313*** (0.527)	3.237*** (0.413)
个体固定效应	是	是	是	是
时间固定效应	是	是	是	是
行业固定效应	是	是	是	是
观测值	1 163	16 417	1 077	14 285
R^2	0.224	0.199	0.592	0.581

注：括号内为标准误；*、**、***分别代表在10%、5%、1%的水平上显著。

表10-5 **贸易方式对劳动力数量和职工薪酬影响的异质性**

	劳动力数量			职工薪酬		
	纯一般贸易	纯加工贸易	混合贸易	纯一般贸易	纯加工贸易	混合贸易
企业出口附加值	0.017***	0.038***	0.059***	0.008*	0.007	0.041***
	(0.004)	(0.006)	(0.003)	(0.004)	(0.008)	(0.003)
利润总额	0.042***	0.043***	0.044***	0.048***	0.048***	0.051***
	(0.006)	(0.007)	(0.002)	(0.007)	(0.009)	(0.002)
所有者权益	0.055***	0.110***	0.072***	0.110***	0.122***	0.155***
	(0.015)	(0.019)	(0.005)	(0.015)	(0.022)	(0.005)
固定资产总额	0.172***	0.139***	0.149***			
	(0.013)	(0.016)	(0.005)			
就业人数				0.542***	0.661***	0.394***
				(0.018)	(0.027)	(0.005)
成立年限	0.005**	0.018**	0.003***	-0.001	-0.002	-0.001
	(0.002)	(0.008)	(0.001)	(0.002)	(0.011)	(0.001)
常数项	2.599***	2.325***	2.258***	3.420***	3.513***	3.550***
	(9.125)	(4.793)	(15.765)	(0.307)	(0.618)	(0.145)
个体固定效应	是	是	是	是	是	是
时间固定效应	是	是	是	是	是	是
行业固定效应	是	是	是	是	是	是
样本量	18 810	9 600	80 242	17 812	9 376	69 187
R^2	0.211	0.260	0.128	0.561	0.552	0.528

注：括号内为标准误；*、**、*** 分别代表在10%、5%、1%的水平上显著。

10.4 总结与建议

我们采用2000—2013年的企业层面数据进行实证分析，实证结果表明：企业出口附加值对企业雇用劳动力数量和年度应付职工薪酬有显著的积极影响。对样本进行异质性检验：大型、中型和小型企业出口附加值提升对就业人数的增加有显著的作用，但在职工薪酬方面，只有小型企业的系数显著为正；私营企业出口附加值提升对劳动力就业人数和职工薪酬增长均有显著的促进作用，而国有企业均不显著；一般贸易、加工贸易和混合贸易企业出口附加值对劳动力数量的影响系数显著为正，在职工薪酬方面，纯一般贸易企业和纯加工贸易企业出口附加值的影响并不明显，混合贸易企业的影响更为明显。

就业是最大的民生，"十四五"规划将促进就业作为经济社会发展的重要内容，为此提出一系列新要求。为了提高人民的生活水平和经济健康发展，结合上面的实证分析，本书提出以下几点建议。

第一，要充分认识助力民营企业等中小企业高质量发展的重要意义。民营经济已经成为推动我国发展不可或缺的力量，成为创业就业的主要领域、技术创新的重要主体、国家税收的重要来源，对我国社会主义市场经济发展、农村富余劳动力转移等发挥了重要作用。政府要认真学习和贯彻落实党中央出台的各项扶持政策，继续对企业的进出口实施减税降费政策，为中小企业的进出口提供平台、相关信息和咨询，提升服务中小企业进出口的能力和水平，健全政企沟通协商机制，完善精准有效的政策环境，激发中小企业与民营企业创新创业活力，优化其营商环境。制定有吸引力的人才引留办法，完善企业人才引进、培养、评价、激励、服务等方面的倾斜政策，破解民营经济人才队伍建设的瓶颈问题，鼓励企业引进培养各类人才，提高民营企业等中小企业的出口附加值，充分发挥其对国民就业和职工薪酬增长的积极作用，促进人民生活水平的提高和经济的持续健康发展。

第二，继续巩固提升一般贸易出口局面，应抓住"一带一路"倡议和自由贸易区战略扎实推进的大好机遇，通过继续深化改革、加快开放，巩固“老伙伴”，广交“新朋友”，形成一般贸易出口新局面。同时要鼓励加工贸易转型升级，对于所在行业有发展潜力的加工贸易产业实施产业链和产业集群战略，引进该产业纵向的配套项目和横向的产业内多层次企业，构建较为完整的产业链和丰富的产业层次，打造区域内产业集群，推动加工贸易向纵深发展，从而最终实现向一般贸易的转型。

第三，鼓励企业向价值链上下游分工环节拓展。政府通过加大对企业的科研津贴投入，帮助支持企业走向“微笑曲线”两端的高附加值分工环节，鼓励企业创新研发，加强自主研发核心原材料、零部件，减少国外中间品的采购。增加对中间品和零部件的生产以及强化售后服务以提升企业的出口附加值，拉动就业和职工薪酬持续增长。

第11章 启示与建议

11.1 启示

11.1.1 利用全球价值链重构的推动力

从理论上来讲，全球价值链的重构推动力来自三个方面：第一，生产者驱动价值链：以跨国的大型生产公司作为中心，通过对关键生产和过程技术制定所需的参数标准，来协调价值链中各环节的经济活动。因此供给将是这种价值链的重要驱动因素，供给又主要包括要素禀赋和技术供给。要素禀赋是国际分工形成的基础性因素，根据要素禀赋理论，各国因为要素禀赋的差异而获得不同的比较优势，根据比较优势形成的国际分工能使整个世界受益。一国静态的要素禀赋结构一般不受短期外部环境变动的影响，但由于生产技术和产品的复杂化，原来简单的要素禀赋结构被更复杂多样的要素禀赋分类取代，因此对国家产业结构产生影响的因素还是会反映在要素禀赋的供给上。技术供给方面，技术进步和创新可以带来分工深化和效率提升效应，并且抑制了随着交易频率提高而可能上升的交易成本。在两者的共同作用下，产业链的组织形态会发生改变，进而改变不同国家在全球价值链的参与度和地位，最终从整体上影响全球价值链的重构。

第二，购买者驱动的价值链以大型零售商、市场批发商和品牌拥有者作为核心，通过对设计和营销过程设立必要的参数，来协调价值链中各环节的经济活动，这些参数从总体上反映了需求侧的特征。当全球市场需求旺盛时，全球价值链的扩张活动也随之活跃。20世纪七八十年代日本和中国改革开放后经济的飞速增长都与当时旺盛的国际需求有关。本土市场效应理论认为，母国国内市场的规模会对其融入全球价值链的程度产生影响，还会决定其价值链分工定位。除了需求的规模因素，需求的层次、结构和多样化都对全球价值链分工产生重大影响。

第三，外部环境的冲击也是导致全球价值链重构的重要原因。全球价值链是处在一个长期变动的过程中的。当一家企业所处的外部环境发生改变时，企业会通过调整战略来适应环境的变化。2018年中美贸易战的爆发，原先在全球价值链中紧密相连的“两强”发生脱钩。随后，新冠肺炎疫情在全世界范围内的突然暴发，使原先的供应链和产业链发生碎片化，价值链也发生断裂。中国率先在国内控制住了疫情并从疫情影响中恢复过来，而欧美等发达国家依旧深陷疫情困扰，这为全球价值链重构创造了前所未有的机遇。

11.1.2 讲好全球价值链的中国故事

在现有的由发达国家的跨国公司主导的全球价值链分工生产体系中，发展中国家长期处于低端锁定，呈现出“低端竞争”与“悲惨增长”的状态。一方面，发展中国家具有被动选择性和依附性。在现有的全球价值链分工格局下，每个参与分工的不同国家的企业形成一个经济共同体，因为彼此的参与而获得经济外部性，从国家的角度讲，参与分工的国家也因为彼此的分工合作而获得更高的生产效率，因而参与价值链分工的各国形成了相互依赖关系。但是在这种分工模式下，发展中国家在生产上处于被动地位，企业不能自主决定生产什么、生产多少和怎样生产。发展中国家的产业对这种分工体系和跨国公司的“流程式订单”有很大的依附性，一定程度上必然造成企业、产业竞争的单一性，降低企业、产业自我适应市场需求以及随市场应变的能力，也削弱了发展中国家改善经济结构、推动经济和谐稳定发展的自主能力。另一方面，发展中国家在全球价值链分工中的角色和地位是不稳定的。发展中国家的劳动力价格提高、土地资本价格上涨、政策变动、经济环境变化等都会引起跨国公司成本增加，而跨国公司选择其他替代国的企业进行生产加工，则使现阶段参与全球价值链某一环节的企业可能无法获得稳定的、持续的收益，生产经营中存在较大的风险。

中国便是发展中国家中努力冲破现有的以发达国家为主导的全球价值链分工体系、努力实现价值链重构的一个很好的例子。中国在改革开放后积极融入世界市场，不断吸引外商投资，扩大进出口贸易规模，经过四十多年的拼搏与积累，在经济上取得了巨大进步，全球价值链地位也在不断提升。一方面，中国利用自身要素禀赋优势和规模经济效应，提高生产效率，降低成本消耗，从而使装配、制造等低端环节附加值增加，使“微笑曲线”底部逐渐平坦，从而提高全球价值链地位。另一方面，通过长期的技术积累和对创新的投资，中国的许多企业开始向“微笑曲线”两端攀升，诸如华为、联想等公司开始积极进入研发设计和营销的高附加值环节，并通过对外直接投资，形成部分新的产业链。由于中国全球价值链地位的不断提高，全球价值链分布呈现以美欧为首的传统发达国家集团和以“世界工厂”——中国为首的发展中国家集团“两强”格局（见图11-1）。

当前，面对新冠肺炎疫情与贸易战的双重影响，全球价值链体系重构已经成为世界政治经济发展的历史必然，国家之间的竞争博弈已成为全球价值链重构的主要推动力量。产业链体系的完整性和供应链体系的安全性是大国博弈赢得竞争优势的关键。以中国为代表的新兴大国在全球高端产品制造业领域的地位不断上升，逐渐向高端价值链攀升，最典型的是以华为公司为代表的中国跨国公司在5G技术及相关通信产品研

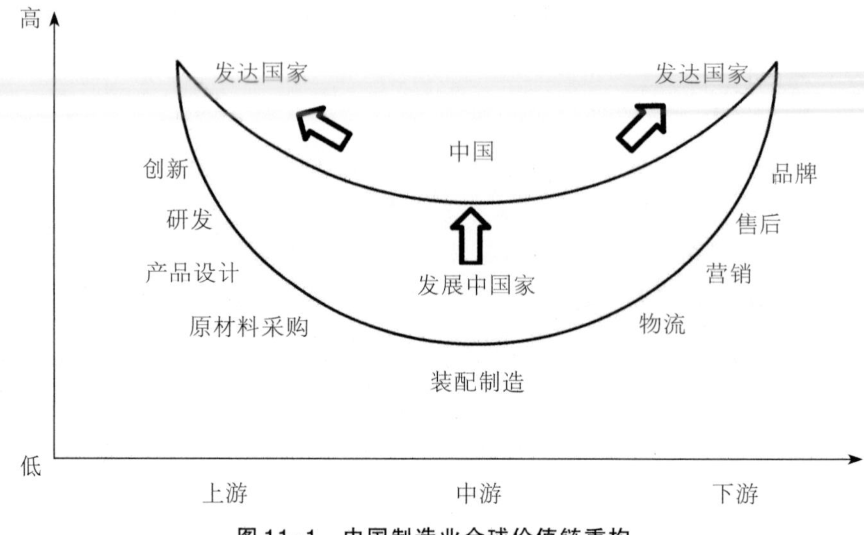

图 11-1 中国制造业全球价值链重构

究开发与制造业领域开始成为全球的引领者：一是中国作为全球制造业第一大国，在全球防疫物资供应、防疫产品生产、防疫资源调配方面拥有天然的优势，在疫情背景下已成为稳定全球价值链的重要力量；二是完整的产业链体系使得中国在全球价值链体系中具有规模化和网络化综合竞争优势，正在成为全球产业链体系的枢纽及协调中心，也必然成为全球价值链体系的稳定力量及配置中心；三是中国对于维护全球供应链安全发挥着不可替代的作用，成为维护全球供应链安全性的“稳定锚”。以大国供应链体系安全为基础的全球价值链的安全风险治理网络体系正在形成。

11.1.3 顺应经济周期联动，保证就业增长

在新的国际分工格局下，国家间的分工已经不再局限于相邻国家或区域内国家的贸易往来，而是更多地表现为跨国的全球生产网络。在经济全球化的背景下各国经济联系紧密，一个国家的经济波动或冲击会通过金融渠道、贸易渠道和商业周期渠道传导到其他国家。正如2008年的金融危机打击了全球投资信心，发达国家的经济衰退、投资减少、消费乏力等经济问题通过传导直接影响了新兴经济体国家的出口和经济增速，导致世界主要贸易国家的就业增长率出现一致下跌（或滞后性下

跌），充分体现了当前劳动力市场的全球化和命运共同体特征。

随着全球生产网络的进一步扩张和发展，各国早已不能独立于全球价值链体系之外，或主动或被动地嵌入到GVC当中。从整体上看，GVC嵌入对经济周期联动存在显著的正向影响（唐宜红等，2018），未来随着GVC嵌入的不断加深，这种经济周期联动程度仍将不断增强。从具体的行业方面来看，服务业和制造业的GVC嵌入对经济周期联动的促进作用更大。因此各国可以通过加深自身的服务业和制造业在GVC的嵌入度，充分利用经济周期联动的正向影响，也要积极参与区域贸易协定，利用地区价值链中其他国家的巨大海外市场来拉动贸易增长，搭上正向经济周期联动的顺风车，增强经济发展动力，进而达到稳定就业的目标。

除了经济周期联动的正向影响之外，也必须警惕负向的经济周期联动。当前国家形式复杂多变，在各国相互影响的全球化时代，某一个国家的经济危机会通过GVC嵌入所带来的经济周期联动传播到其他国家，“冲击”不断放大。各国应当在全球价值链上进一步加强合作，共同寻求发展与应对负面冲击，防止危机进一步蔓延，从而导致全球经济增速下降甚至衰退和失业率的上升。

11.2 政策与建议

11.2.1 推动中国企业研发国际化

近些年，越来越多的信息通信企业走出去，在其他国家设立海外研发机构。通过海外研发机构接触、利用和学习当地的领先技术，雇用当地的高级科研人才并加强人员的内部交流，深入当地研发网络来提高自身的研发能力。通过与海外公司、知名高校及科研机构签订技术合作协议、建立技术战略联盟或者共同建立联合实验室等方式，与跨国企业、海外高校及科研机构等开展研发合作，也越来越成为信息通信企业获取技术资源的主要方式。根据资源观的知识理论，对于处于弱势的企业来说，仅依靠自身的力量来全面发展他们所需要的知识和能力是一件成本高、效率低的事情，应通过建立战略知识联盟来学习先进企业的知识和技术，这样方便得多，来自不同企业、国家的员工一起学习、探索，还可以激发员工的创造力，促进能力的提高。不难看出，我国制造企业在海外设立研发中心本质是一种学习知识、提高能力的行为，企业在东道国设立研发中心可以形成良性的知识学习机制，在产品开发的过程中通过充分的经验探讨，可促使双方共同学习、共同进步。进行研发国际化是企业提升创新能力和绩效水平的重要手段。在技术全球化的大背景之下，企业可以并购或设立经营范围与研发活动相关的海外研发机构，或者与国外企业、高校及研发机构进行研发合作，将其研发活动融入全球体系中，充分利用不同国家的多样化的异质性研发资源。同时，在进行研发国际化的过程中，企业需要加强构筑企业本身的知识网络结构，加强技术团队的建设，为学习和吸收外部技术及知识，整合内外部技术知识和研发结果奠定基础，以更有效地促进企业绩效（见表11-1）。

表11-1　**我国代表性信息通信企业的跨国研发联盟情况**

中国企业	研发联盟，技术合作事件
中兴通讯	与领先运营商建立了10多个联合创新中心
中国联通	联通红筹公司与西班牙电信建立战略联盟
TCL集团	与全球知名内容服务商联合研发新一代的智能电视产品
浪潮信息	与Intel联合推出新一代基因一体机
同方股份	与戴尔合作推出系列模块化服务器产品
四川长虹	与美国国家能源实验室、伯克利大学等科研院所进行技术合作
东旭光电	与澳大利亚卧龙岗大学下属超导电子材料研究所及新南威尔士大学分别签订战略合作协议

数据来源：笔者根据企业年报等相关资料自行整理。

海外研发中心的设立对于企业来说主要有三大价值：首先是追踪世界先进技术，可以更快、更准确地把握世界市场的风向；其次是整合全球资源，利用世界先进的研发资源，降低研发成本，提高研发效率；最后是构建优质的研发团队，提升研发实力，有利于母公司的发展。在设立海外研发中心的过程中，我国制造企业主动学习先进知识，成为学习先进技术的主导方，除了利用研发中心所在东道国的现有技术外，还能与当地企业、技术人员一起探索，探索新的产品技术。

11.2.2 完善中国的RTA战略

中国正面临着中美贸易摩擦、逆全球化和贸易保护主义的压迫，为突破贸易保护的困境，中国提出区域贸易协定（RTA）战略，即增加区域贸易伙伴、消除成员间的各种贸易壁垒、加大与区域贸易协定成员国的贸易和合作，抵消美国等国的贸易保护行为对我国的影响，积极参与到全球价值链中，先实现区域价值链的重构，最终实现全球价值链的重构。全球价值链重构将带来价值链各环节分工的调整以及利益的重新分配，最终导致中国经济地位在国际市场的重新洗牌。

根据“低端锁定”效应，发展中国家在全球价值链中面临着“低端锁定”和“高端封锁”的局面，即由于能力差距（研发、设计、生产、营销和零售），沉淀成本（专用性资产沉淀成本），以及转换成本（知识、技术与产业配套的获取能力）这三个原因，中国受到价值链两端在核心技术上的控制等阻碍，使中国全球价值链的攀升势头被遏制，将中国等发展中国家锁定在价值链低端，形成俘获型治理关系。因此，中国要想实现价值链的攀升，必须采取应对措施，实现技术、市场和制度的突破。而参与到RTA中，既是中国突破全球价值链“低端锁定”的重要方式和途径，也是中国实现价值链的攀升和重构的历史性机遇。参与RTA使中国从技术、市场和制度上实现突破，为区域价值链重构提供了技术支持和供给侧、需求侧的市场基础，并为中国在区域价值链重构中发挥主导作用奠定了坚实的制度基础，获得了主动权，进而实现全球价值链的重构。

参与RTA给中国突破技术难题提供了条件。签订区域贸易协定的成员方，对技术的贸易壁垒管制较松，中国可以通过技术进口、项目合作等途径，引进国外先进的技术，通过技术溢出效应，逐渐实现技术的扩散，按照“组装加工—配件生产—创新研发”的顺序，实现技术升级，突破发达国家对我国的技术限制。中国也可以在签订自由贸易协定的成员内部，推广中国的高科技，提高中国高科技的使用率，降低边际成本，增加收益。此外，还可以建立与这一高科技相关的技术体系，使中国在这一技术上占据主动和领先地位，实现其他国家对中国的技术依赖。

RTA主要从两个方面为全球价值链重构提供市场支持，一方面是供给侧，参与RTA不仅可以使中国进口更多高技术含量的产品，从而突破技术壁垒。此外，中国还可以从自由贸易协定成员国进口技术含量低和附加值低的原材料和中间产品，为中国集中精力研发和生产高附加值的产品提供物质基础，降低成本，增强我国的竞争力，实现我国在全球价值链上的攀升。另一方面是需求侧，参与到区域贸易协定的国家越多，市场容量越大，越有利于中国在市场端实现创新，中国的高附加值产品也有更广阔的市场渠道，中国的产品收益更高，也就更有利于企业投资于技术研发等活动，为我国研发和创新提供资金支持。供给侧的高规格创新主要侧重于向“微笑曲线”左侧攀升，而需求侧的大容量市场则主要侧重于向“微笑曲线”右侧攀升，因此，依靠有利的供给侧和需求侧市场条件，可以大大提升区域价值链重构成效。

签订自由贸易协定能为中国维护在价值链上的地位和逐步实现价值链重构提供市场条件。自由贸易协定成员间的低关税政策，增进了各国之间的经贸往来，扩大了各国间的贸易量，既使本国获得了更低廉的产品供给，也使本国获得了更广阔的需求市场，从而扩大了中国的生产规模和中间品贸易的繁荣，使中国更加深入地参与到全球价值链中去。中国参与区域贸易协定，不仅可以为中国提供稳定的制度保障，消除不确定性，还可以使中国参与到制度制定中来，制定有利于中国实现全球价值链重构的制度，强化中国在区域价值链重构中的主导权，为中国实现技术创新、技术出口和获得稳定的中间产品和原材料以及稳定的市场，进而为实现价值链攀升提供制度保障。在此基础上，中国需要进一步提升自身在区域价值链重构中的制度话语权，尤其是要积极参与相关规则制定和标准化认证体系建设，这无疑可以从根本上提升中国在东亚乃至全球范围内的影响力，并通过区域价值链重构逐渐重塑全球价值链，从而在更广泛的范围内践行人类命运共同体的理念。

参与RTA可以使中国获得技术、市场、制度条件，从而使中国实现技术突破，获得稳定的市场条件和有保障的制度基础，提升中国的话语权，从而有利于中国突破价值链的低端锁定，实现价值链的重构和地位攀升，获得领先优势，掌握主动权。因此，中国的RTA战略是全球价值链重构的突破口。

11.2.3 保障劳动力市场的健康发展

第一，工资政策。劳动工资的下降不仅会影响人们如何看待公平，也会对家庭消费的增长产生负向影响，进而导致社会总需求不足。因此，国家应重点关注工资对宏观经济的影响，从而纠正外部不均衡。根据宏观经济学理论，社会总需求是消费、投资、净出口与政府支持之和，因此若工资水平小于劳动生产率水平，会促进本国进口，并且会在一定程度上刺激投资；与此同时，低工资也会降低家庭消费。所以，工资下调对一国的经济增长究竟是正向还是负向，取决于国内需求下降与出口和投资对经济增长拉动两者的综合作用。因此，只要工资下调对国内需求下降的影响小于出口和投资对经济增长的拉动影响，就会对本国经济增长产生负向影响。为此，对中国而言，由于实行出口导向，为应对外部需求的下降，应大力发展国内市场，扩大总需求；对美国，由于美国过度依赖消费拉动经济增长，实行负债经营，因此中国应该依靠劳动收入和放宽对就业的限制来提高未来总需求。

第二，技能培训政策。劳动力市场政策的目的在于促进失业人口重新进入劳动力市场以及对劳动力进行重新配置，包括应对就业结构的变化、技能和职业的错配等。例如，为暂时失业的工人提供训练计划，为待业人员提供再就业援助，鼓励就业的创业计划并为其提供信用和训练计划，为新劳动力和低技能工人提供就业补贴等。各国政策应根据本国劳动力市场特点因地制宜，采取不同的适应本国劳动力市场特点的措施。例如，对大量熟练劳动力占比较大的国家，应重点关注年龄较大的非熟练劳动力，对其进行援助；而对大量非熟练劳动力占比较大的国家，应重点关注年轻的熟练劳动力。

第三，财政政策。贸易对就业的整体影响因分析层面的不同而存在显著的差异性。世界贸易组织主张对失业工人采取补偿的政策，目前发达国家财政政策补偿主要方式如下：（1）人力资本投资补贴。通过制订合理的政府计划，对因生产外包和贸易自由化而失业的劳动者进行补贴，从而减轻失业者的负担，减少因人力资本投资造成的损失，并且加速就业市场的重新配置，提供工作机会，减少失业。例如，美国实行的《贸易调整援助计划》和《贸易调整援助补充计划》都是针对因贸易而失业的劳动者，为其提供健康医疗保障和培训，帮助其提升技能。同时为他们提供再就业服务，并提供建议和培训，帮助重新他们重返劳动力市场。(2)“工资保险”计划。此计划目的是帮助被替代的劳动者重返劳动力市场，是直接针对个人的补贴，如果被替代的劳动者重返劳动力市场后的收入低于原来的收入，由政府对其进行补贴，补贴金额为前后工资差额。某些国家已经开始实行此类“工资保险”计划，针对后续培训花费较大的人员直接进行补贴。(3)雇主补贴政策。该政策针对雇主实行补贴，条件是雇主雇用了一些技能较差且年纪较大的被替代劳动者，对雇主进行工薪补贴。

第四，金融政策。金融市场运作也会与就业市场息息相关。例如，信贷市场不完善的国家，可能会导致企业较难获得融资，影响企业发展，尤其是非生产性企业和中小企业，其国际竞争力大大降低，影响就业市场。信贷市场不完善也会影响个人，创业者或决定重新深造提升自己技能的工人，可能因为信贷市场不完善，难以获得资金支持，从而也影响了就业。因此，政府应当完善信贷市场，改善金融市场，促进资源再配置。

第五，教育政策。众所周知，教育对国家的影响至关重要，但教育倘若按照市场规则自由配置，会导致教育资源的错配。因此，政府应当主导教育资源的配置，制订有利于国家发展的教育计划，加大对高技能专业人才的投资，且应立足全球视野而非国内市场，以长远和动态的眼光看待教育问题，建立合理的教育体系和教育制度，捕捉全球化发展的新趋势，使教育计划能促进就业市场的稳步发展。

第六，区域经济政策。现在中国就业问题存在较大的区域差距，因此需要采取有效的区域经济政策，提高劳动力的流动性。例如，对特殊地区实行“人才引进”计划，对落后地区加大基础设施投资，鼓励大型企业和公共机构迁移，帮助迁移地区创造更多的就业机会，带动当地就业，缩小区域间的就业差距。

主要参考文献

[1] ACEMOGLU D, AUTOR D H, DORN D, et al.Import Competition and The Great US Employment Sag of the 2000s [J]. Journal of Labor Economics, 2016, 34 (S1): s141-s198.

[2] ACHARYA R C. Canada's Exporters and Importers: Concentration, Foreign Ownership and Productivity [J]. Canadian Public Policy, 2016, 42 (2): 194-211.

[3] ADAO R, ARKOLAKIS C, ESPOSITO F. Spatial Linkages, Global Shocks and Local Labor Markets: Theory and Evidence [R]. NBER Working Paper, 2019, No.25544.

[4] AHN J B, KHANDELWAI A K, Wei S J.The Role of Intermediaries in Facilitating Trade [J]. Journal of International Economics, 2011, 84 (1): 73-85.

[5] AHN J B, DUVAL R.Trading with China: Productivity Gains, Job Losses [J]. Economics Letters, 2017, 160: 38-42.

[6] DAVID H, DORN D, HANSON G H.The China Syndrome: Local Labor Market Effects of Import Competition in the United States [J]. The American Economist, 2013, 103 (6): 2121-2168.

[7] AUTOR D H, DORN D, HANSON G H. Untangling Trade and Technology: Evidence from Local Labor Markets [J]. Economic Journal, 2015, 125 (584): 621-646.

[8] AUTOR D H, DORN D, HANSON G H. Trade Adjustment: Worker Level Evidence [J]. Economics, 2014, 129 (4): 1553-1623.

[9] ANTRÀS P, CHOR D, FALLY T, et al.Measuring the Upstreamness of Production and Trade Flows [J]. The American Economic Review, 2012, 102 (3): 412-416.

[10] ANDERSON J E, WINCOOP E.Gravity with Gravitas: A Solution to the Border Puzzle [J]. American Economic Review, 2003 (93): 170-192.

[11] AMITI M, KHANDERWAL A K. Import Competition and Quality Upgrading [J]. Review of Economics and Statistics, 2013, 95 (2): 476-490.

[12] AMITI M, CAMERON L. Economic Geography and Wages [J]. The Review of Economics and Statistics, 2007, (89): 15-29.

[13] ASQUITH B J, GOSWAMI S, NEUMARK D et al. Job Flows and the China Shock [R]. NBER Working Paper, 2017, No.24080.

[14] BAKER S R, BLOOM N, DAVIS S J. Measuring Economic Policy Uncertainty [J]. The Quarterly Journal of Economics, 2016, 131 (4): 1593-1636.

[15] BALDWIN R.The Great Convergence: Information Technology and the New Globalization [M]. Cambridge (MA): Belknap Press, 2016.

[16] BALSVIK R, JENSEN S, SALVANES K G. Made in China, Sold in Norway: Local Labor Market Effects of an Import Shock [J]. Public Economics, 2015 (127): 137-144.

[17] BANGA R. Measuring Value in Global Value Chain [J]. UNCTAD Background Paper, Geneva United Nations, 2013.

[18] BECKER S, EKHOLM K, MUENDLER M A.Offshoring and the Onshore Composition of Tasks and Skills [J]. International Economics, 2013, 90 (1): 91-106.

[19] BERNARD A B, FORT T C. Factoryless Goods Producers in the USA [M] // in FONT-AGNÉ L, HARRISON A. (eds). The Factory-free Economy: Outsourcing, Servitization, and the Future of Industry [M]. Oxford: Oxford Univeristy Press: 2017, 136 - 168.

[20] BERNARD A B, SMEETS V, WARZYNSKI F. Rethinking De-Industrialization [J]. Economic Policy, 2017, 32 (89): 5-38.

[21] BERTULFO D J, GENTILE E, VRIES G. The Employment Effects of

Technological Innovation and Participation in Global Value Chains: Evidence from Asia [R]. Economics Working Paper Series, 2019, No.572, Asian Development Bank, Manila.

[22] BERNARD A B, JENSEN J B, SCHOTT P K. Survival of the Best Fit: Exposure to Low-wage Countries and the (uneven) Growth of US Manufacturing Plants [J]. Journal of International Economics, 2006, 68 (1): 219-237.

[23] BEVERELLI C, RUBINOVA S, STOLZENBURG V, et al. Did Global Value Chains Contribute to Rising Labour Market Polarization [R]. WTO Unpublished Manusc-ript, 2018.

[24] BISCOURP P. and KRAMARZ F. Employment, Skill Structure, and International Trade: Firm-Level Evidence for France [J]. International Economics, 2007, 72 (1): 22-51.

[25] BLOOM N. Uncertainty and the Dynamics of R&D [J]. American Economic Review, 2007, (97): 250-255.

[26] BLOOM N, DRACA M, VAN REENEN J. Trade Induced Technical Change? The Impact of Chinese Imports on Innovation, IT and Productivity [J]. The Review of Economic Studies, 2016, 83 (1): 87-117.

[27] BØLER E A, MOXNES A, ULLTVEIT-MOE K H. R&D, International Sourcing, and the Joint Impact on Firm Performance [J]. American Economic Review, 2015, 105 (12): 3704-39.

[28] BOFFA M, SANTONI G, AGLIONI D T. From China with Love Mimeo [R]. World Bank, 2018, Washington, DC.

[29] BUSTOS P. Trade Liberalization, Exports, and Technology Upgrading: Evidence on the Impact of MERCOSUR on Argentinian Firms [J]. American Economic Review, 2011, 101 (1): 304-340.

[30] CALIENDO L, DVORKIN M A, PARRO F. Trade and Labor Market Dynamics: General Equilibrium Analysis of the China Trade Shock [J]. Econometrica, 2019, 87 (3): 741-835.

[31] CALIENDO L, DVORKIN M, PARRO F. Trade and Labor Market Dynamics: General Equilibrium Analysis of the China Trade Shock [R]. Yale University, unpublished manuscript, 2018.

[32] CHEN H, FRANK M Z, WU O Q. What Actually Happened to the Inventories of American Companies between 1981 and 2000? [J].

Management Science, 2005, 51 (7): 1015- 1031.

[33] CHEN W, LOS B, TIMMER M.Factor Incomes in Global Value Chains: The Role of Intangibles [R]. NBER Working Paper, 2018, 25242, .

[34] CONSTANTINESCU C, RUTA M, MATTOO A.How Policy Uncertainty Hurt World Trade in 2019 [N], The Trade Post, 2019 (11).

[35] CRINÒ R. Service Offshoring and White-Collar Employmen [J]. Review of Economic Studies, 2010, 77 (2): 595-632.

[36] CRINÒ R.Service Offshoring and the Skill Composition of Labor Demand [J]. Oxford Bulletin of Economics and Statistics, 2012, 74 (1): 20-57.

[37] DAI F, LIU R X, Song S F.Gains or Pains? Effects of US - China Trade on US Employment: Based on a WIOT Analysis from 2000 to 2014 [J]. Emerging Markets Finance and Trade, 2019.

[38] DAUTH W, FINDEISEN S, SUEDEKUM J. Trade and Manufacturing Jobs in Germany [J]. American Economic Review, 2018, 107 (5): 337-342.

[39] DEARDORFF A V.Fragmentation Across Cones [M] // in ARNDT S W, KIERZKOWSKI H (eds). Fragmentation: New Production Patterns in the World Economy, Oxford : Oxford University Press, 2001 .

[40] DEDRICK J, et al .Who Profits From Innovation in Global Value Chains? A Study of the iPod and Notebook PCs [J]. Industrial and Corporate Change, 2010, (9): 81-116.

[41] DE VRIES G, CHEN Q, HASAN R, et al.Skills and Activity Upgrading in Global Value Chains: Trends and Drivers for Asia [R]. Economics Working Paper Series, 2016, No. 496, Asian Development Bank, Manila.

[42] DHYNE E, RUBINOVA S. The Supplier Network of Exporters: Connecting the Dots [R]. National Bank of Belgium Working Paper Research, 2016, No.296.

[43] ROMAN D, LI N, SARAF R, SENEVIRATNED D.Value-Added Trade and Business Cycle Synchronization [J]. Journal of International Economics, 2016, (99): 251-262.

[44] GIOVANNI D J, LEVEHENKO A A. Putting the Parts Together: Trade, Vertical Linkage, and Business Cycle Comovement [J]. American Economic Journal: Macro-economics, 2010, 2 (2): 95-124.

[45] DOLLAR D, KIDDER M, KHAN B M. The Effect of Production Fragmentation on Skills Reallocation: Is It Felt Equally Across Levels of Development? [R]. UIBE, Unpublished Manuscript, 2018.

[46] DONOSO V, MARTIN V, MINONDO A.Do Differences in the Exposure to Chinese Imports Lead to Differences in Local Labour Market Outcomes? An Analysis for Spanish Provinces [J]. Regional Studies, 2015, 49 (10): 1746-1764.

[47] DUNNING J H.Multinational Enterprise Sand the Global Economy [M]. Harlow: Addison Wesle, 1993.

[48] DUTT P, MITRA D, RANJAN P.International Trade and Unemployment: Theory and Cross-national Evidence [J]. International Economics, 2009, 78 (1): 32-44.

[49] EBENSTEIN A, HARRISON A, MCMILLAN M , et al. Estimating the Impact of Trade and Offshoring on American Workers Using the Current Population Surveys [J]. Review of Economics and Statistics, 2014, 96 (4): 581-595.

[50] FAROLE T, HOLLWEG C H, WINKLER D.Trade in Global Value Chains: An Asse- ssment of Labor Market Implications [R]. Mimeo, World Bank, Washington, DC, 2018.

[51] FAROLE T, PATHIKONDA V. The Capabilities Driving Participation in Global Value Chains [J]. International Commerce, Economics and Policy , 2017, 8 (1) .

[52] FERNANDEZ-STARK K, BAMBER P, GEREFFI G. Workforce Development in Chile' s Offshore Services Value Chain [R]. Center on Globalization, Governance and Competitiveness, 2010, Duke University, Durham, NC, 2010.

[53] FEENSTRA R C, MA H, XU Y. U. S. Exports and Employment [R]. NBER Working Paper, 2017 , No.24056.

[54] FRANKEL J A, ROSE A K. The Endogenity of The Optimum Currency Area Criteria [J]. The Economic Journal, 1998, 108 (449): 1009-1025.

[55] FREDERICK S. Apparel Skills Mapping and Functional Upgrading in Cambodia: Jobs Diagnostic [R]. Mimeo, World Bank, Washington, DC, 2018.

[56] FELBERMAYR G, PRAT J, SCHMERER H J.Trade and Unemployment:

What Do the Data Say? [J]. European Economic Review，2011（6）.

[57] GASTON N， TREFLER D. The Labour Market Consequences of the Canada-U.S.Free Trade Agreement [J]. Economics / Revue Canadienned' Economique 30， no. 1 （1997）： 18-41. https：//doi. org/10.2307/136358.

[58] GEREFFI G. International Trade and Industrial Upgrading in the Apparel Commodity Chain [J]. Journal of International Economics， 1999，(48)：37-70.

[59] GEREFFI G， FERNANDEZ-STARK K. Global Value Chain Analysis： A Primer [R]. Center on Globalization，Governance and Competitiveness [R]. Duke University Durham，N.C，2011.

[60] GOLDBERG P K， KHANDELWAL A K， PAVCNIK N， et al. Imported Intermediate Inputs and Domestic Product Growth：Evidence from India [J]. The Quarterly Journal of Economics，2010，125（4）：1727-1767.

[61] GOOS M， MANNING A， SALOMONS A. Explaining Job Polarization：Routine- biased Technological Change and Offshoring [J]. American Economic Review，2014，104（8）：2509-2526.

[62] GULEN H，ION M. Policy Uncertainty and Corporate Investment [J]. Review of Financial Studies，2016，(29)：523-564.

[63] GYEKE-DAKO A， ODURO A D， TURKSON F E， et al. Ghana ' s Participation in Global Value Chains：The Employment Effects [R]. R4D Working Paper， 2017 No. 2017/05， World Trade Institute，University of Bern，Switzerland.

[64] HAMERMESH D S. Labor Demand and the Source of Adjustment Costs [R.NBER Working Paper，1993 .

[65] HALPERN L， KOREN M， SZEIDL A. Imported Inputs and Productivity [J]. American Economic Review，2015，105（12）：3660-703.

[66] HANDLEY K，LIMAO N.Trade and Investment under Policy Uncertainty：Theory and Firm Evidence [J]. American Economic Journal：Economic Policy，2015，(7)：89-222.

[67] HAKKALA K N， HUTTUNEN K. Worker-level Consequences of Import Shocks [R]. VATT Institute for Economic Research Working Paper ，2016，No.74.

[68] HELPMAN E，ITSKHOKI O，REDDING S.Inequality and Unemployment

in a Global Economy [J]. Econometrica , 2010, 78 (4): 1239–1283.

[69] HUANG Y, LUK P.Measuring Economic Policy Uncertainty in China [J]. China Economic Review, 2020 (59): 101367.

[70] HUMPHREY J, SCHMITZ H. Governance and Upgrading: Linking Industrial Cluster and Global Value Chain Research [R]. Institute of Development Studies, Institute of Development Studies Working Paper, Brighton 2000.

[71] HUMMELS D L, JØRGENSEN R, MUNCH J, et al.The Wage Effects of Offshoring: Evidence from Danish Matched Worker–Firm Data [J]. American Economic Review, 2014, 104 (6): 1597–1629.

[72] JACKS D S, MEISSNER C M, NOVY D.Trade Costs in the First Wave of Globalization [R], NBER Working Paper, 2006 (47): 127–141.

[73] JAKUBIK A, STOLZENBURG V. The China Shock Revisited: Insights From Value Added Trade Flows [R]. WTO Working Paper, 2018, ERSD–2018–10.

[74] JAKUBIK A, STOLZENBURG V.The "China Shock" Revisited: Insights From Value Added Trade Flows [R]. WTO Working Paper, 2018, ERSD–2018–10.

[75] JEONG B. Policy Uncertainty and Long–run Investment and Output across Countries [J]. International Economic Review, 2002, (43) 363–392.

[76] JOHNSON R C, NOGUERA G. Accounting for Intermediates: Production Sharing and Trade in Value Added [J]. International Economics, 2012, 86 (2): 224–236.

[77] JONES, KIERZKOWSKI. The role of Services in Production and International Trade: A Theoretical Framework [M] // in JONESR D, ANNE O K (eds). The Political Economy of International Trade: Essays in Honor of ROBERT E.BALDWIN, Oxford: Oxford University Press, 1990: 31–48.

[78] JOHNSON R C. Trade in Intermediate Inputs and Business Cycle Comovement [J]. Macroeconomics, 2014, 6 (4): 39–83.

[79] KAHLE K M, STULZ R M. Access to Capital, Investment, and the Financial Crisis [J]. Journal of Financial Economic, 2013, (110): 280–299.

[80] KANG W S, LEE K, RATTI R A.Economic Policy Uncertainty and Firm–

level Investment [J]. Macroeconomics, 2014, (39): 42-53.

[81] KAPLAN L C, KOHL T, MARTINEZ-ZARZOSO I. Supply-chain Trade and Labor Market Outcomes: The Case of the 2004 European Union Enlargement [R]. Review of International Economics, 2018 26 (2): 481-506.

[82] KEE H L, TANG H. Domestic Value- Added in Chinese Exports [R]. World Bank, 2010.

[83] KEE H L, TANG H. Domestic Value Added in Exports: Theory and Firm Evidence from China [R]. Policy Research Working Paper, 2015, No.7491, World Bank Group, Washington, DC.

[84] KELLER W, UTAR H. International Trade and Job Polarization: Evidence at the Worker Level [R]. CESIFO Working Paper, 2016, No.5978.

[85] KIDDER M, DOLLAR D. The Effect of Production Fragmentation on Skills Reallocation: Is it Felt Equally Across Levels of Development? [R]. The Research Institute of Global Value Chains, Beijing, 2018.

[86] KOGUT B. Designing Global Strategies: Comparative and Competitive Value Added Chains [J]. Sloan Management Review. 1985, (26): 15-28.

[87] KOOPMAN R, Wang Z, Wei S J. Tracing value-added and double counting in gross exports [J]. The American Economic Review, 2014, 104 (2): 459-494.

[88] Kovak, B K, OLDENSKI L, SLY N. The Labor Market Effects of Offshoring by U.S.Multinational Firms: Evidence from Changes in Global Tax Policies [R]. NBER Working Paper Series, 2017, No.23947.

[89] KRISHNA P, SENSES M Z. International Trade and Labor Income Risk in the U.S. [J]. Review of Economic Studies, 2014, 81 (1): 186-218.

[90] KRISHNA P, MITRA D, CHINOY S. Trade Liberalization and Labor Demand Elasticities: Evidence from Turkey [J]. International Economics, 2001, 55 (2): 391-409.

[91] LANZ R, MAURER A. Services and Global Value Chains: Some Evidence on Servicification of Manufacturing and Services Networks [R]. Working Paper, 2015, ERSD-2015003, World Trade Organization, Geneva.

[92] LIU T, SPECTOR L C. Dynamic Employment Adjustments over Business Cycles [J]. Empirical Economics , 2005, (30) 151-169.

[93] LIN G J, WANG F, PEI J. Global Value Chain Perspective of US-China

Trade and Employment [J]. The World Economy, 2018, 41 (8): 1941-1964.

[94] MACGARVIE M.Do Firms Learn from International Trade? [J]. Review of Economics and Statistics, 2006, 88 (1): 46-60.

[95] MAGYARI I. Firm Reorganization, Chinese Imports, and U. S. Manufacturing Employment [R]. Columbia University, unpublished manuscript, 2017.

[96] MALGOUYRES C. The Impact of Chinese Import Competition on the Local Structure of Employment and Wages: Evidence from France [J]. Regional Science, 2017, 57 (3): 411-441.

[97] MENG B, XIAO H, YE J, LI S.Are Global Value Chains Truly Global? A New Pe- Rspective Based on The Measure of Trade in Value-Added [J]. IDE Discussion Paper, 2018, 736, IDE-JETRO, Chiba City, Japan.

[98] MION G, ZHU L Import Competition from and Offshoring to China: A Curse or Blessing for Firms? [J]. International Economics, 2013, 89 (1): 202-15.

[99] NAYYAR G.The Future of Manufacturing-Led Development in Rwanda [R]. Mimeo, World Bank, Washington, DC, 2017.

[100] NG E C Y.Production Fragmentation and Business-Cycle Comovement [J]. Internatonal Economics, 2010, 82 (1): 1-14.

[101] NGUYEN Q, KIM T, PAPANASTASSIOU M. Policy Uncertainty, Derivatives Use, and Firm-level FDI [J]. International Business Studies, 2018 (49): 96-126.

[102] PIERCE J, SCHOTT P. The surprisingly swift decline of US manufacturing employment [J]. American Economic Review, 2016, 106 (7): 1632-1662.

[103] PORTER M E, Competitive Advantage [M]. New York : Free Press, 1985.

[104] PRADHAN J P P, SINGH N. Outward FDI and Knowledge Flows: A Study of the Indian Automotive Sector [J]. MPRA Paper, 2008 (1): 156-187.

[105] RANA H, DEVASHISH M, PRIYA R, RESHAD N.Trade Liberalization and Unemployment: Theory and Evidence from India [J]. Development Economics, 2011 (2).

[106] REIJNDERS L S M, DEVRIES G J.Technology, Offshoring and the Rise

of Non-Routine Jobs [J]. Development Economics, 2018, 135: 412-432.

[107] DUVAL R, LI N, SARAF R, et al. Value-added Trade and Business Cycle Synchronization [J]. International Economics, 2015, 99 (11): 251-262.

[108] RODRIK D. New Technologies, Global Value Chains, and Developing Economies [R]. NBER Working Paper, 2018, No. 25164, National Bureau of Economic Research, Cambridge, MA.

[109] SENGA T, CHEN C. Policy Uncertainty and Foreign Direct Investment: Evidence from the China-Japan Island Dispute Society for Economic Dynamics [J]. Meeting Papers , 2017.

[110] SHEPHERD B, STONE S. Global Production Networks and Employment: A Developing Country Perspective [R]. Working Paper, 2012, TC/WP (2012) 29, Trade and Agriculture Directorate, Trade Committee, Organisation for Economic Cooperation and Development, Paris.

[111] SLAUGHTER M J. International Trade and Labour Demand Elasticities [J]. Economics, 2001, 54 (1): 27-56.

[112] STACEY K, NICOLAOU A. Stitched Up by Robots: The Threat to Emerging Economies [J]. Financial Times, 2017, Available at: www.ft.com/content/ 9f146ab6-621c-11e7-91a7-502f7ee26895.

[113] TAGLIONI D, WINKLER D. Making Global Value Chains Work for Development [R]. Washington, DC: World Bank, 2016.

[114] TINTELNOT F, KIKKAWA A K, MAGNE M, et al. Trade and Domestic Production Networks [R]. Society for Economic Dynamics, 2017 Meeting Papers, 2017, 381.

[115] TIMMER M P, LOS B, STEHRER, et al. Fragmentation, Incomes and Jobs: An Analysis of European Competitiveness [J]. Economic Policy, 2013, (76): 613-661.

[116] UPWARD R, WANG Z, ZHENG J. Weighing China's Export Basket: The Domestic Content and Technology Intensity of Chinese Exports [J]. Comparative Economics 2013 (5): 527-543.

[117] VANDENBUSSCHE H, CONNELL W, SIMONS W. Global Value Chains, Trade Shocks and Jobs: An Application to Brexit [J]. KU Leuven Discussion Paper Series, 2017, DPS17.13.

[118] VANDENBUSSCHE H, CONNELL W, SIMONS W. The cost of non-

TTIP: A Global Value Chain Approach [J]. CEPR Discussion Papers, 2018 No.12705.

[119] WANG Y, CHEN C R, HUANG Y. Uncertainty and Corporate Investment: Evidence from China [J]. Pacific-Basin Finance, 2014, (26): 227-243.

[120] WANG Z, WEI S J, ZHU K F. Quantifying International Production Sharing at the Bilateral and Sector Levels [R]. NBER Working Paper, No.19677, 2013, revised in 2018.

[121] WRIGHT G. Revisiting the Employment Impact of Offshoring [J]. European Economic Review, 2014, 66: 63-83.

[122] YI M, MÜLLER S, STEGMAIER J.Industry Mix, Local Labor Markets, and the Incidence of Trade Shocks [R]. US Census Bureau, unpublished manuscript, 2017.

[123] ZHU W. Heterogeneous Technological Changes and Their Impacts on Income Inequality and Productivity Growth [R]. Kingston: Queen's University, 2017.

[124] 白光裕，庄芮. 全球价值链与国际投资关系研究——中国的视角 [J]. 国际贸易，2015 (6): 16-20.

[125] 陈国进，王少谦. 经济政策不确定性如何影响企业投资行为 [J]. 财贸经济，2016，37 (5): 5-21.

[126] 陈鑫霞，朱晶. 目的国经济政策不确定性对中国企业出口产品创新的影响 [J]. 世界农业，2019 (4): 47-55.

[127] 陈绍俭，冯宗宪. 经济政策不确定性会抑制企业出口吗 [J]. 国际贸易问题，2020 (3): 71-85.

[128] 陈心颖. 中美贸易逆差对美国就业影响的动态分析 [J]. 经济社会体制比较，2012 (5): 193-202.

[129] 曹明福，李树民. 全球价值链分工的利益来源: 比较优势、规模优势和价格倾斜优势 [J]. 中国工业经济，2005 (10): 21-25.

[130] 杜群阳，李中源，于友伟. 双边经济政策不确定性与企业对外直接投资 [J]. 浙江社会科学，2020 (9): 15-23; 156.

[131] 戴枫，陈百助. 全球价值链分工视角下中美贸易对美国就业的影响: 基于WIOT的结构性分解 [J]. 国际贸易问题，2016 (10): 62-73.

[132] 戴枫，柴嘉悦. 中美贸易的就业创造效应分解: 基于国际产业关联的视角 [J]. 中南大学学报 (社会科学版)，2020，26 (5): 82-94.

[133] 郭正茂. 库存管理对企业经营绩效的影响——基于2003—2014年制造业上

市公司的实证检验［D］. 南京：南京大学，2016.

［134］谷克鉴，程诺，蒋灵多. 经济政策不确定性与多产品企业出口调整［J］. 中南财经政法大学学报，2018（5）：123-131.

［135］郝威亚，魏玮，温军. 经济政策不确定性如何影响企业创新？——实物期权理论作用机制的视角［J］. 经济管理，2016，38（10）：40-54.

［136］韩亮亮，佟钧营，马东山. 经济政策不确定性与创新产出——来自21个国家和地区的经验证据［J］. 工业技术经济，2019，38（1）：11-18.

［137］靳光辉，刘志远，花贵如. 政策不确定性与企业投资——基于战略性新兴产业的实证研究［J］. 管理评论，2016，28（9）：3-16.

［138］李凤羽，杨墨竹. 经济政策不确定性会抑制企业投资吗？——基于中国经济政策不确定指数的实证研究［J］. 金融研究，2015（4）：115-129.

［139］李敏杰，王健，王晓青. 差异化投资动因、东道国经济政策不确定性与物流企业对外直接投资［J］. 产经评论，2020，11（4）：119-132.

［140］李浩，郭钢，徐建萍，等. 协同产品开发供应商管理模型研究［J］. 重庆大学学报，2010，33（3）：41-48.

［141］李南. 中国的增加值贸易：典型特征与周期联动［J］. 经济问题探索，2017（1）：104-110.

［142］刘洪铎，陈和. 目的国经济政策不确定性对来源国出口动态的影响［J］. 经济与管理研究，2016（9）：18-26.

［143］刘竹青，佟家栋. 内外经济政策不确定对中国出口贸易及其发展边际的影响［J］. 经济理论与经济管理，2018（7）：16-30.

［144］刘志彪，张杰. 从融入全球价值链到构建国家价值链：中国产业升级的战略思考［J］. 学术月刊，2009，41（9）：59-68.

［145］刘遵义，陈锡康，杨翠红，等. 非竞争型投入占用产出模型及其应用——中美贸易顺差透视［J］. 中国社会科学，2007（5）：91-103；206-207.

［146］刘志中，吴墨馨. 中美贸易顺差对中国就业的影响——基于省际面板数据的实证分析［J］. 工业技术经济，2020，39（6）：123-132.

［147］毛蕴诗，郑奇志. 论国际分工市场失效与重构全球价值链——新兴经济体的企业升级理论构建［J］. 社会科学文摘，2016（5）：51-52.

［148］孟庆斌，师倩. 宏观经济政策不确定性对企业研发的影响：理论与经验研究［J］. 世界经济，2017，40（9）：75-98.

［149］潘雨薇，吉余峰. 经济政策不确定性对企业出口行为的影响——基于全要素生产率调节作用的实证研究［J］. 时代金融，2020（15）：49-51.

［150］潘家栋，韩沈超. 经济政策不确定性对我国出口贸易影响的实证分析［J］. 浙江学刊，2018（6）：105-115.

［151］ 潘文卿，娄莹，李宏彬．价值链贸易与经济周期的联动：国际规律及中国经验［J］．经济研究，2015，50（11）：20-33.

［152］ 綦建红，尹达，刘慧．经济政策不确定性如何影响企业出口决策？——基于出口频率的视角［J］．金融研究，2020（5）：95-113.

［153］ 曲丽娜，刘钧霆．经济政策不确定性对中国出口三元边际的影响——来自高技术产品的证据［J］．国际经贸探索，2020，36（5）：35-50.

［154］ 钱学锋，梁琦．测度中国与G-7的双边贸易成本——一个改进引力模型方法的应用［J］．数量经济技术经济研究，2008（2）：53-62.

［155］ 饶品贵，岳衡，姜国华．经济政策不确定性与企业投资行为研究［J］．世界经济，2017，40（2）：27-51.

［156］ 盛斌，牛蕊．贸易、劳动力需求弹性与就业风险：中国工业的经验研究［J］．世界经济，2009（6）：3-15.

［157］ 邵宇佳，刘文革．增加值贸易与国际经济周期联动：理论模拟与经验检验［J］．世界经济，2020，43（8）：100-122.

［158］ 孙林，周科选．区域贸易政策不确定性对中国出口企业产品质量的影响——以中国—东盟自由贸易区为例［J］．国际贸易问题，2020（1）：127-143.

［159］ 唐宜红，张鹏杨，梅冬州．全球价值链嵌入与国际经济周期联动：基于增加值贸易视角［J］世界经济，2018（11）：49 -73.

［160］ 魏友岳，刘洪铎．经济政策不确定性对出口二元边际的影响研究——理论及来自中国与其贸易伙伴的经验证据［J］．国际商务（对外经济贸易大学学报），2017（1）：28-39.

［161］ 汪亚楠，王海成，苏慧．贸易政策不确定性与中国产品出口的数量、质量效应——基于自由贸易协定的政策背景［J］．审计与经济研究，2020，35（1）：111-119.

［162］ 王春豪，张杰，马俊．精益库存管理对企业绩效的影响研究——来自中国制造业上市公司的实证检验［J］．管理评论，2017，29（5）：165-174.

［163］ 王直，魏尚进，祝坤福．总贸易核算法：官方贸易统计与全球价值链的度量［J］．中国社会科学，2015（9）：108-127；205-206.

［164］ 王铁栋．从价值链的全球布局来看中国企业跨国经营的组织设计［J］．国际贸易，2007（12）：25-28.

［165］ 王林燕．金融危机以后国际分工新趋势——发达国家制造业回流对国际分工的影响［J］．金融经济，2015（14）：73-74.

［166］ 王孝松，周嘉辰，翟光宇．中国制造对美国就业的拉动作用——中国制造业出口中美国含量的经验分析［J］．经济理论与经济管理，2014（2）：

95-104.

[167] 王秋红，李雅．基于中介效应模型的中美贸易对中国就业的影响——来自中国对美国制造业进出口的经验证据［J］．商业经济，2020（11）：83-85.

[168] 项松林，赵曙东．中美贸易对美国就业影响研究——基于美国制造业面板数据的分析［J］．世界经济研究，2010（11）：63-68；89.

[169] 谢申祥，冯玉静．经济政策不确定性与企业出口产品质量——基于中国工业企业微观数据的经验分析［J］．当代财经，2020（5）：100-111.

[170] 徐铭池，李文韬．进口国经济政策不确定性会抑制我国出口贸易吗？——基于系统GMM的动态面板回归［J］．中国集体经济，2020（27）：10-11.

[171] 杨勇，朱银晨，张晓婷，等．外部经济政策不确定性与中国出口贸易——基于行业数据的实证分析［J］．中国地质大学学报（社会科学版），2020（3）：105-120.

[172] 杨德云，邢梦昆．经济与贸易政策不确定性对中国出口的影响研究［J］．江西社会科学，2019，39（11）：55-64.

[173] 阎大颖，葛顺奇，孙黎．市场化制度转型与跨国公司在华投资的区位决策［J］．世界经济研究，2014（3）：66-72；89.

[174] 叶华光．全球价值链的利益分配机制及政策启示［J］．经济视角（下），2009（5）：52-55.

[175] 杨继军．增加值贸易对全球经济联动的影响［J］．中国社会科学，2019（4）：26-48；204-205.

[176] 周定根，杨晶晶，赖明勇．贸易政策不确定性、关税约束承诺与出口稳定性［J］．世界经济，2019，42（1）：51-75.

[177] 张峰，刘曦苑，武立东，等．产品创新还是服务转型：经济政策不确定性与制造业创新选择［J］．中国工业经济，2019（7）：101-118.

[178] 朱勤，郑小碧．跨国创业导向与国际化绩效：国际市场势力的中介效应［J］．国际贸易问题，2014（2）：24-35.

[179] 卓越，张珉．全球价值链中的收益分配与悲惨增长——基于中国纺织服装业的分析［J］．中国工业经济，2008（7）：131-140.

[180] 张文宣．全球价值链的利益分配研究［J］．太原理工大学学报（社会科学版），2007（3）：10-15.

[181] 张亚斌，熊雅澜，杨翔宇．中美贸易对美国就业影响的重新评价———基于全球价值链视角［J］．财经理论与实践，2019（4）：2-8.

[182] 张杰，陈志远，刘元春．中国出口国内附加值的测算与变化机制［J］．经济研究，2013，48（10）：124-137.